W0181322

Mario Bigon / Guido Regazzoni

DAS KNOTEN BUCH

Edition Maritim

Bibliografische Information Der Deutschen Bibliothek
Die Deutsche Bibliothek verzeichnet diese Publikation in der
Deutschen Nationalbibliografie; detaillierte bibliografische Daten
sind im Internet über http://dnb.ddb.de abrufbar.

4. Auflage
ISBN 3-89225-287-4
Die Rechte für diese deutsche Ausgabe liegen bei
Edition Maritim GmbH, Raboisen 8, 20095 Hamburg

Titel der italienischen Originalausgabe:
I nodi
© 1981 Arnoldo Mondadori Editore S.p.A., Milano

Übersetzung: Helmut Pätz
Einleitung: Joachim F. Muhs
Umschlag: Buchholz/Hinsch/Hensinger, Hamburg
Fotos auf den Seiten 18/19, 56/57, 60 und 82/83:
Hans-Günter Kiesel /Yacht, Hamburg
Satz: Utesch, Hamburg

Printed in Spain 2003
Artes Graficas Toledo, S.A.
D.L.TO: 862-2003

Vertrieb: Delius Klasing Verlag, Siekerwall 21, 33602 Bielefeld
Tel.: 0521/559-0, Fax: 0521/559-114
e-mail: info@delius-klasing.de · www.delius-klasing.de

INHALT

Vorwort 6

Das Tauwerk 8

Stopperknoten 22

Steke 35

Feste Augen 61

Laufende Knoten 91

Verkürzungssteke 98

Taljen 105

Verbinden von Enden 109

Knoten für Sportangler 130

Zierknoten 166

Zusammengesetzte Knoten 219

Glossar 230

Knoten und ihre Verwendung 234

Register 236

Bibliographie 238

VORWORT

Tauwerk hat die Menschen von jeher fasziniert: Ob aus Hanf geschlagen oder aus einem modernen Kunststoff geflochten – Tauwerk faßt man gern an, läßt es durch die Hand laufen, prüft seinen Griff. So wie man die Beschaffenheit einer Holzfläche durch Darüberstreichen mit der Handfläche erkundet, bekommt man auch das richtige Verhältnis zu Tauwerk „durch die Hand".

Seeleute pflegten immer schon eine innige Beziehung zu Tauwerk, zumal die Fahrensleute alter Segelschiffe: Tauwerk hielt ihre Masten, mit Tauwerk wurden die Segel gesetzt und eingestellt, wurde das Schiff festgemacht, und alle möglichen Reparaturen wurden mit Hilfe von Tauwerk erledigt. So nimmt es nicht wunder, daß der Umgang mit Seilen, so heute die offizielle Bezeichnung für Tauwerk, zu einer Kunst geraten ist, die bis in unsere Zeit reicht und weiter gehegt wird.

Die besondere Kunst besteht in der Herstellung von Knoten, sei es, um etwas zu befestigen, zwei Enden miteinander zu verbinden, oder um etwas herzustellen. Tau und Knoten sind zwei Wörter, die zusammengehören: Das eine ist ohne das andere nicht denkbar; denn was ist ein Stück Seil ohne Knoten?

In den Jahrhunderten der Segelschiffahrt haben sich Unmengen von Knoten entwickelt: Man brauchte sie bei der täglichen Arbeit; viele entstanden aber auch in den wochenlangen Flauten auf See, sind einfach Zierknoten.

Dieses Buch bietet eine Auswahl von Knoten, die ein Sportschipper braucht, um sein Boot sicher zu führen, aber auch solche, mit denen er es verschönern kann; neben vielen praktischen Knoten werden auch einige Zierknoten gezeigt.

Anliegen der Autoren dieses Buches ist es aber weniger, die gesamte Fülle des Umgangs mit Tauwerk darzustellen, und weniger das, was man mit Fancywork, also Spielereien mit Tauwerk, bezeichnet, als vielmehr handfeste Knotenpraxis zu vermitteln. Das anschaulich zu tun stand dabei im Vordergrund.

Für die Anleitungen haben sie sich auf zwei Arten der Darstellung beschränkt: auf Fotos und kurze Beschreibungen, was sicherlich die einfachste und verständlichste Art ist, Knoten zu erklären. Die Schritte zum Endprodukt wurden fotografiert und die Bilder so angeordnet, wie der Betrachter den

Knoten sieht, wenn er daran arbeitet. Die fachliche Terminologie wurde dabei mit Ausnahme einiger seemännischer Ausdrücke so einfach wie möglich gehalten: Man braucht nur zu wissen, was ein „Tampen" und was eine „feste Part" ist – das Endstück eines Seiles oder „Endes" nämlich, mit dem der Knoten gemacht wird, beziehungsweise das andere Endstück, mit dem nicht gearbeitet, um das der Tampen aber vielfach herumgeführt wird. Eine „Bucht" erhält, wer den Tampen parallel zur festen Part zurückgelegt, ohne sie zu kreuzen.

Um dem Anfänger nicht von vornherein die Freude an der Arbeit mit Tauwerk zu nehmen, sei noch folgendes gesagt: Die Bootspraxis erfordert nicht, alle hier gezeigten Knoten zu kennen; vier oder fünf – etwa der Palstek, der Schotstek, der Webeleinstek und der Achtknoten – reichen aus, um jeder Situation gewachsen zu sein. Viel wichtiger ist es, daß man bestimmte Knoten sicher und mit wenigen Handgriffen schnell herstellen kann. Der einzige Weg, dazu die nötige Routine zu bekommen, ist, sie wieder und wieder zu üben. Dabei viel Spaß.

DAS TAUWERK

Das Seil war eine der ersten Erfindungen des Menschen, sicherlich noch vor dem Rad, und seine Konstruktion hat sich über Jahrhunderte nicht geändert. Erst das Aufkommen der synthetischen Fasern brachte eine Wandlung, vergleichbar der vom Eisen zum Stahl. Ihre Blüte hatte die Herstellung von Seilen dennoch zu Zeiten der Segelschiffahrt, als die Takelagen der zumeist mehrmastigen Schiffe oft zehntausende von Metern Tauwerk verschlangen. Seilereien und Reepschlägereien hatten Konjunktur. In Europa entstanden sogenannte Reeperbahnen, auf denen die Seile geschlagen wurden, nach englischem Vorbild; kilometerlange Strecken waren nötig, um eine Reepschlägerei zu betreiben, lange Zeit auch „englische Bahn" genannt. Verarbeitet wurden Naturfasern wie Manila, Sisal, Langhanf, Hanfwerk, Baumwolle und Kokos.

Der Wendepunkt in der Herstellung von Tauwerk kam zwischen 1942 und 1948: Die ersten Perlonseile verließen die Seilereien. Eine Entwicklung, die bis 1973 andauerte, führte zum Ende der Verarbeitung von Naturfasern. Neue Spinn- und Flechtmaschinen bestimmten das Bild der Tauwerkherstellung. Hinzu kamen Extruder, in denen Kunststoffpulver zu Fasern umgewandelt werden. Heute entstehen immer wieder neue Kunststoffasern, die in immer wieder verbesserten Konstruktionen zu Seilen verarbeitet werden. Ein Ende ist nicht abzusehen. Für Yachttauwerk verwendet man die Chemiefasern Polypropylen, Polyamid, Polyester, Polyethylen und Aramid.

Die Normbezeichnung für Tauwerk ist Faserseil oder kurz Seil. Je nach Herstellungsart unterscheidet man gedrehtes, geschlagenes und geflochtenes Tauwerk. Die in diesem Buch zur Darstellung der Knoten verwendeten Seile sind geflochtene Yachtseile, die aus den unterschiedlichen modernen Fasern hergestellt ebenso unterschiedliche Eigenschaften haben können – auch was ihre Knotenfestigkeit angeht (siehe Tabelle S. 13).

Tauwerkverarbeitung

Tauwerk entsteht aus Fasern (a), die zunächst zu Garnen dreht werden (b); diese werden dann in entgegengesetzter Richtung zu Kardeelen gedreht (c), die, wieder in der ersten Drehrichtung, zu einem Seil verarbeitet werden. Man unterscheidet zwei oder drei Verseilstufen: In der zweistufigen Verseilung entstehen Trossenschlagseile (Garne zur Litze und Litze zum Seil), in der dreistufigen Verseilung Kabelschlagseile (Garne zur Litze, Litze zum Kardeel und Kardeel zum Seil). Beide Verfahren führen zum klassischen geschlagenen Seil, das aus drei (1) oder mehr (2) Kardeelen besteht.

a: Faser – b: Garn – c: Kardeel – d: Seele – e: Hülle (Mantel)
1 und 2: Geschlagenes Tau – 3: geflochtenes Tau

Die andere Art der Herstellung von Seilen ist, die Garne zu verflechten (3) statt sie zu verdrillen. Solches Tauwerk besteht in der Regel aus einem innenliegenden Kern aus parallel liegenden, leicht verdrillten oder geflochtenen Kardeelen und einem darüberliegenden geflochtenen Mantel. Die Konstruktionen sind unterschiedlich, so werden manchmal noch Zwischenmäntel vorgesehen, bestehen Kern und Mantel aus unterschiedlichen Fasern: der Kern etwa aus Polyethylen hoher Reißfestigkeit und der Mantel aus abriebfestem und lichtbeständigem Polyester. Während einzig der Kern für die Reißfestigkeit eines geflochtenen Seiles steht, soll die äußere Hülle, eben der Mantel, ihn schützen und dem Seil einen guten Griff geben. Beide Tauwerksarten, geschlagenes wie geflochtenes, haben ihre eigene Charakteristik und damit ihren speziellen Einsatzbereich. Geschlagenes Tauwerk wird im Yachtbereich hauptsächlich als Festmacher und für Schleppleinen verwendet, wo hohe Dehnung gefragt ist, und nur selten noch, dann vorgereckt, als Fall. Geflochtene Seile mit entsprechendem Mantel und Kern werden für jeden Verwendungszweck eigens konstruiert. Sie haben dann die Eigenschaften der eingesetzten synthetischen Fasern, etwa harten oder weichen Griff für Fallen oder Schoten, geringe oder hohe Bruchdehnung, je nach Einsatz als Festmacher oder Fall, oder einfach eine gute Knotenfestigkeit, weil man das Seil mit einem Draht verknoten will. Tauwerk sollte man beim Kauf immer im Hinblick auf seine Aufgabe auswählen, die es an Bord erfüllen soll.

Materialkunde

Die Namen der synthetischen Materialien, aus denen moderne Seile hergestellt werden, sind verwirrend. Oft nämlich werden chemische Begriffe mit Markennamen vermischt, wie zum Beispiel Tergal, Dacron und so weiter. Im folgenden sind die chemischen Bezeichnungen genannt, während die Tabelle die meistgebräuchlichen Markennamen für die gleichen Produkte enthält. Vielfach bieten Hersteller heute auch Varianten ein und desselben Produktes an – mit mehr oder weniger Elastizität, Reißfestigkeit und so weiter.

Handelsnamen der wichtigsten synthetischen Fasern

Polypropylen (PP):	Meraklon, Betelon
Polyamid (PA):	Nylon, Perlon, Enkalon
Polyester (PES):	Dracon, Terylen, Tergal, Tertal, Trevira, Diolen, Wistel
Polyethylen (PE):	Dyneema, Spectra
Aramid:	Twaron, Kevlar

Naturfasern

Die Naturfasern sind heute fast ganz durch synthetische Fasern ersetzt. Selbst Tauwerk aus Hanf ist kaum noch erhältlich. Was so aussieht, ist Polyestertauwerk, das extra für Oldtimer hergestellt wird. Dabei war Hanf bis vor einigen Jahren noch das beste Material für Tauwerk. Sein Vorteil liegt in einem geringen Verschleiß und in der Widerstandsfähigkeit gegen atmosphärische Einflüsse, etwa der Lichtbeständigkeit, die größer ist als die von synthetischen Fasern. Die Nachteile allerdings wiegen schwerer: Es ist wenig elastisch, rottet und hat ein hohes Gewicht bei Nässe.

Synthetische Fasern

Wie der Name sagt, werden diese Fasern industriell hergestellt. Sie sind hell, absorbierend, sie rotten nicht und haben einen niedrigen Schmelzpunkt. Wegen ihrer synthetischen Herstellung kann man ihre Eigenschaften beeinflussen, die Härte, die Elastizität, die Reißfestigkeit. Allerdings bedingt eine Zunahme der Härte eine Minderung der Elastizität und so weiter, so daß immer wieder Kompromisse angesagt sind. Knoten in synthetischen Seilen vermindern ihre Reißfestigkeit. Relevant wird damit die Angabe der Seitenfestigkeit einer chemischen Faser, eben ihre Knotenfestigkeit.

Polypropylen (PP)

Tauwerk aus Polypropylen wird überwiegend in der Handelsschiffahrt verwendet. Es verbindet niedrige Kosten mit relativ guten mechanischen Eigenschaften: Scheuer- und Reißfestigkeit liegen im Vergleich mit Tauwerk aus anderen synthetischen Fasern im unteren Bereich, können in der Handelsschiffahrt jedoch leicht durch größere Seildurchmesser ausgeglichen werden. Den Ansprüchen an Yachttauwerk genügen PP-Seile nicht. Hier wird Polypropylen hochwertigeren Fasern wie Kevlar allenfalls als „Streckfaser" beigemischt. Früher wurden billige Festmacher und Ankerleinen aus PP hergestellt, die allerdings nur wenig beständig gegenüber ultraviolettem Licht waren. Inzwischen konnte man die Lichtbeständigkeit durch UV-Absorber verbessern. PP-Fasern sind leicht und nehmen kein Wasser auf. Seile aus diesem Material sind schwimmfähig. Die Knotenfestigkeit von Polypropylen-Tauwerk ist gut bis sehr gut.

Polyamid (PA)

Polyamid wurde 1930 in Amerika als erstes synthetisches Fasermaterial, nämlich Nylon, erfunden. Als Tauwerk hat man es vorwiegend für Festmacher-, Schlepp- und Ankerleinen eingesetzt, da wo Elastizität gefragt ist; denn seine Bruchdehnung liegt sehr hoch. Durch UV-Einwirkung wird Polyamid mit der Zeit jedoch immer härter – bis es sich nur noch schwer handhaben läßt. Die Faser kann chemisch verändert werden, um Ergebnisse zu erzielen, die sich (geringfügig) voneinander unterscheiden. PA-Seile besitzen eine hohe Reißfestigkeit, verbunden mit sehr guter Scheuerfestigkeit. Die Knotenfestigkeit ist ebenfalls sehr gut.

Polyester (PES)
PES ist der Stoff, aus dem geflochtene Yachtseile sind. Gleich, welche Eigenschaften ein Tauwerk besitzen soll, ob Schot, Fall oder Festmacher, zumindest der Mantel von Yachttauwerk besteht immer aus Polyester. Der Grund ist die hervorragende UV-Beständigkeit dieser synthetischen Faser. Aber auch als Kernmaterial (für preiswerte Schoten) werden PES-Fasern verwendet; denn sie zeigen sich nur wenig elastisch und können zudem vorgereckt werden, um ein Längen unter Last weiter zu vermindern. In allen Bereichen haben sie die Polyamide weitgehend abgelöst: PES-Fasern behalten ihre Flexibilität – auch nach Jahren und in nassem Zustand. Ihre Knotenfestigkeit allerdings ist etwas geringer als die von PA-Seilen.

Polyethylen (PE)
Polyethylen gehört zu den neueren Errungenschaften moderner High-Tech-Kunststoffe. Leinen aus Polyethylen besitzen eine äußerst geringe Bruchdehnung (bis zu einem Achtel der von PES) und reichen damit an die bis dahin absolut reckarmen Werte der Aramide heran, die von ihrer Festigkeit her immer wieder mit Stahl verglichen werden. PE-Fasern besitzen einige gute Eigenschaften mehr: Sie sind deutlich UV-beständiger, leichter und seitenstabiler, das heißt, man kann sie auch über Rollen kleinen Durchmessers umlenken (etwa der Masttopprolle beim Fall). Polyethylen-Fasern werden als Kernmaterial (mit Polyestermantel) für besondere Fallen und Schoten eingesetzt – allerdings mehr auf Regattayachten, da Seile aus diesem Material sehr teuer sind. Die Knotenfestigkeit ist zufriedenstellend bis gut.

Aramid
„Eine synthetische Faser, eher vergleichbar mit Stahl als mit anderen synthetischen Fasern". Diesen Ruf begründeten die Aramide mit einer Reißfestigkeit, die viermal höher liegt, als bei einem Stahlseil gleichen Gewichts. Tauwerk aus Aramidfasern zeigt gegenüber anderen Seilen aber auch prägnante Nachteile. So sind Scheuerfestigkeit und Lichtbeständigkeit sehr schlecht. Hinzu kommt eine mangelnde Seitenstabilität (Festigkeit

nur in Faserrichtung), so daß man diese Faser nur als Parallelkern in einem schützenden Polyestermantel einsetzen kann. Dann allerdings ist die Bruchdehnung sehr gering. Wegen der mangelnden Eigenschaft, sich über kleine Rollen umlenken zu lassen (Minderung der Reißfestigkeit auf ein Viertel) werden Aramide für laufendes Gut nicht mehr benutzt. Entsprechend schlecht ist ihre Knotenfestigkeit.

Vergleich der meistverwendeten synthetischen Fasern für die Tauwerksherstellung

Garn-Rohstoff	PA	PES	PP	ARAMID	PE
Spez. Gewicht	1,14	1,38	0,91	1,44	0,96
Knotenfestigkeit %	60–65	55–60	55–65	30–40	35–60
Scheuerfestigkeit	sehr gut	sehr gut	befriedigend	mangelhaft	befriedigend
Reißfestigkeit nach 2 Jahren ca. %	70	90	40–60	–	90
Lichtbeständigkeit	gut	sehr gut	mit Zusatz gut	schlecht	gut
Bruchdehnung %	16–27	10–16	14–24	2–4	2–4

PA: Polyamid (wie Nylon, Enkalon) PP: Polypropylen (wie Meraklon, Betelon) PE: Polyethylen (wie Dyneema, Spectra)
PES: Polyester (wie Diolen) Aramid: (wie Twaron, Kevlar)

Die Pflege von Tauwerk

Tauwerk ist ein pflegeleichtes Produkt und bedarf keiner besonderen Aufmerksamkeit. Es ist aber wichtig, es trockenzuhalten, um die Bildung von Stockflecken zu vermeiden, und es sorgfältig von Fett und Teer zu reinigen. Die einzige Gefahr ist Wärme, die irreparable Schäden verursachen kann, insbesondere an synthetischem Tauwerk, dessen Schmelzpunkt niedrig liegt. Von direkten Wärmequellen sollte dieses Tauwerk deshalb ferngehalten werden.

Ein anderer Punkt ist, daß nicht jedes Tauwerk für kleine Rollen in Blöcken oder Mastkopf geeignet ist. Das liegt an der geringen Seitenfestigkeit mancher Tauwerkmaterials; so ist Kevlar aus diesem Grund für Fallen nicht besonders geeignet, obgleich es eine hohe Bruchdehnung besitzt. Das gleiche gilt für die Knotenfestigkeit der verschiedenen Materialien: In einem Seil mit Polyamidkern setzt ein Knoten die Reißfestigkeit auf zirka 60 % herunter, in einem Seil mit Kevlarkern gar auf 30 %. Ein Seil richtig einzusetzen ist auch eine Art von Pflege.

Beachtet werden muß auch das Ausfransen der Enden, was stark von der Faserart abhängt: Ist ein Tampen nicht mit einem ordentlichen Takling versehen, wird er schnell aufdröseln.

Yachttauwerk sollte man zum Ende der Saison mit einem Feinwaschmittel reinigen. Das Trocknen danach ist sehr wichtig: Es muß richtig durchtrocknen. Öl- und Teerflecken können mit Trichlorethylen oder Benzin entfernt werden.

Nützliche Hinweise

- Jeder Knoten schwächt die Reißfestigkeit eines Seiles auf etwa die Hälfte. Ein Knoten, der zwei Seile miteinander verbindet, schwächt das Ganze auf die Hälfte der Reißfestigkeit des schwächeren Seils.

- Ein Seil, dessen Durchmesser zweimal größer ist als der eines anderen gleicher Konstruktion, hat dessen vierfache Reißfestigkeit.

- Benutze niemals zwei Seile verschiedenen Materials und unterschiedlicher Konstruktion, weil unter Last nur das steifere arbeitet. Das elastischere Seil nimmt kaum Last auf.

- Ein Seil hoher Reißfestigkeit ist nicht immer besser; seine Elastizität sollte ebenso beachtet werden. Wird ein Seil ruckartigen Belastungen ausgesetzt, sollte es eine Polyester- oder Polyamidkonstruktion sein.

- Benutze keine Schwimmleine als Ankerseil im Hafen: Sie ist schnell von der Schraube eines Motorboots durchschnitten. Schwimmleinen eignen sich als Rettungsseile an Rettungswesten, Blitzbojen und dergleichen.

- Repariere ausfransende Enden sofort: Abgesehen davon, daß sie häßlich aussehen, dröseln sie sich Zentimeter für Zentimeter immer weiter auf.

- Ein Schuß frisches Wasser beseitigt das Feuchtigkeit aufnehmende Salz aus dem Tauwerk. Trockne das Seil vor dem Aufschießen.

- Kaufe kein Tauwerk, das zu steif ist, und glaube keinem Verkäufer, der versichert, daß es im Laufe der Zeit geschmeidiger würde. Vertraue auch keinem geschlagenen Tauwerk, das zu weich ist, denn es kann beim ersten Gebrauch unliebsame Überraschungen bringen.

AUF-SCHIESSEN EINER LEINE

Es ist wichtig, eine Leine sauber aufzuschießen, um zu verhindern, daß sich in ihr unerwünschte Kinken bilden, die sie unbrauchbar machen, wenn sie benötigt wird. Folge vor allem der Drehrichtung des Schlages der Leine (1). Bilde die Törns der Leine aus dem Handgelenk (2) im Uhrzeigersinn und achte darauf, daß sie alle gleich lang werden und der Bunsch ordentlich aussieht (3).

DEN BUNSCH AUF EINE KLAMPE LEGEN

Belege das Fall auf der Klampe (1). Dann greife mit der linken Hand durch die Buchten des Bunsches und bilde im festen Ende des Falls eine kleine Bucht (2). Ziehe sie vorsichtig durch die Törns des Bunsches zu Dir heran und lege sie darüber hinweg und auf die Klampe (3). Prüfe, ob alles gut und straff sitzt, damit der Bunsch nicht herunterfällt.

BELEGEN VON ENDEN

Das Belegen von Fallen und Schoten gehört zum Grundwissen beim Segelsport. Es muß dabei bedacht werden, daß Kunststoff-Tauwerk aufquillt, wenn es naß wird, und Schoten immer zum schnellen Loswerfen bereit sein müssen.

So wird's gemacht:
Lege mit dem Fall einen Rundtörn um die Klampe und zwar so, daß es sich dabei nicht selbst bekneift (1 falsch, 2 richtig). Dann mache einige Kreuzschläge um die Klampe (3, 4), wodurch das Fall ausreichend festgehalten wird, wenn der Bunsch seines losen Endes über die Klampe gelegt werden kann. Geht das nicht, verdrehe beim letzten oberen Kreuzschlag das lose Ende um 180° und lege es als Kopfschlag auf die Klampe. Das lose Ende muß dabei parallel zum vorletzten Kreuzschlag laufen (5). Eine Schot darf so nicht belegt werden. Anstelle des abschließenden Kopfschlages sichert man sie mit einem Slipstek. Damit läuft die Schot in Form einer Bucht unter dem letzten Kreuzschlag nach oben wieder hinaus (6) und kann so schnell losgeworfen werden.

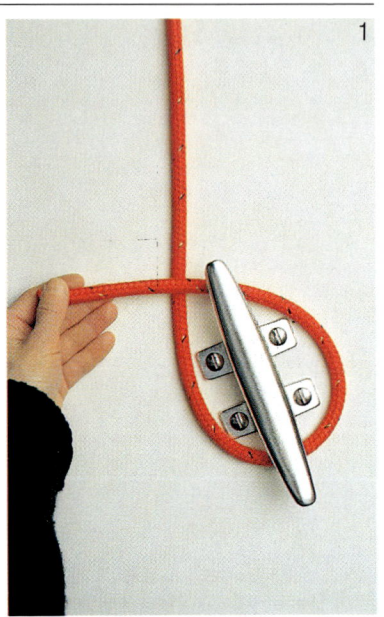

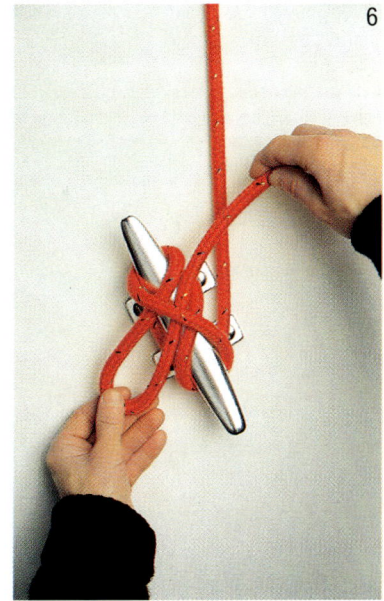

LAGERN EINER LEINE

Bevor man eine Leine verstaut, sind in paar grundlegende Dinge zu tun, damit sie für lange Zeit in guter Verfassung bleibt. Zuerst prüfe die Tampen, ob sie ausgefranst sind. Wenn ja, schneide sie sauber ab, ordne die Fasern und verschmelze sie oder setze genähte Taklinge auf.

Reinige die Leine von Teerflecken und, wenn sie vertörnt ist oder Kinken bildet, führe sie entgegen dem Uhrzeigersinn durch einen Block und lege sie in großen Törns auf den Boden, damit sie zur Ruhe kommen kann.

So wird's gemacht:
Schieß die Leine auf (siehe Seite 18) und laß am Ende einen Tampen lang genug für folgende Arbeit: Schlage damit drei oder vier Rundtörns um den Bunsch (1, 2);

bilde eine Bucht und führe sie durch den oberen Teil des Bunsches (3); öffne die Bucht und lege sie zurück über den Bunsch (4); hole den Tampen durch und sichere so das Ganze (5). Hierbei achte darauf, daß die Törns gleichmäßig liegen; eine Leine sollte niemals ungeordnet verstaut werden.

STOPPERKNOTEN

Wie ihr Name sagt, werden diese Knoten gemacht, um zu verhindern, daß eine Leine beim Gebrauch unbeabsichtigt aus Augen oder anderen Öffnungen ausrauscht. Sie dienen auch dazu, die Tampen einer Leine zu sichern.
Stopperknoten werden auf See in laufendem Gut verwendet und um den Tampen einer Wurfleine zu beschweren.
Darüber hinaus werden sie beim Bergsteigen, Campen und beim Angelsport benutzt. Auch in Zierknoten kommen sie vor, sowohl in deren mittlerem Teil als auch zum Schluß einer solchen Arbeit.

HALBER SCHLAG

Im allgemeinen Sprachgebrauch hat das Wort Knoten vielerlei Bedeutungen und kann alles vom ordentlichen Knüpfen bis zum wirren Durcheinander einer Leine oder anderem flexiblen Material meinen. Dieses Buch behandelt nur die wichtigsten Knoten für die Praxis. Spleiße sind nicht sein Thema. Der halbe Schlag wird bei zahlreichen Gelegenheiten gebraucht. Er ist Ausgangspunkt für andere Knoten, Halt für Objekte, wenn der Zug auf beiden Seiten gleich ist, er wird als End- oder Stopperknoten in Tampen und schließlich in regelmäßigen Abständen in Rettungsleinen gesetzt.
Eine sehr nützliche Verwendung findet er am Ende von Nähgarn, das durch das Öhr einer Nadel gezogen wird.
Bei Seeleuten ist er nicht beliebt, weil es unmöglich ist, ihn zu lösen, wenn er festgezogen ist und naß wurde.

So wird's gemacht:
Bilde mit der festen Part ein Auge und stecke den Tampen hindurch (1).

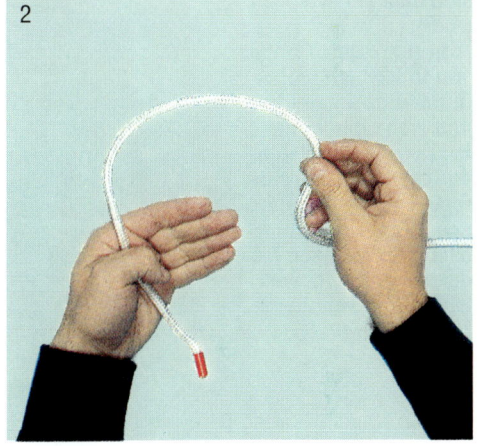

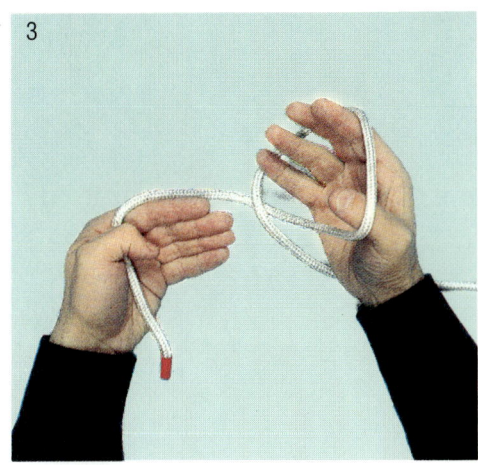

23

STOPPERKNOTEN

Eine Reihe von halben Schlägen hintereinander

Die linke Hand hält den Tampen, während die Rechte die Törns bildet (2, 3). Drehe sie dazu nach links und hole mit dem Daumen durch Zurückdrehen der Hand die stehende Part nach oben, so daß sich um Daumen und Finger ein Auge bildet (2, 3). Danach schiebe dieses und alle weiteren so entstandenen Augen über die linke Hand, ohne daß sie sich dabei überlappen (4, 5).

Nun führe den Tampen von links nach rechts durch die Augen (5, 6) und ziehe ihn weiter heraus, wodurch sich wie durch Zauberei in regelmäßigen Abständen ein halber Schlag nach dem anderen bildet, so viele wie vorher Augen um die Hand lagen (7, 8).

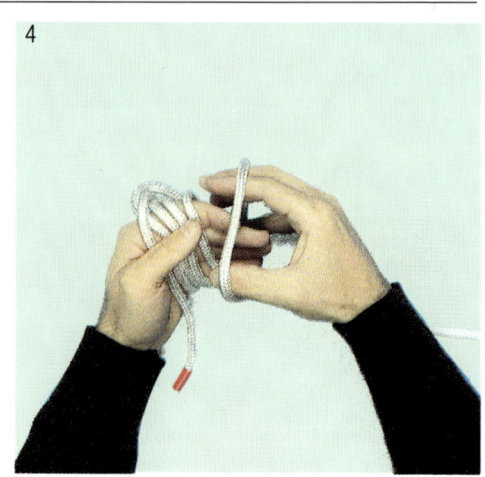

4

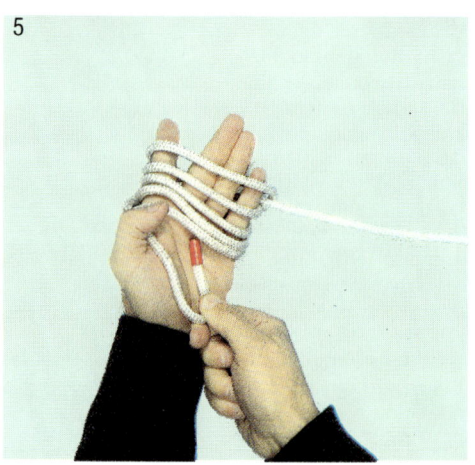

5

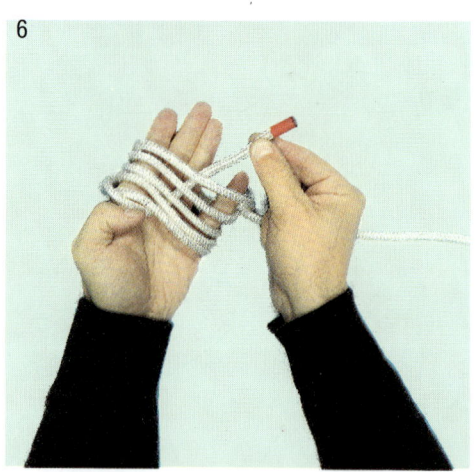

6

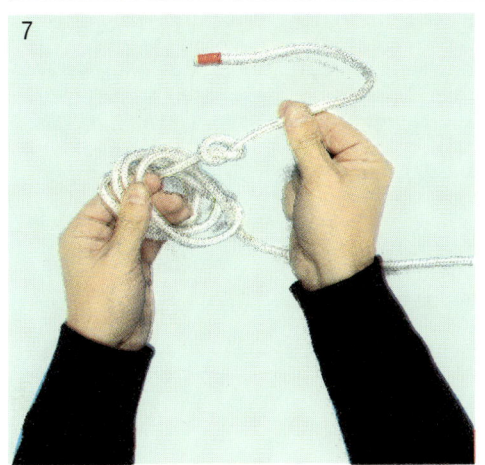

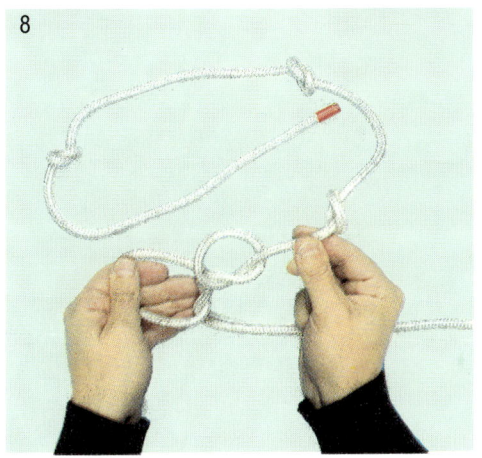

ACHT-KNOTEN
Erste Methode

In der Heraldik ist dieser Knoten als „Liebesknoten" bekannt, der treue Liebe und ewige Freundschaft symbolisiert. Den Namen „Achtknoten" hat er wegen seiner typischen Form. Er wird in den Tampen einer Leine gesetzt, wobei die beiden Buchten die Parten bekneifen.
Der Achtknoten ist bei Seeleuten der wichtigste Stopperknoten. Er wird im laufenden Gut benutzt, wann immer Tampen nicht in Taljereepsknoten enden.

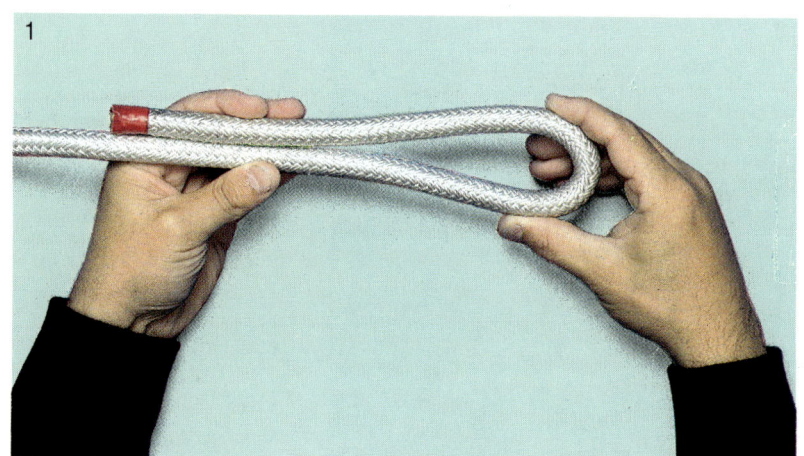

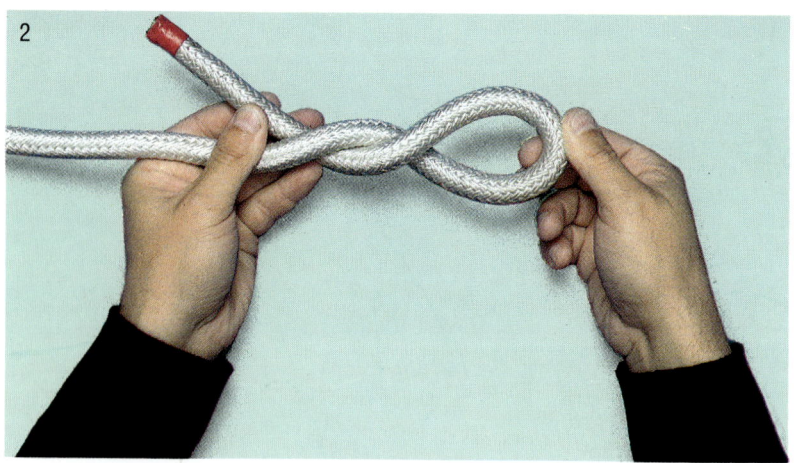

So wird's gemacht
Bilde eine Bucht im
Tampen der Leine,
ohne sie zu verdrehen
(1). Halte die Parten
mit der linken Hand
fest und verdrehe die
Bucht mit der Rechten
um 360° aufwärts (2).
Dann stecke den Tam-
pen durch das Auge
(3) und ziehe den
Knoten mit beiden
Händen fest (4).

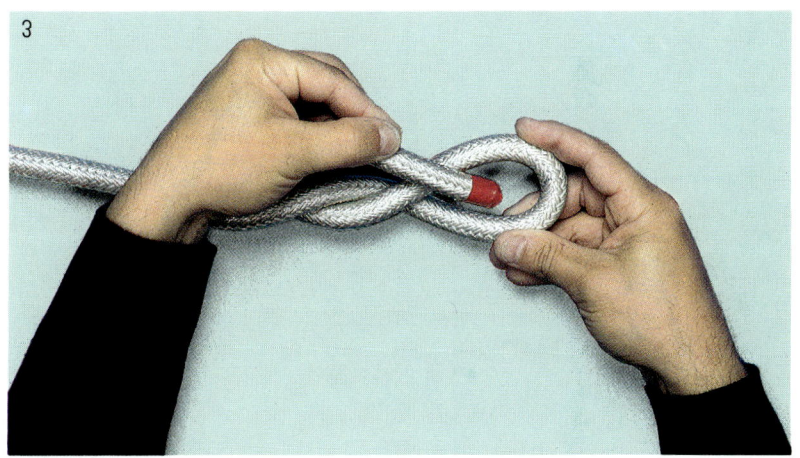

ACHT-KNOTEN
Zweite Methode

Diese Art, einen Acht-knoten zu machen, ist bei starkem Tauwerk angebracht, das man nicht in der Hand halten kann.

So wird's gemacht:
Lege in den Tampen ein Auge, die lose Part nach oben (1). Führe diese dann unter der festen Part hindurch (2) und stecke sie von oben durch das Auge. Dann ziehe beide Parten fest (3).

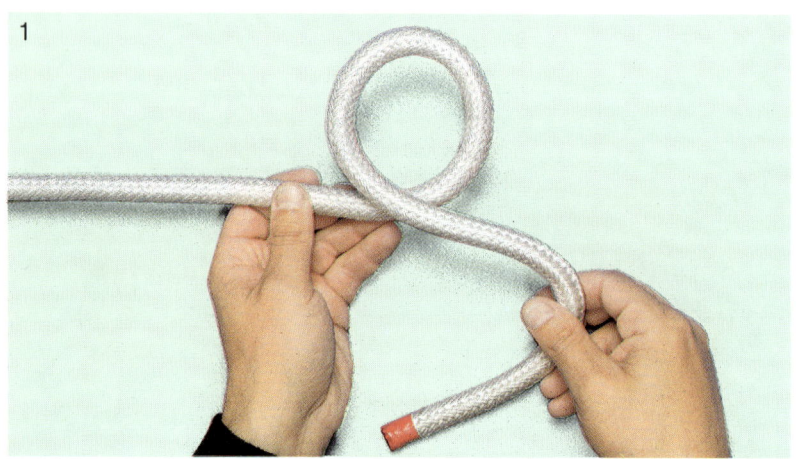

3

4

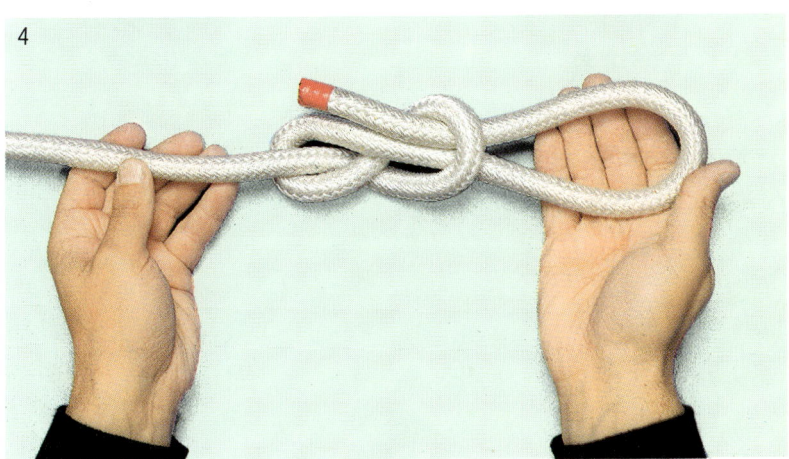

ACHT-KNOTEN MIT SLIPSTEK

Diese Ausführung des Achtknotens ist nützlich, wenn daran eine zweite Leine gesteckt werden soll. Dafür ist es wichtig, daß der Knoten besonders fest gezogen wird, damit er die andere Leine sicher halten kann.

So wird's gemacht: Lege das Auge etwa einen halben Meter vom Tampen entfernt, bilde mit dem Tampen eine Bucht, führe sie unter der festen Part hindurch und stecke sie durch das Auge (4).

EINE REIHE VON ACHT-KNOTEN HINTEREIN-ANDER

Mit einer Reihe von Achtknoten in dünnem Material kann man hübsche Ketten, Halsbänder und Ähnliches herstellen.

So wird's gemacht:
Breite die Leine auf einer ebenen Fläche aus und bilde eine Acht (1). Hierfür lege ein Auge und verdrehe dessen oberen Teil um 180° nach rechts, womit die fertige Acht vor Dir liegt. Forme so die gewünschte Anzahl Achten in gleichmäßigen Abständen auf der Leine (2, 3). Führe nun den Tampen von rechts nach links durch die oberen Augen aller Achten (4, 5) und ziehe dabei die Knoten nacheinander fest, bis die Leine durchgehend mit ihnen bestückt ist (6, 7, 8, 9).

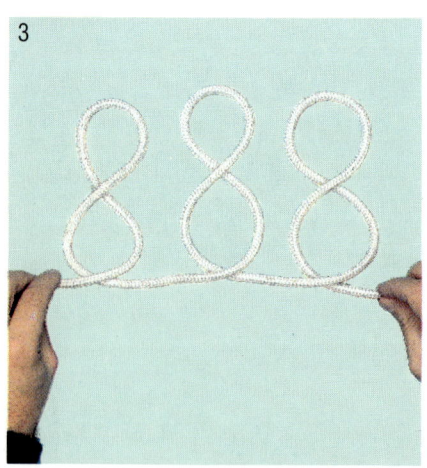

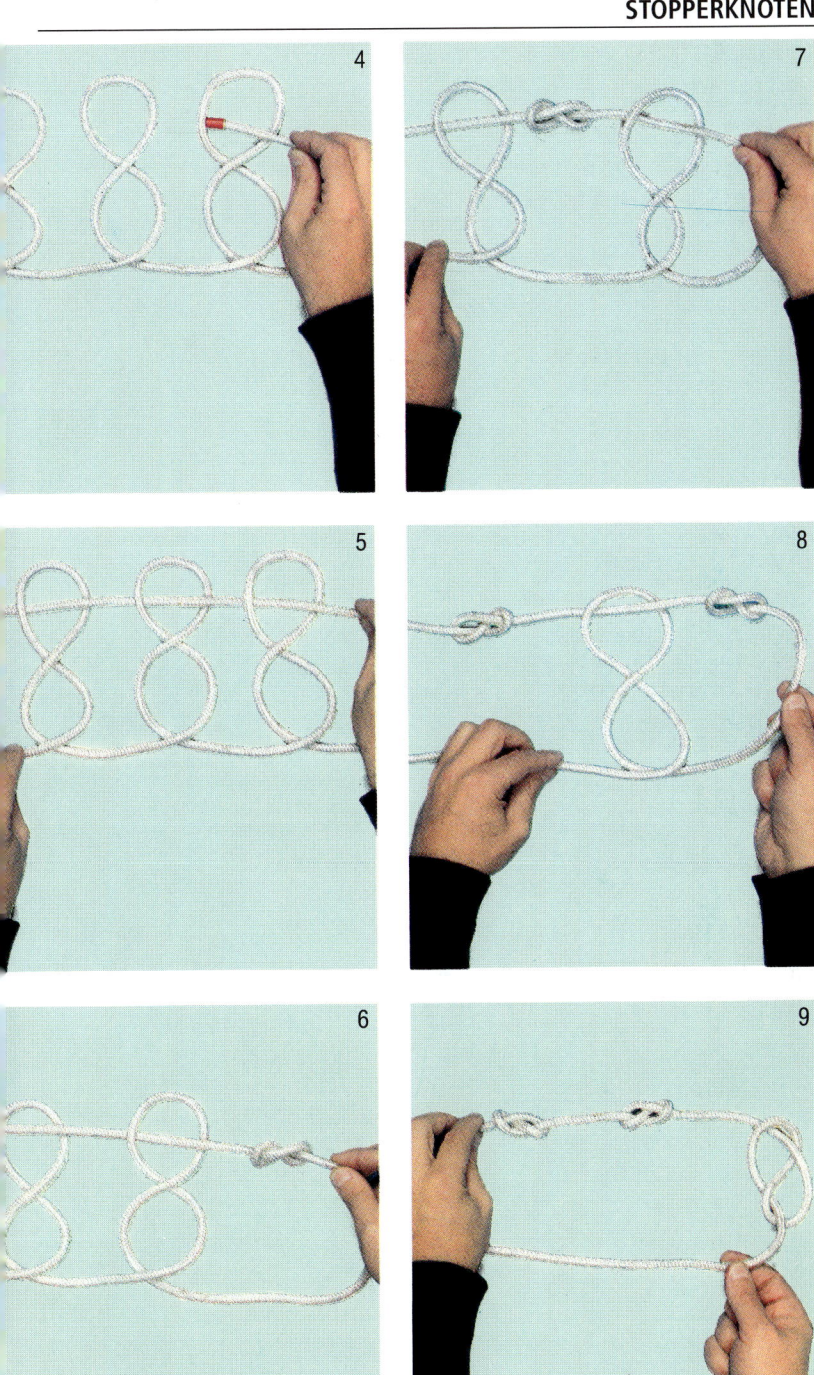

WURF-LEINEN-KNOTEN

Dieser Knoten ist auch unter den Namen Franziskaner- oder Mönchsknoten bekannt. Er ist sowohl dekorativ als auch praktisch. Franziskanerpater benutzen ihn als Gewicht an der Kordel, die sie als Gürtel tragen. Er wird aber hauptsächlich zum Beschweren einer Wurfleine oder als Stopperknoten in dünnen Leinen gebraucht. Die Seeleute verwenden ihn, weil er sehr hart ist und das Tauwerk nicht beschädigt.

So wird's gemacht:
Forme mit der Leine eine lange Bucht und kreuze mit dem Tampen die feste Part, so daß ein Auge entsteht (1). Laß den Tampen lang genug für die nachfolgenden Törns. Dann schlage beliebig viele Törns von rechts nach links und dicht bei dicht um beide Parten (2, 3, 4).

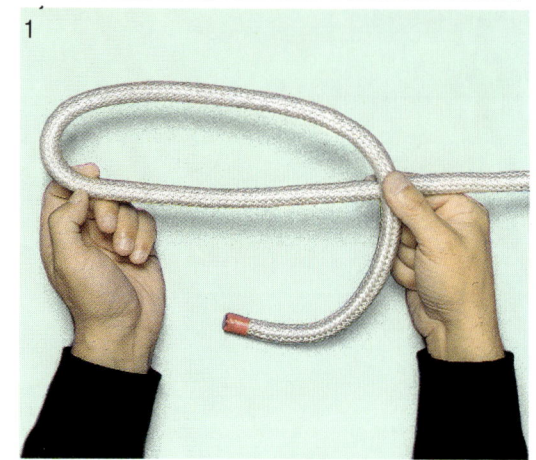

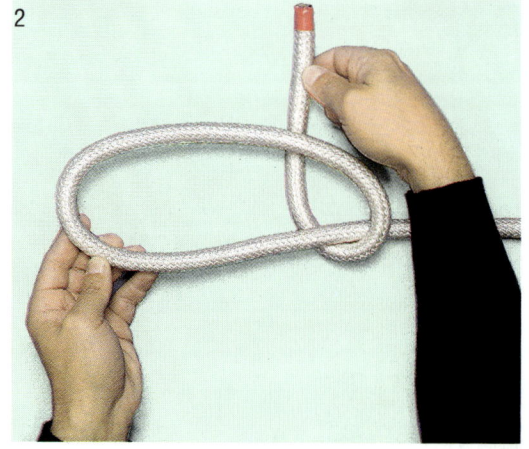

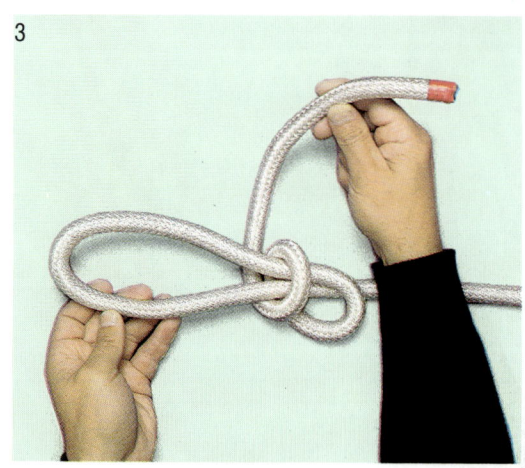

Je mehr Törns es sind, um so schwerer ist der Knoten. Stecke schließlich den Tampen durch die Bucht (5) und ziehe die feste Part so weit aus den Törns heraus, bis der Tampen gut bekniffen ist (6).

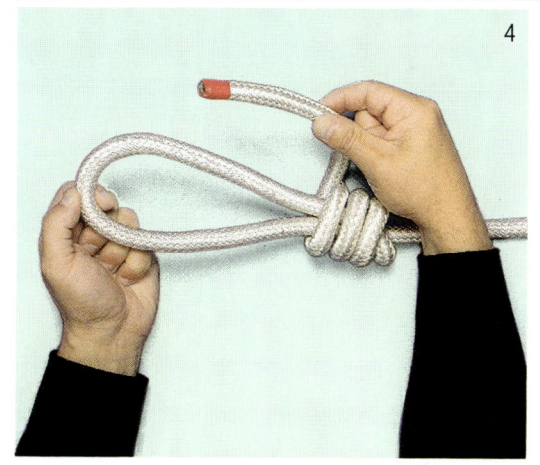

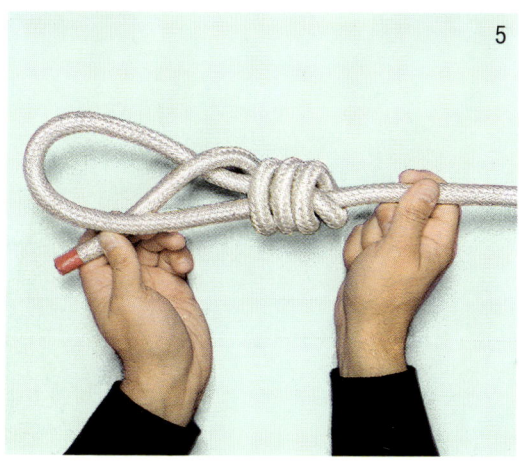

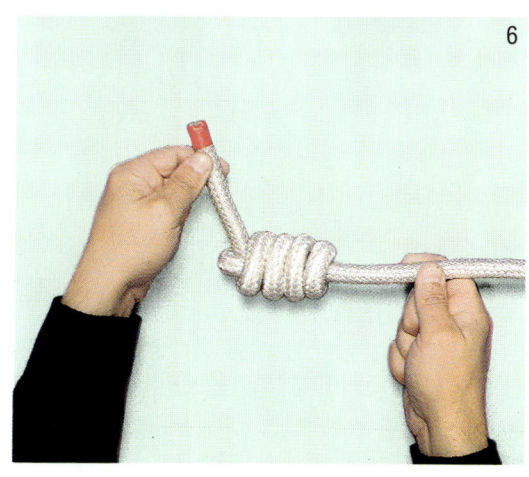

HALBER SCHLAG MIT INNEREN RUNDTÖRNS

Dieser Knoten ist auch als Blutknoten bekannt, weil er in die Enden der „Neunschwänzigen Katze" geknüpft war. Die Kapuzinermönche tragen ihn in der Kordel ihrer Kleidung, um sie sauber hängen zu lassen. Seeleute verwenden ihn zum Beschweren oder als Stopperknoten in dünnerem Tauwerk. Aber sehr beliebt ist er bei ihnen nicht, weil er schwer wieder zu öffnen ist, besonders nachdem er naß wurde.

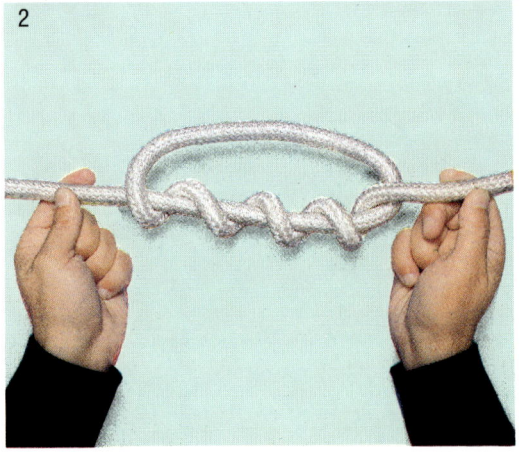

So wird's gemacht:
Beginne mit einem halben Schlag (1) und lege mit einer Part drei oder vier Törns um die andere. Es ist für das Ergebnis wichtig, sie eng und dicht bei dicht zu wickeln (2). Zieh den Knoten dann mit einem kräftigen Ruck an beiden Parten zusammen, damit es nirgends mehr Zwischenräume und Luft gibt (3).
Wenn der Knoten fertig ist, sollen nur die Törns um die Parten sichtbar sein.

STEKE

Steke dienen dazu, eine Leine an ein anderes Objekt anzuschlagen. Vorher ist es ratsam, einen Blick auf die
Leine zu werfen und ihrem Schlag zu folgen. Diese Knoten
werden oft von Seeleuten zum Festmachen, Verankern
und Verbinden gebraucht. Die Knoten müssen in der Lage sein,
einen parallelen Zug an beiden Parten auszuhalten,
ohne zu slippen. Es gibt zwei Arten von Steken: solche, bei
denen die Parten sich kreuzen und andere, die durch
einfache Törns gebildet werden.

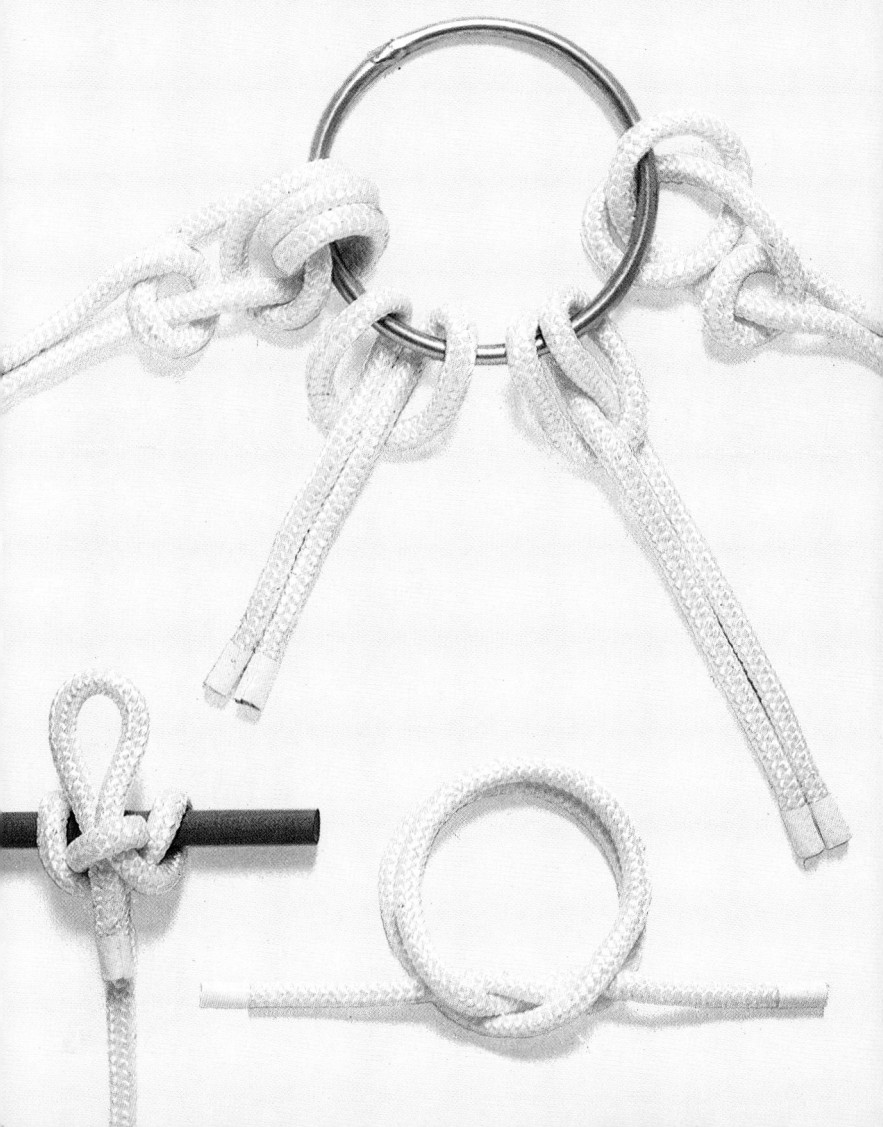

WEBELEIN-STEK

An einem Rohr

Der den Seeleuten als
Webeleinstek bekannte
Knoten wird auch bei
einigen Sportarten be-
nutzt, etwa beim Klet-
tern oder beim Cam-
pen. Es ist ein sicherer
Knoten, der leicht zu
stecken ist und in ver-
schiedenen Variatio-
nen gemacht wird. Die
Seeleute verwenden
ihn bei Leinen mit ge-
ringem oder mittlerem
Durchmesser zum
Festmachen.

So wird's gemacht:
Schlage einen ganzen
Rundtörn um das Rohr
(1). Führe den Tampen
über dessen feste Part
und schlage einen
zweiten Rundtörn (2).
Stecke den Tampen
dabei unter sich selbst
hindurch (3). Ziehe
den Stek an beiden
Parten fest (4).

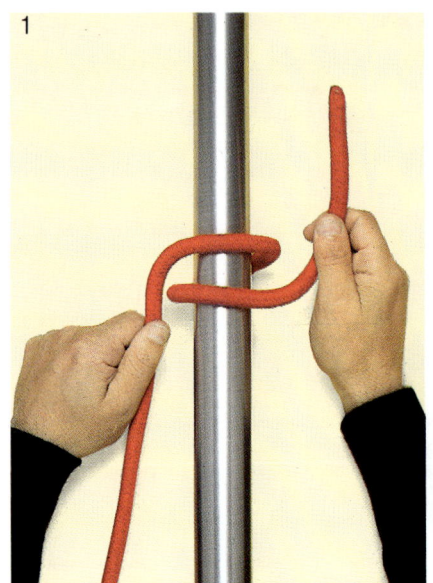

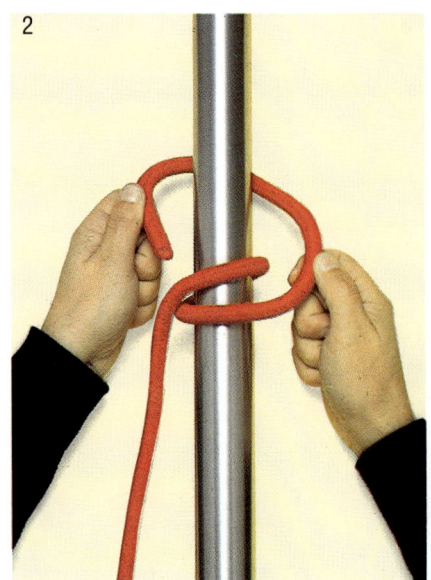

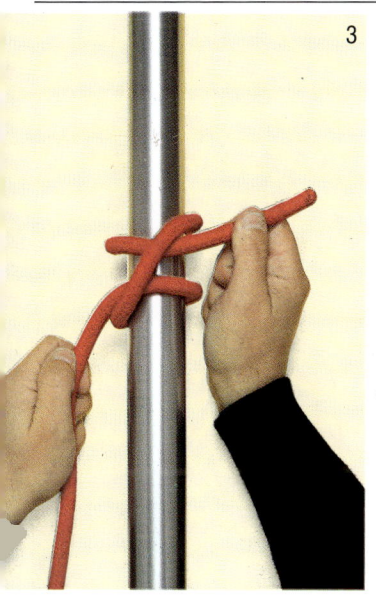

3

5

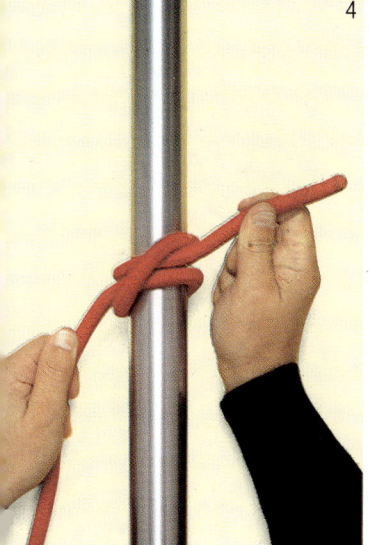

4

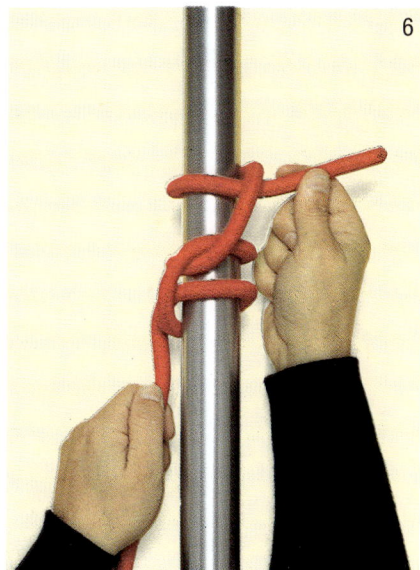

6

WEBELEIN-STEK MIT SLIPSTEK

Diese Bucht erlaubt es, den Stek schnell zu lösen (5).

ZWEIFACHER WEBELEIN-STEK

Hier wird nur noch ein weiteres Auge um das Rohr geschlagen (6).

WEBELEIN-STEK

An einem Ring

Der Webeleinstek an einem Ring wird fast ausschließlich in Kletterseilen gemacht, weil er es erlaubt, die Leinenlänge zwischen Kletterer und Haken zu regulieren. Beim Wassersport wird er selten gebraucht, weil der Ring in der Regel dünner ist als die Leine und Schamfilen verursacht. Hinzu kommt, daß seine Haltbarkeit nicht sehr sicher ist, weil er sich nicht genügend bekneift und dadurch slippen und sich lösen kann.

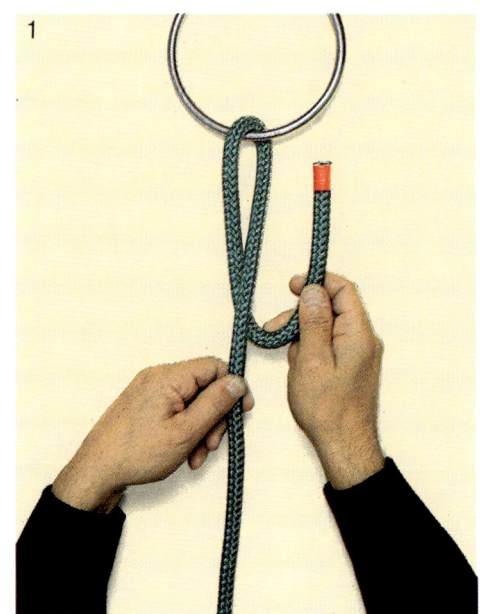

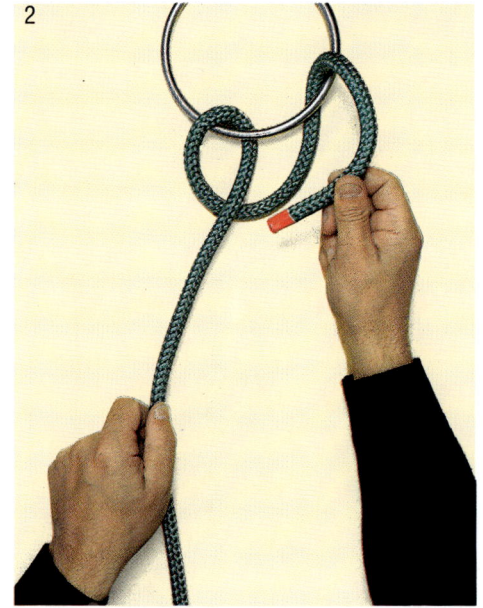

3

So wird's gemacht:
Schlage von hinten
nach vorn durch den
Ring einen Rundtörn
(1). Führe den Tampen
hinter die feste Part,
schlage einen zweiten
Rundtörn (2) und
stecke dabei den Tam-
pen in diesen Törn hin-
ein (3). Ziehe den Stek
an beiden Parten vor-
sichtig zusammen und
hole ihn dann nur an
der festen Part ganz
dicht (4).

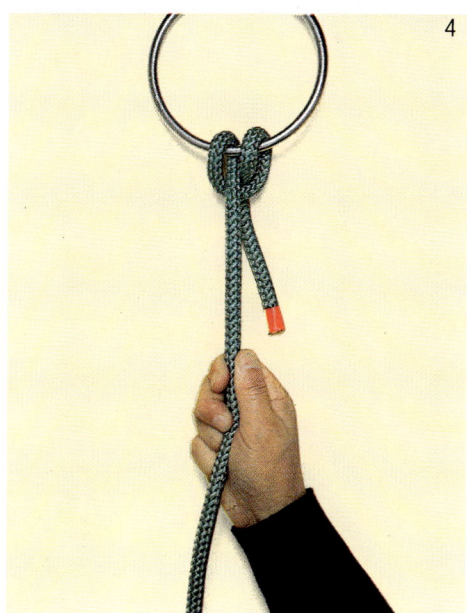

4

WEBELEIN-STEK

Übereinanderlegen zweier Augen

Diese Methode wird beim Wassersport zum Festmachen einer Leine auf einem Poller angewandt und beim Zelten zum Befestigen der Spannleinen an einem Pfahl.

So wird's gemacht:
Bilde ein Auge, bei dem die feste Part unten liegt (1). Halte das Auge sicher in der linken Hand und wirf es über den Poller (2). Greife die feste Part in einem Abstand, der lang genug ist zum Legen eines zweiten Auges (3), bei dem die feste Part wieder unten liegen muß (4). Halte dieses Auge fest mit Daumen und Zeigefinger und wirf es ebenfalls über den Poller (5). Ziehe den Stek an beiden Parten fest (6) und überzeuge Dich, daß er hält und nicht slippt.

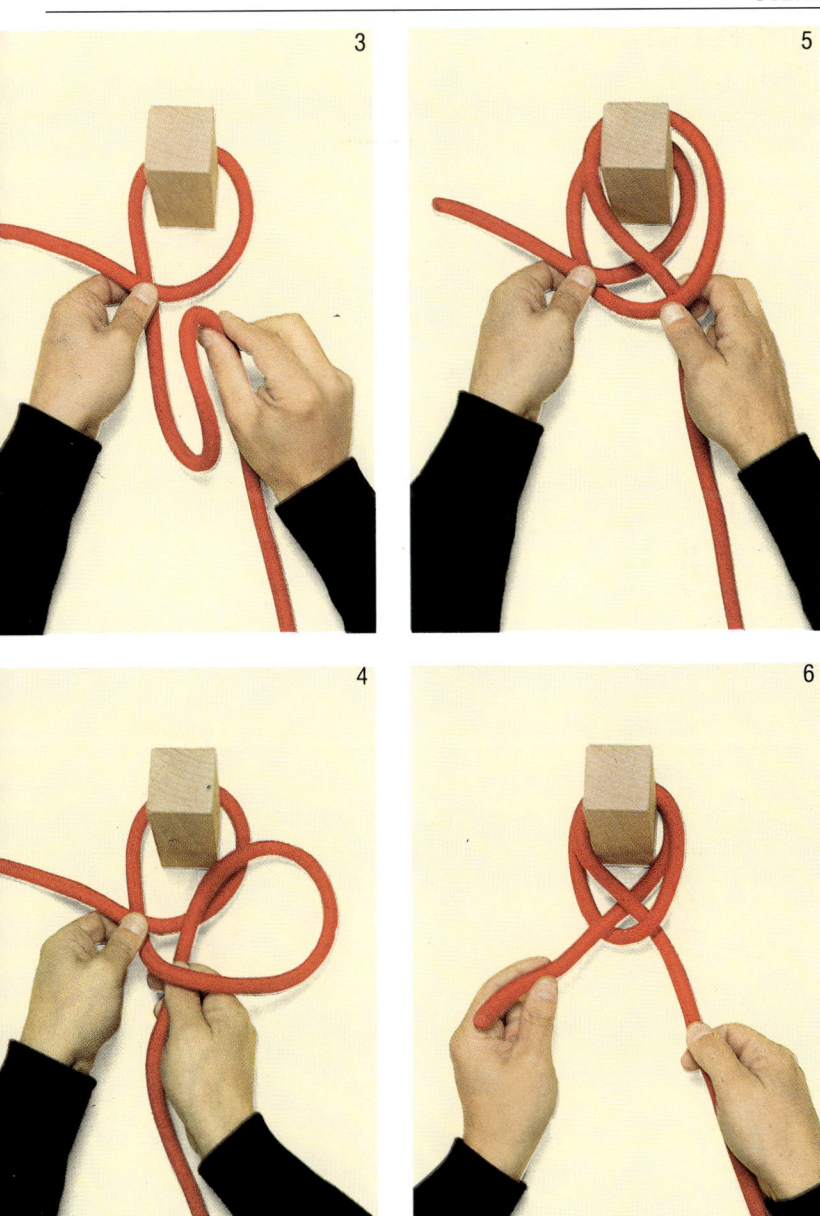

WEBELEIN-STEK

Durch Legen einer Acht

Diese Methode ist sehr beliebt, kann aber nur angewandt werden, wenn der Stek über den Poller oder Pfahl gelegt werden kann.

So wird's gemacht:
Bilde ein Auge, bei dem der Tampen über der festen Part liegt (1), und halte es mit der linken Hand fest. Fasse die feste Part in einer Länge, die das Bilden eines zweiten Auges erlaubt (2); dieses Mal muß die feste Part oben liegen. Dann klappe das zweite Auge über das erste (3, 4), und man legt beide mit der rechten Hand über den Poller, während die linke den Tampen hält (5). Ziehe den Stek an beiden Tampen zusammen (6).

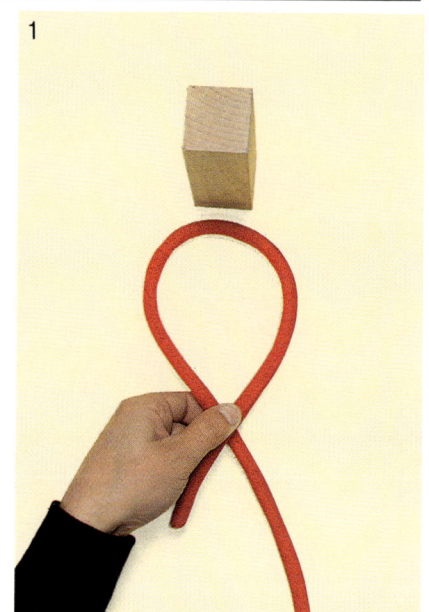

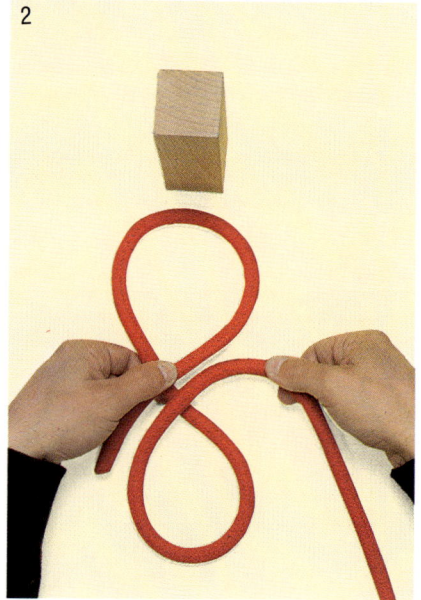

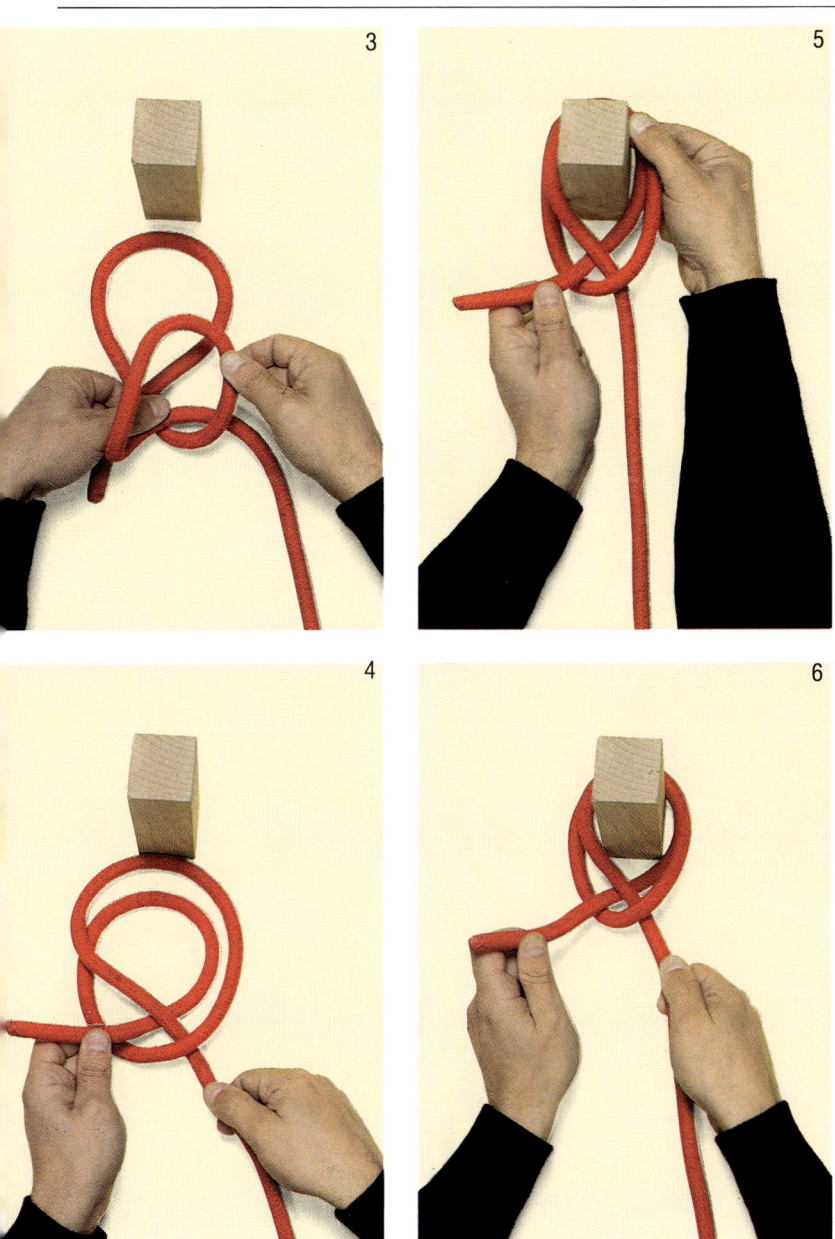

WEBELEIN-STEK
Mit beiden Händen

Diese Methode wird oft angewandt, wenn einem die Leine zugeworfen wurde – jedoch nur, wenn sie nicht unter Zug steht und über das Objekt gelegt werden kann. Seeleute benutzen sie zum Festmachen mit einer mittelstarken Leine an einem Poller.

So wird's gemacht:
Nimm die Leine mit der rechten Hand und ergreife sie etwa einen halben Meter davon entfernt mit der linken Hand, Handrücken nach oben (1). Drehe die linke Hand, um ein Auge zu formen (2). Ziehe mit der rechten Hand die Leine zu Dir heran und bilde ein weiteres Auge. Hierbei muß die feste Part unten liegen (3, 4).

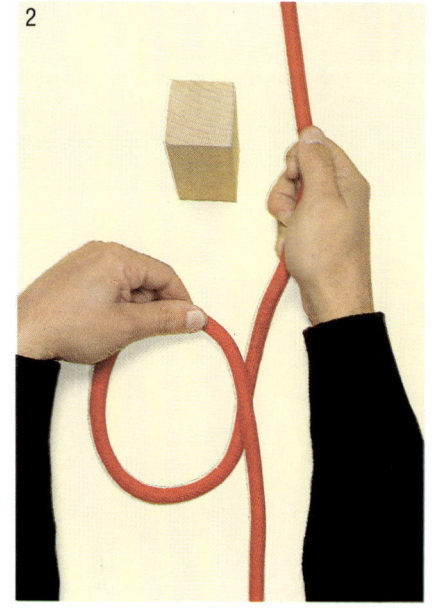

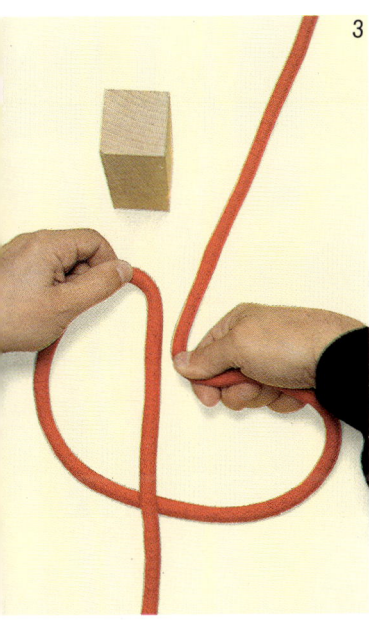

3

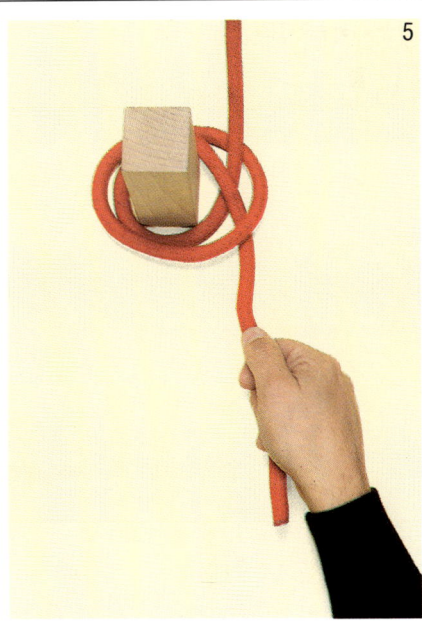

5

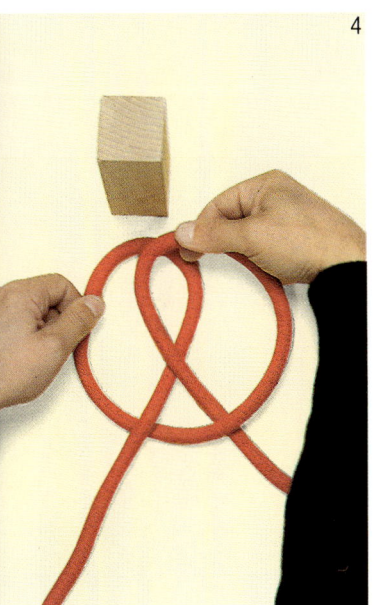

4

Schiebe die beiden
Augen übereinander
und wirf sie über den
Pfahl. Mit der rechten
Hand am losen Tam-
pen wird der Stek fest-
gezogen (5).

WEBELEIN-STEK

Bei einer unter Zug stehenden Leine

Diese Methode ist bei Seglern zum Festmachen eines treibenden Bootes beliebt.

So wird's gemacht:
Nimm die Leine mit beiden Händen (1). Ziehe sie mit der linken Hand zu Dir heran und lege ein Auge um den Poller (2). Das Auge wird sogleich unter Zug stehen (3). Bilde mit der losen Part ein zweites Auge und klappe es über das erste (4, 5, 6). Halte den Tampen fest, bis der Stek sich von selbst zusammengezogen hat.

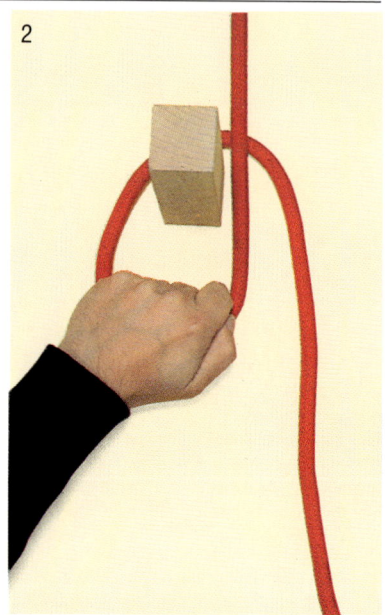

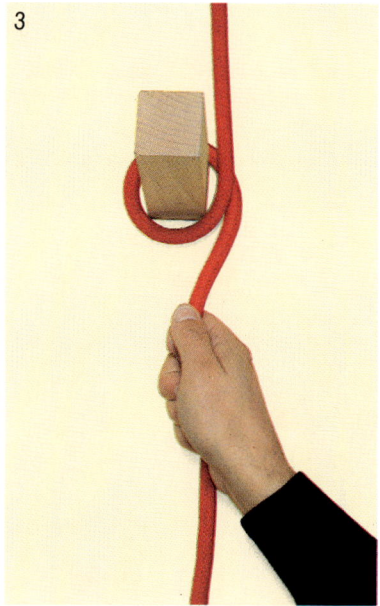

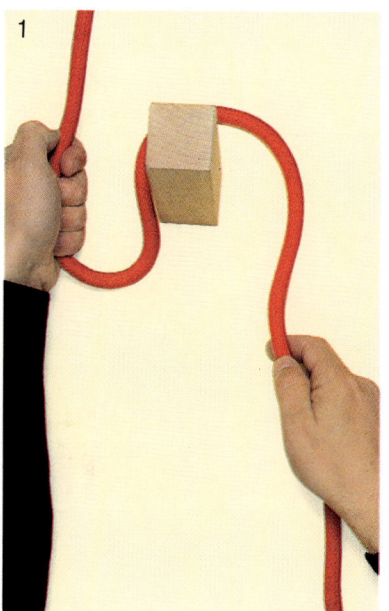

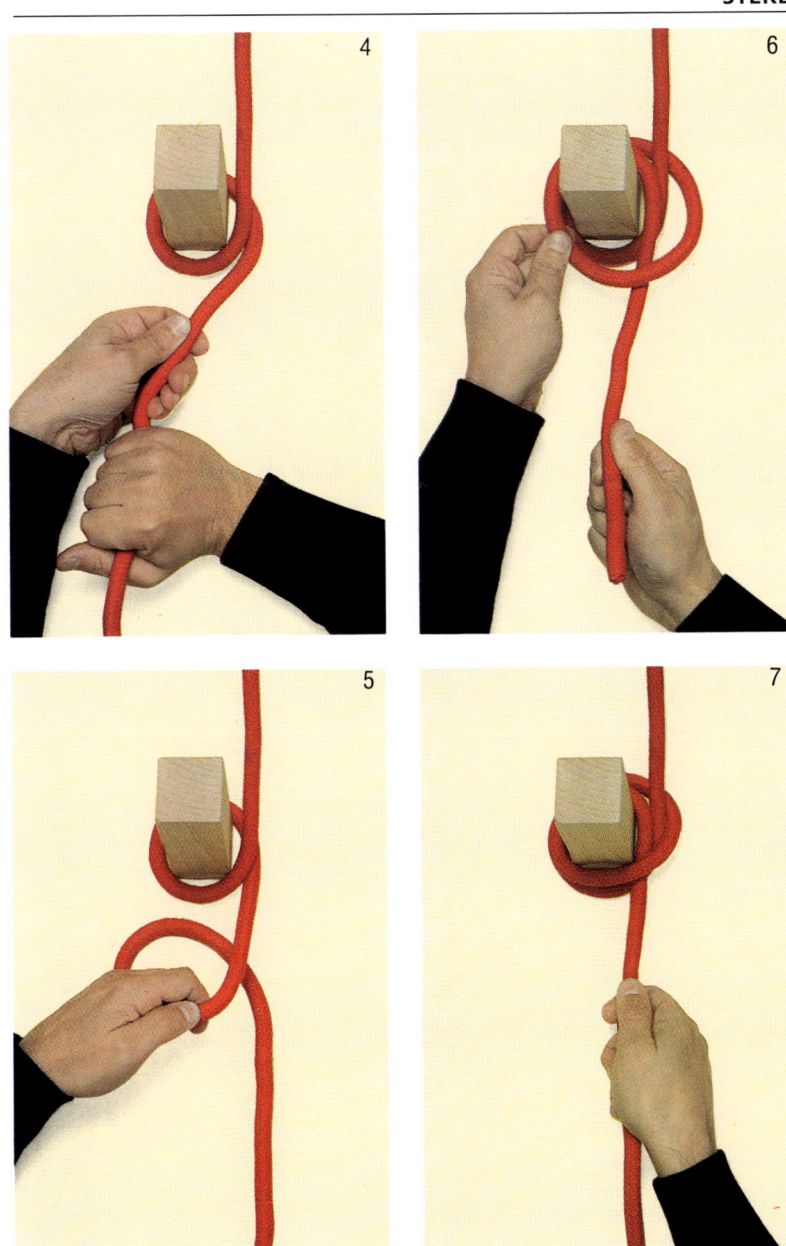

DOPPELTER ODER DREIFACHER WEBELEIN-STEK

Der doppelte Webeleinstek wird gemacht, wenn er für lange Zeit halten soll, ohne kontrolliert zu werden – vor allem beim Festmachen eines Bootes.

So wird's gemacht:
Nimm die Leine so lang, wie nötig ist, um so viele Augen zu legen, wie es die Sicherheit erfordert. Bilde das erste Auge mit der festen Part unten und lege es über den Poller (1). Die weiteren Augen lege auf die gleiche Weise darüber (2).

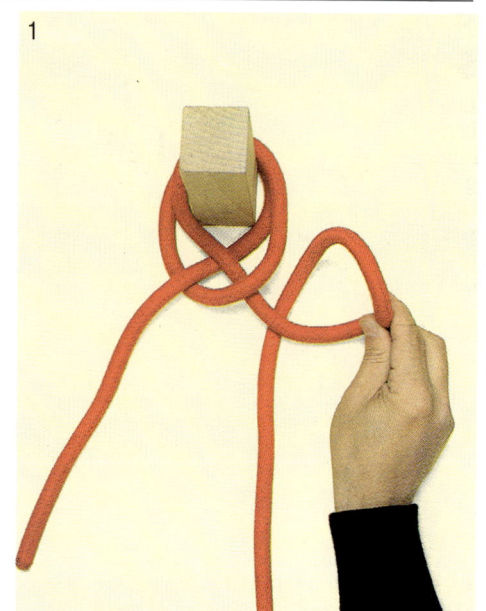

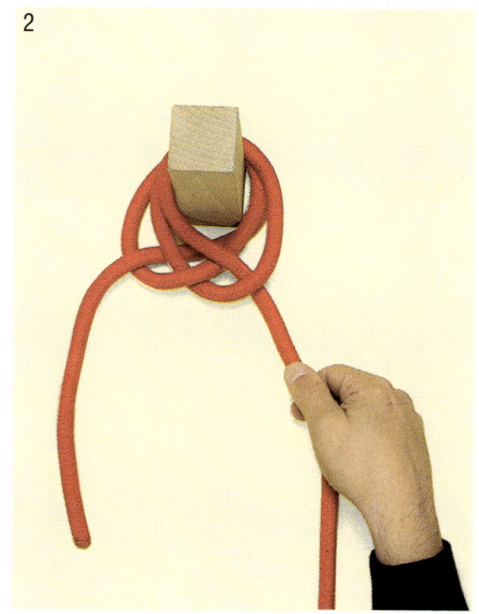

HAKEN-SCHLAG

Der hier gezeigte Ha-
kenschlag wurde mit
einer stärkeren Leine
gemacht und ist nütz-
lich, wenn der Knoten
schnell gelegt werden
muß und schnell wie-
der gelöst werden soll.

So wird's gemacht:
Lege den Tampen
durch das Maul des
Hakens (1), führe ihn
um den Haken herum
und stecke ihn zu ei-
nem halben Schlag un-
ter sich selbst hindurch
(2). Hole den Knoten
an der festen Part
dicht (3).

KURZE TROMPETE

Dies ist die beste Hakenverbindung für mittelstarkes Tauwerk, weil der Zug gleichmäßig auf beide Parten verteilt wird.

So wird's gemacht:
Lege mit der Leine zwei Buchten und verdrehe beide in entgegengesetzter Richtung in sich selbst (1, 2). Lege die beiden Augen über den Haken (3) und ziehe sie an beiden Parten fest.

KUHSTEK

Dieser Knoten, auch als Lerchenkopf bekannt, wird gewöhnlich an einem Ring oder einer Stange gemacht, um vorübergehend Tiere anzubinden. Er ist nicht sehr sicher, außer wenn der Zug auf beiden Parten liegt. Auf See wird er selten gebraucht.

So wird's gemacht:
Der Tampen wird von vorn durch den Ring gesteckt (1), vorn an der stehenden Part vorbei und erneut durch den Ring geführt, dieses Mal von hinten (2). Schließlich wird er parallel zur stehenden Part in die vorn gebildete Bucht gesteckt (3). An der festen Part wird der Stek dann dichtgeholt.

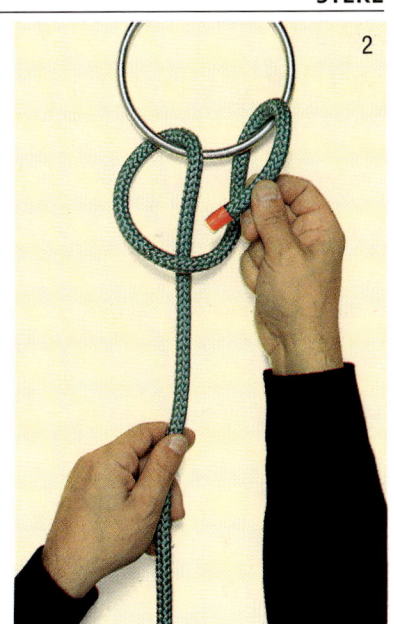

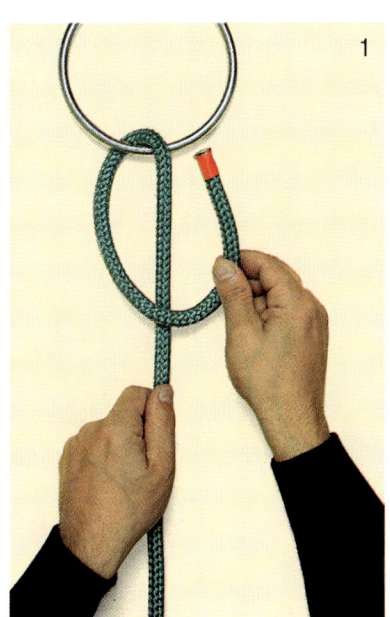

51

RUNDTÖRN MIT HALBEN SCHLÄGEN

Der halbe Schlag für sich allein ist nicht geeignet, viel Kraft aufzunehmen. Er wird zur Ergänzung anderer Knoten an Ringen, Stangen usw. benutzt. Aber er ist der bekannteste Knoten und wird vielseitig und bei zahlreichen Gelegenheiten gebraucht – von Hausfrauen, Metzgern, Bau- und Zimmerleuten.

Beim Wassersport ist er Teil des Rundtörns mit halben Schlägen an Nock- und Reffbändseln sowie überall dort, wo zeitweilig etwas festgemacht werden soll.

Der Unterschied zwischen einem einfachen Knoten und dem halben Schlag liegt darin, daß ersterer ohne weiteres in eine Leine geknüpft und letzterer immer um ein Objekt herumgeschlagen wird.

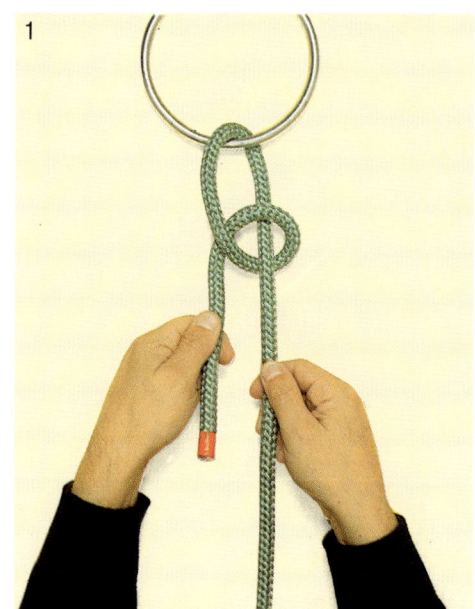

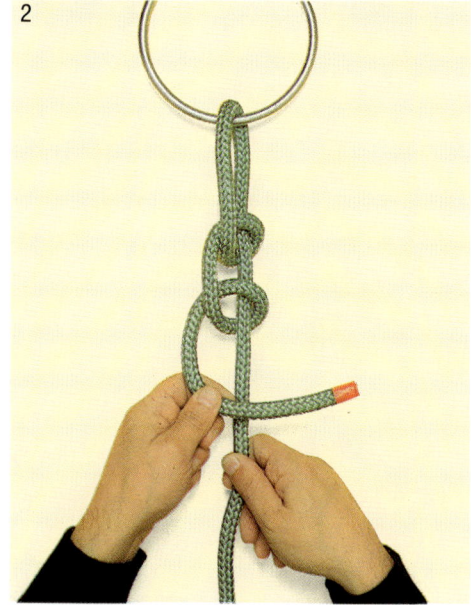

So wird's gemacht:
Der Tampen wird von hinten in den Ring sowie hinter der festen Part nach vorn geführt und sodann in das damit gebildete Auge gesteckt (1); der erste halbe Schlag ist fertig. Bilde so die gewünschten weiteren halben Schläge und ziehe sie alle auf einmal dicht (2, 3).

HALBER SCHLAG MIT SLIPSTEK

Das ist eine Abart des einfachen halben Schlages. Der Slipstek macht es leicht, ihn zu lösen, besonders wenn die feste Part unter Zug steht. Ein Ziehen am Tampen öffnet den ganzen Stek (4). Segler benutzen ihn an Nock- und Reffbändseln.

FISCHERSTEK

Dieser Stek, auch An-
kerstek genannt, ist ei-
ner der sichersten und
bekanntesten Knoten.
Seeleute benutzen ihn
zum Festmachen am
Kai und zum Anschla-
gen der Ankerleine,
woher einer seiner Na-
men stammt. Der Fi-
scherstek wird allge-
mein nur bei Leinen
mit kleinem und mitt-
lerem Durchmessser
gebraucht, weil es
schwierig ist, ihn mit
starkem Tauwerk zu
machen.

So wird's gemacht:
Stecke den Tampen
von hinten durch den
Ring und mache zwei
oder drei Rundtörns,
ohne ihn zu verdrehen
(1, 2). Führe den Tam-
pen dann hinten um
die feste Part herum
und stecke ihn vorn in
die Rundtörns (3, 4).

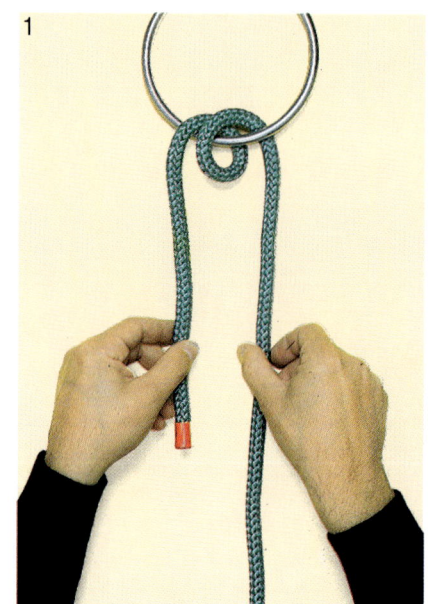

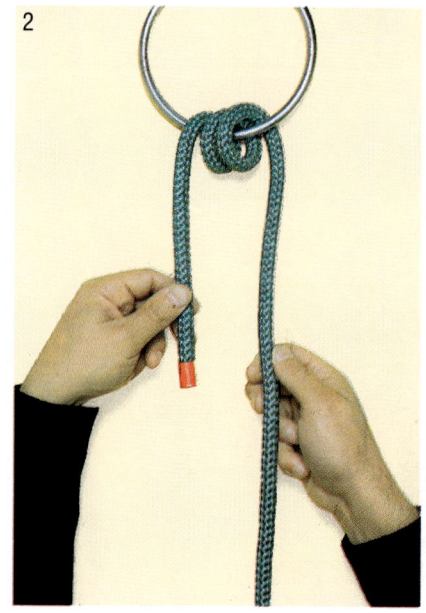

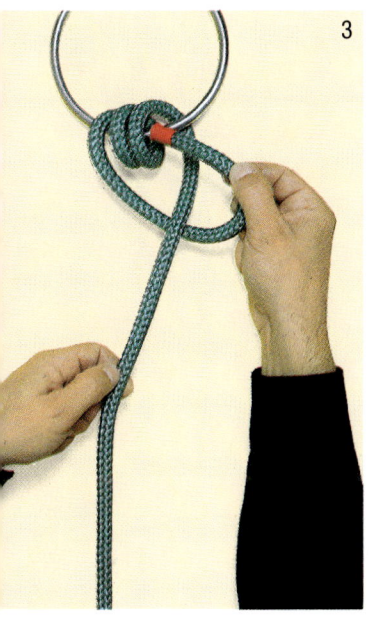

3

5

4

Der Stek ist fertig, aber zur größeren Sicherheit werden meistens noch ein oder zwei halbe Schläge um die feste Part gemacht und einzeln dichtgeholt (5).
Wenn der Ring im Verhältnis zur Leine sehr dünn ist, macht man gerne drei oder sogar vier Rundtörns.

STOPPER-STEK

Der Stopperstek ist nicht zu verwechseln mit den Stopperknoten (siehe Seite 22 ff), die den Tampen einer Leine daran hindern, aus einem Auge oder einer Leitöse auszurauschen. Er dient dazu, den Tampen einer Leine an ein laufendes Ende anzuschlagen und ist vielseitig verwendbar. Zum Beispiel um mehrere Boote mit ihren Vorleinen wechselseitig an eine Schlepptrosse anzustecken, ein gebrochenes Fall abzustoppen, um es bei stehendem Segel zu spleißen usw. Der Stopperstek hält nur in einer Zugrichtung, während er in der entgegengesetzten Richtung slippt.

So wird's gemacht:
Die anzuschlagende Leine sollte dünner sein als das laufende Ende. Bilde mit dem Tampen ein Auge um das laufende Ende (1, 2). Lege danach einen Rundtörn zwischen das Auge und den Tampen (3). Mache – je nach Strukturunterschied der beiden Leinen – ein oder zwei weitere Rundtörns, immer zwischen den vor-

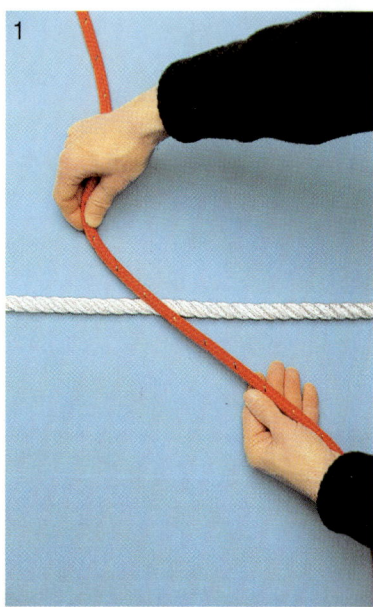

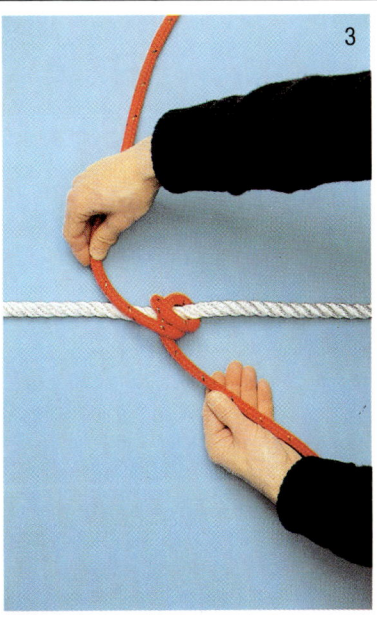

hergehenden und dem Tampen und füge als letztes einen halben Schlag um das laufende Ende an, der vor dem eigenen Tampen liegt (4).

Damit die Verbindung auch unter Zug gelöst werden kann, kann anstelle des halben Schlages ein Slipstek gesteckt werden (5).

STRASSEN-RÄUBER-ODER ZUG-STEK

Diesem Stek wird nachgesagt, daß er von Straßenräubern gebraucht wurde, um ihre Pferde zusammenzubinden. Ein Zug am Tampen, und der Stek war lose. Es ist ein sehr einfacher Knoten, sowohl zu machen als auch zu lösen. Ziehen an der festen Part jedoch öffnet ihn nicht. Es ist ein brauchbarer Stek für viele Gelegenheiten, etwa um Dinge zu fieren oder zeitweise etwas festzumachen.

So wird's gemacht:
Bilde ein Stück entfernt vom Tampen eine Bucht und lege sie von hinten über die Stange (1). Hole eine in der festen Part gebildete Bucht durch diese Bucht nach oben (2, 3). Halte diese zweite Bucht sicher in der rechten Hand und bilde mit der linken Hand erneut eine Bucht mit dem Tampen (4) und stecke sie durch die vorher gelegte Bucht der festen Part (5). Hole den Stek an der festen Part dicht (6). Um ihn wieder zu lösen, bedarf es nur eines Ziehens am Tampen.

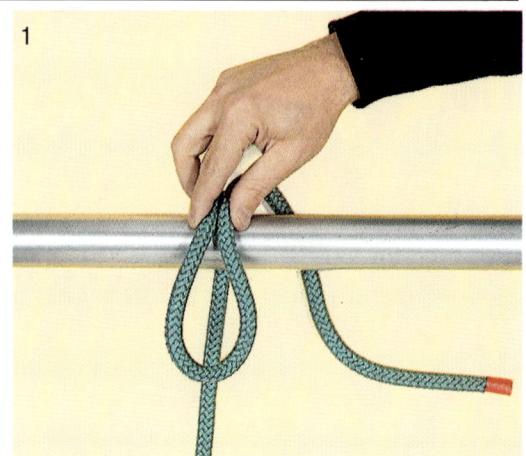

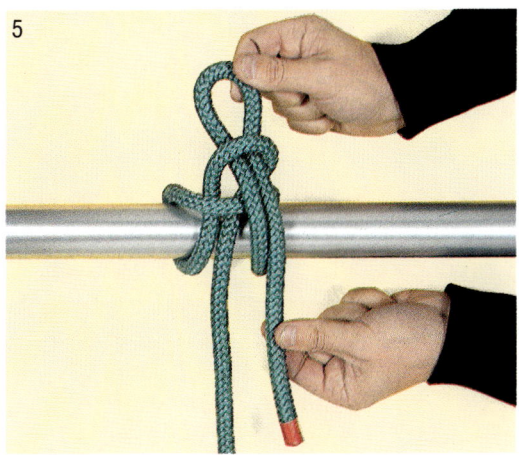

RUNDTÖRN MIT ZWEI HALBEN SCHLÄGEN

Zum Festmachen an dünnen Balken ist dieser Stek besser geeignet als der Webeleinstek, der sich hier zu sehr festziehen würde.

So wird's gemacht:
Schlage einen und einen halben Rundtörn um den Balken, so daß die lose mit der festen Part parallel läuft (1, 2). Stecke mit der losen einen halben Schlag um die feste Part und gleich darauf in derselben Drehrichtung einen zweiten (3, 4).

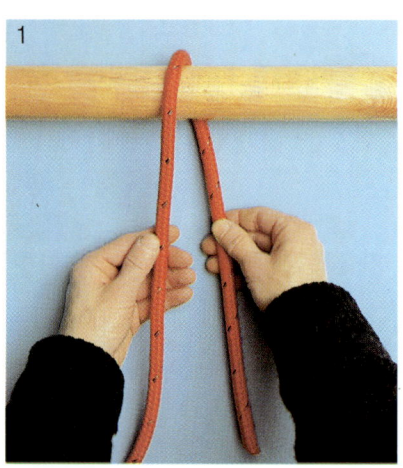

FESTE AUGEN

Knoten, die durch Legen einer Bucht oder eines Auges in
den Tampen einer Leine entstehen, welche dann mit
der festen Part unveränderbar verbunden werden, nennt man
Augen. Anders als die Steke, die direkt an ein Objekt
gesteckt werden, werden solche Augen in der Hand gemacht
und dann über das Objekt gelegt. Sie sind unent-
behrlich für Seeleute, ganz besonders der Palstek, der für
viele Situationen nützlich ist.

PALSTEK

Der Palstek ist der wichtigste Knoten der Seemannschaft und allen Seglern gut bekannt. Es gibt viele Gelegenheiten, ihn anzuwenden, da er weder slippt noch Lose bekommt oder sich bekneift. Er ist auch nicht schwer zu lösen, wenn die Leine unter Zug steht.

Der Palstek wird allgemein benutzt, um eine Leine an einem Objekt zu befestigen oder um am Tampen einer Leine ein festes Auge zu erhalten.

Er wird auf See im laufenden Gut gebraucht, zum Heben, Verbinden und Bergen. Den Bergsteigern ist er als Buleine bekannt und wird beim Aufstieg als Sicherheitheitsknoten am Karabinerhaken gemacht.

So wird's gemacht:
Lege ein Auge in die feste Part (1) und stecke den Tampen von unten hinein (2). Führe ihn hinten um die feste Part herum und zurück durch das Auge (3, 4). Halte den Tampen und das Auge mit der rechten Hand und hole den Stek mit der linken Hand dicht (5, 6).

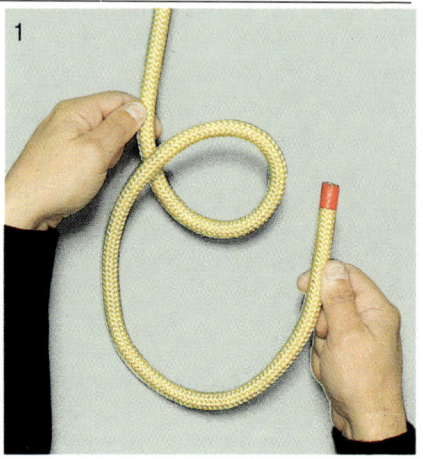

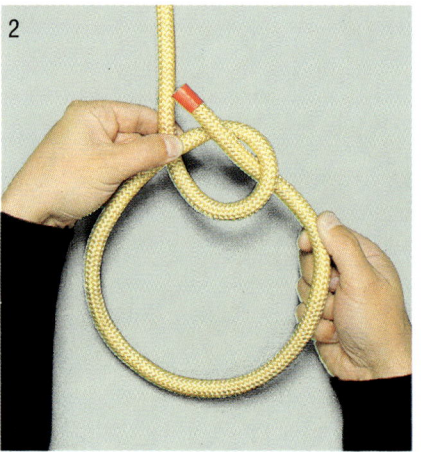

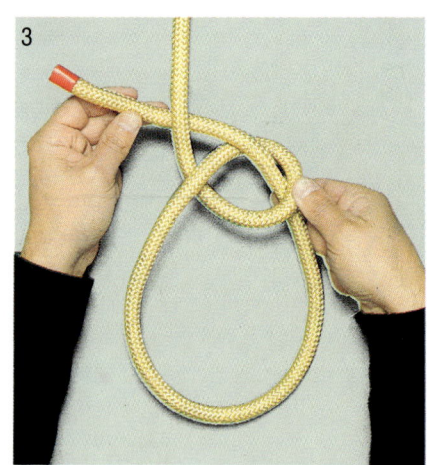

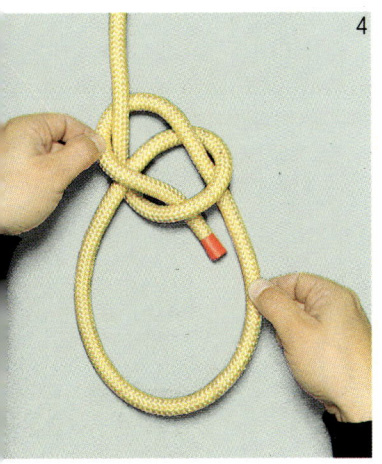

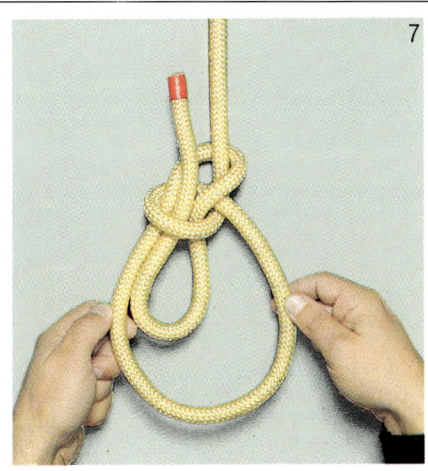

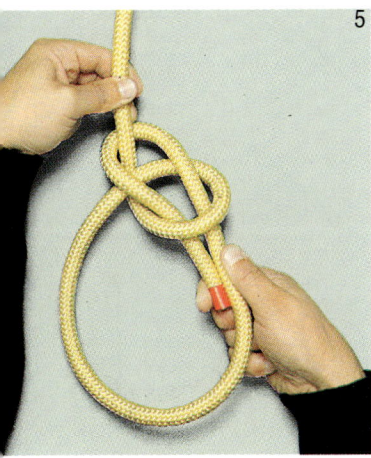

PALSTEK MIT SLIPSTEK

Der Slipstek wird gemacht, indem man anstelle des letzten Durchsteckens des Tampens eine Bucht durchsteckt (7). Bevor man einen solchen Palstek beginnt, muß man sich natürlich überzeugen, daß der Tampen lang genug dafür ist. Er ist leichter zu lösen, wenn er unter starkem Zug steht.

PALSTEK

Gezogen und gesteckt

Diese Methode wird angewandt, wenn der Palstek um ein Objekt herum gesteckt werden soll.

So wird's gemacht:
Führe die Leine von hinten durch den Ring, bilde einen halben Schlag und ziehe ruckartig am Tampen der Leine, wodurch sich in der stehenden Part ein Auge bildet (1, 2, 3), durch das der Tampen läuft.
Führe ihn hinten um die stehende Part herum und wieder in das Auge hinein (4, 5). Halte den Tampen und das feste Auge mit der linken (6) und hole den Stek mit der rechten Hand dicht (7).

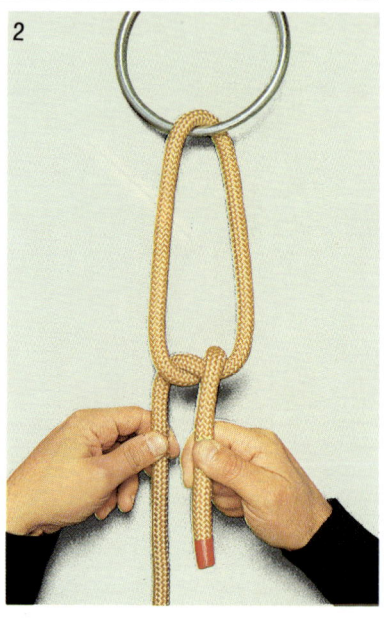

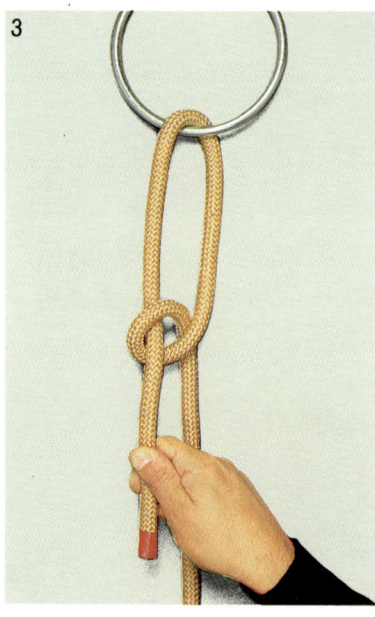

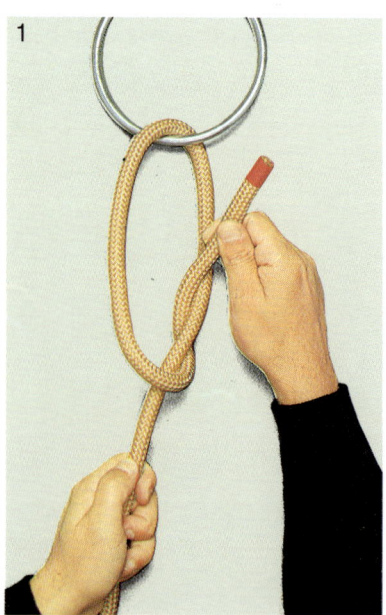

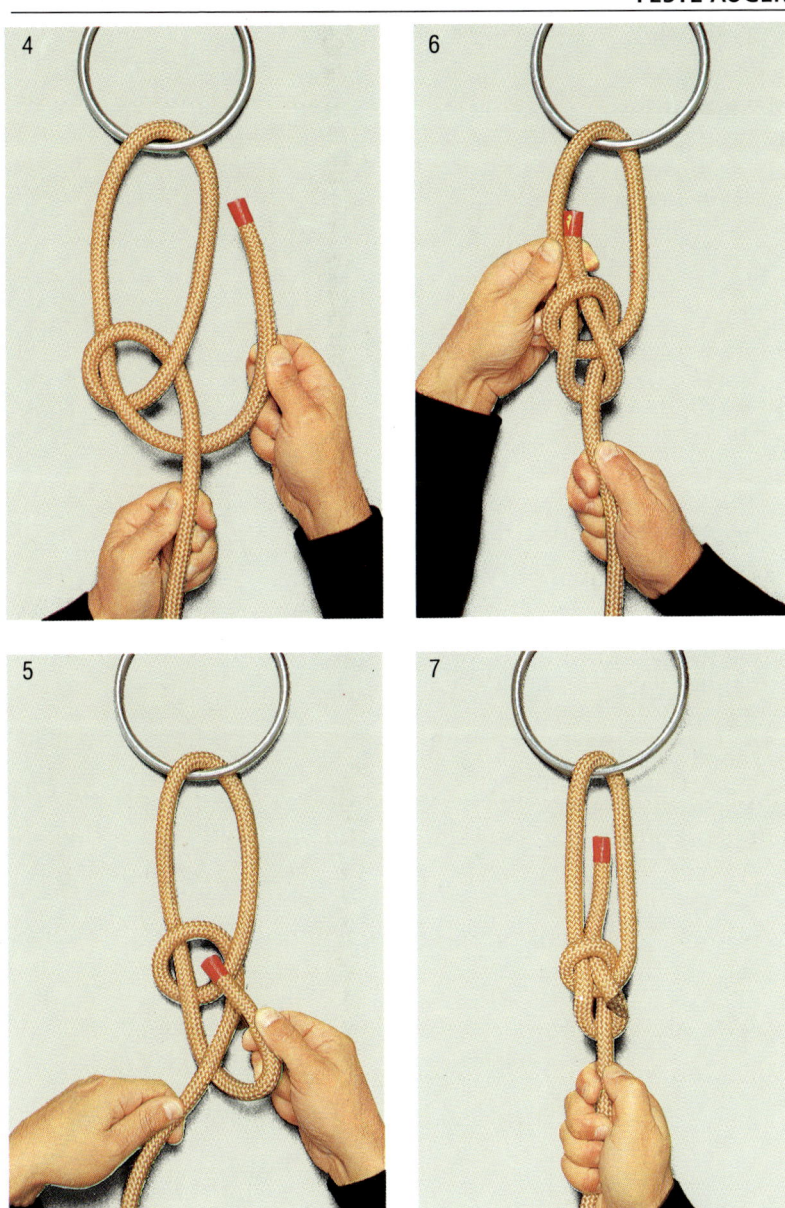

PALSTEK

Zwei Finger-Methode

Diese Methode wird
angewandt, wenn der
Palstek in eine Leine
gesteckt werden soll,
die von oben oder von
vorn kommt.

So wird's gemacht:
Bilde ein Auge durch
Kreuzen der losen mit
der festen Part (1).
Halte das Kreuz sicher
fest und drehe die
Hand rechts herum,
um in der festen Part
ein Auge zu bilden (2,
3, 4, 5, 6). Mache die
Bewegung so, daß der
Tampen in diesem
Auge liegt. Dann führe
ihn hinten um die feste
Part herum und stecke
ihn zurück in das Auge
(7, 8). Halte den Tam-
pen und die Bucht des
Palsteks mit der rech-
ten Hand und hole den
Stek mit der linken
Hand an der festen
Part dicht (9).

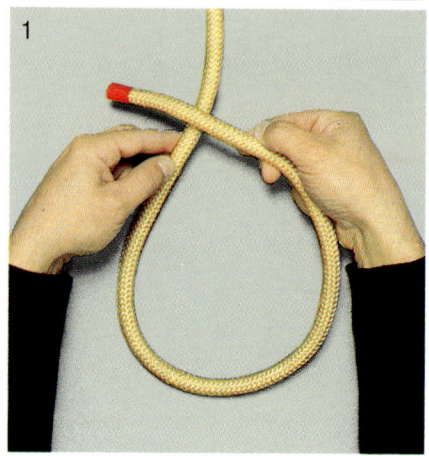

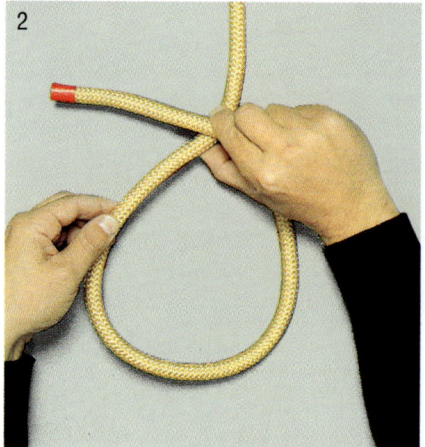

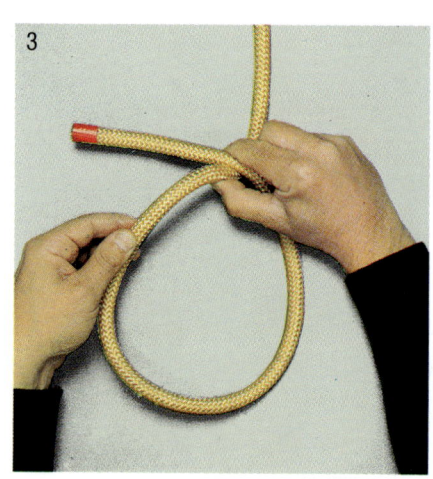

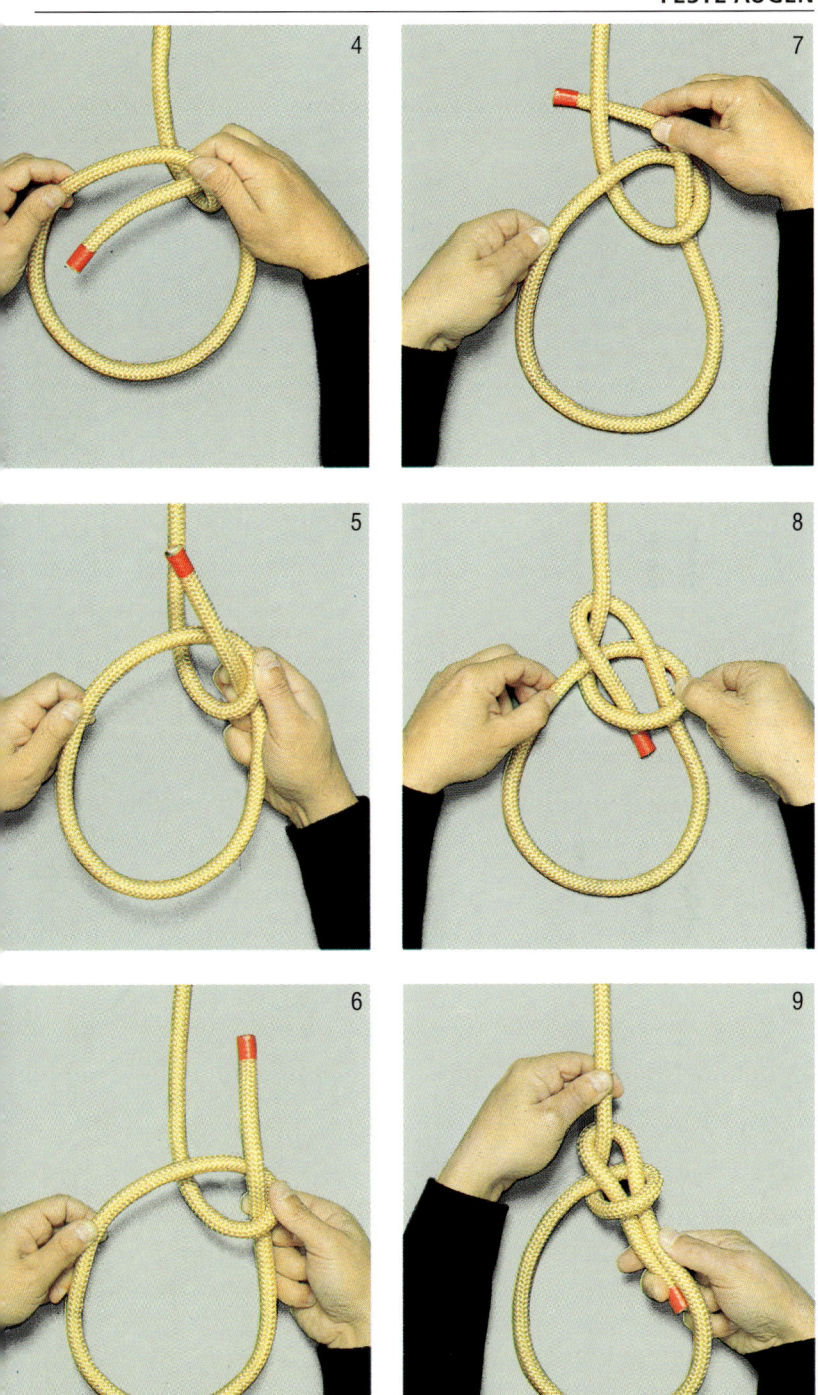

PALSTEK
Einhand-Methode

Diese Methode wird angewandt, wenn nur eine Hand zur Verfügung steht. Das wichtigste Beispiel hierfür ist die Rettung eines über Bord Gefallenen. Wenn dieser die ihm zugeworfene Leine erfaßt hat, muß er sie um seinen Rücken führen und den Stek so schnell wie möglich machen, damit er wieder an Bord gehievt werden kann.

So wird's gemacht:
Halte den Tampen in der rechten Hand und kreuze ihn mit der stehenden Part (1). Drehe die Hand rechts herum in der stehenden Part und stecke die Faust hindurch (2, 3, 4). Dann führe den Tampen um die stehende Part herum (5). (Weil diese Bewegung besonders schwierig ist, ist es ratsam, sie oft zu üben, bevor es zum Ernstfall kommt.) Laß den Tampen für einen Augenblick los und nimm ihn auf der anderen Seite der stehenden Part wieder auf (6). Ziehe den Tampen ruckartig zu Dir heran, steck ihn in das Auge (7) und halte die neue Bucht sofort fest (8). Der Zug auf der stehenden Part zieht den Stek fest (9).

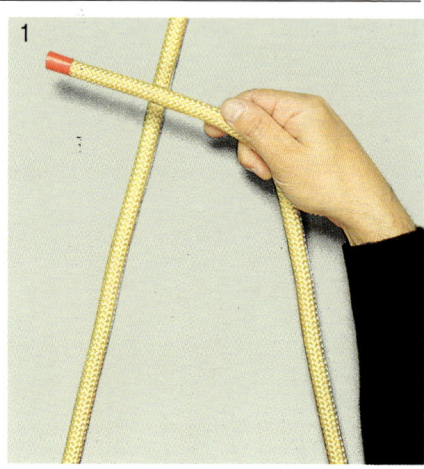

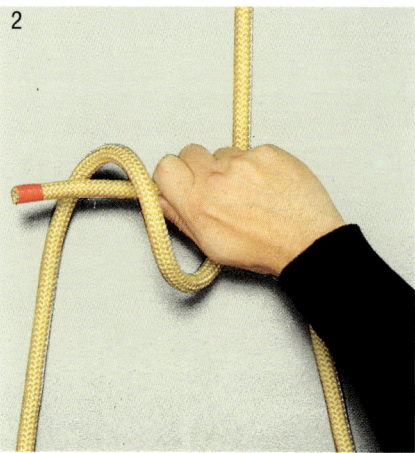

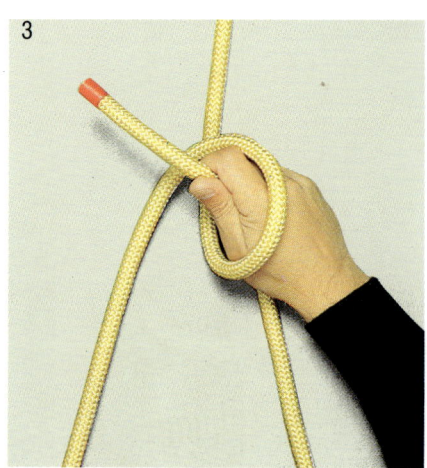

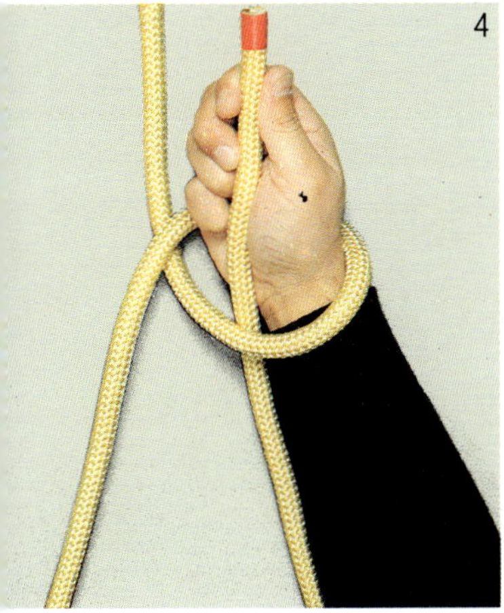

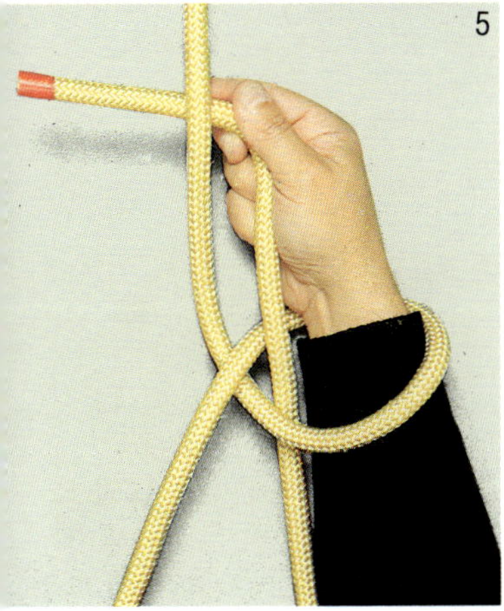

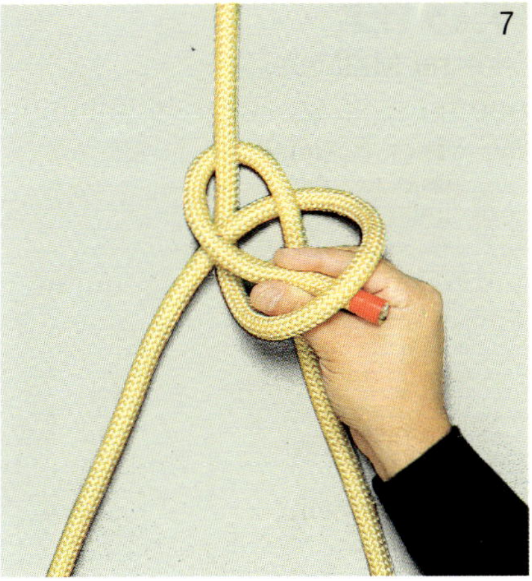

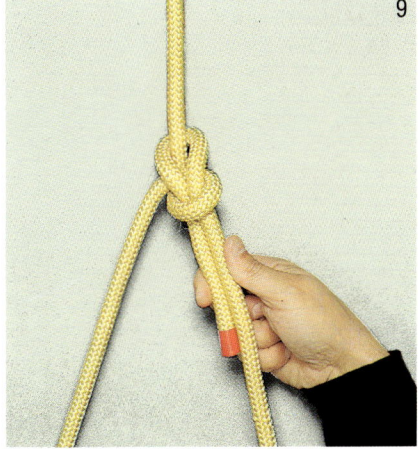

PALSTEK
Bergsteiger-Methode

Während der Seemann den Palstek in der Hand macht und danach über ein Objekt legt, knotet der Bergsteiger ihn direkt um seine Taille, so daß er ihn zu seiner Sicherheit maßgerecht anlegen kann, bevor er mit dem Aufstieg beginnt.

So wird's gemacht:
Fasse die stehende Part der Leine mit der linken Hand und bilde durch Ziehen und Drehen der Hand rechts herum ein Auge (1, 2, 3). Streife das Auge über die Faust und ergreife die stehende Part erneut (4). Ziehe die Hand zu Dir zurück durch das Auge (5); hierdurch bildet sich eine Bucht (6), durch die der Tampen gesteckt wird (7). Klappe den Tampen zu Dir um und halte ihn zusammen mit derselben Part in der rechten Hand (8). Durch Ziehen an der stehenden Part mit der linken Hand zieht sich der Stek zurecht (9).

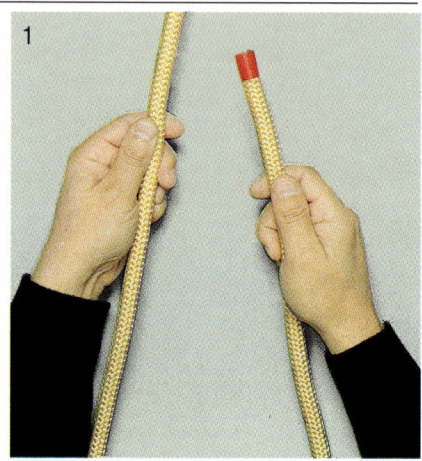

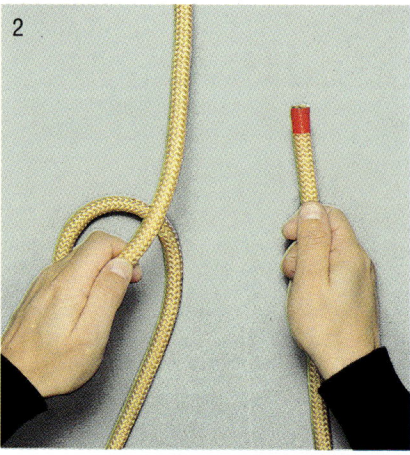

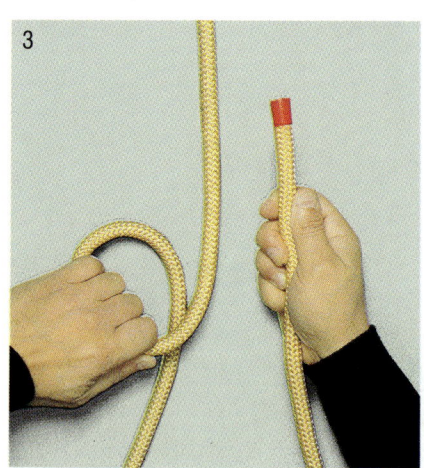

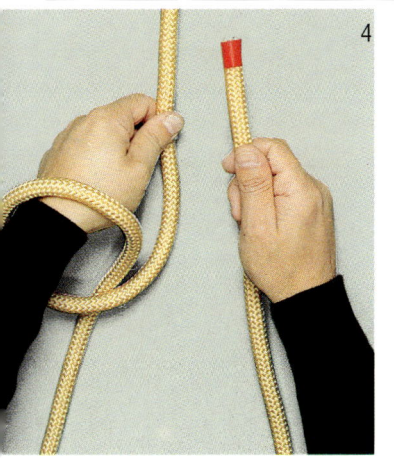

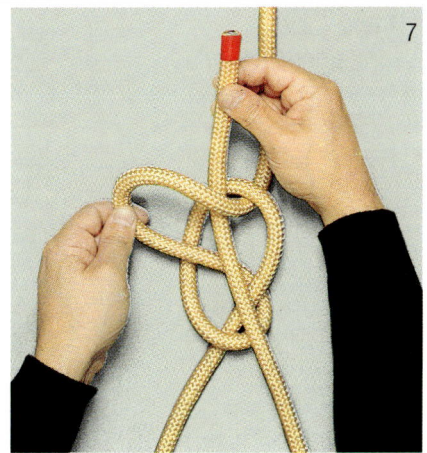

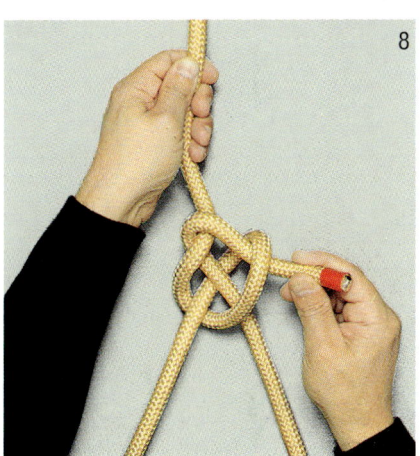

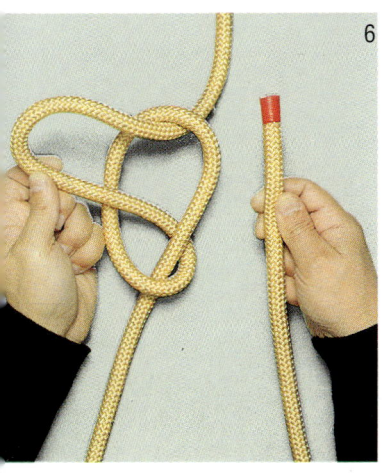

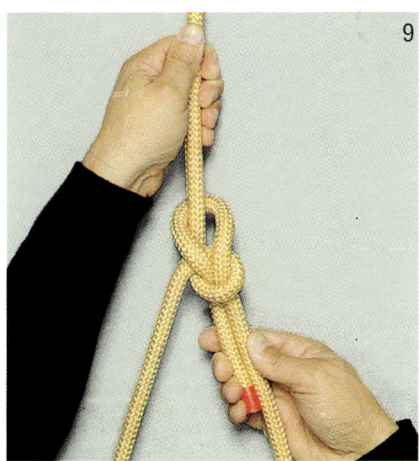

PALSTEK
In einer unter Zug stehenden Leine

Wassersportler benutzen diese Methode, um ein Boot festzumachen.

So wird's gemacht:
Mache in die Leine einen halben Schlag und ziehe am Tampen, um in der stehenden Part ein Auge zu bilden (1, 2). Führe den Tampen hinter der stehenden Part herum und stecke ihn von vorne in das (später feste) Auge (3, 4). Bilde eine Bucht um dessen Part, führe den Tampen über die stehende Part und stecke ihn in die Bucht, die er zuvor gebildet hat (5, 6). Gib dem Tampen einen Ruck, um den Palstek zu formen (7).

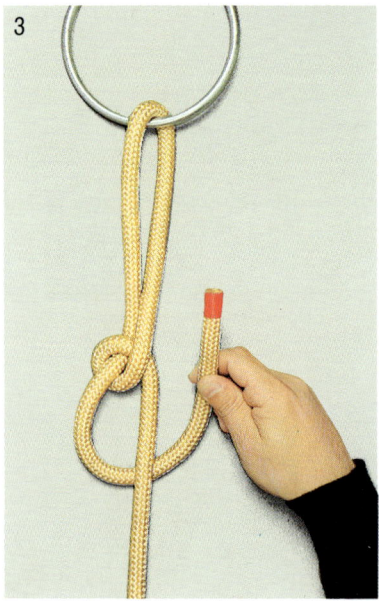

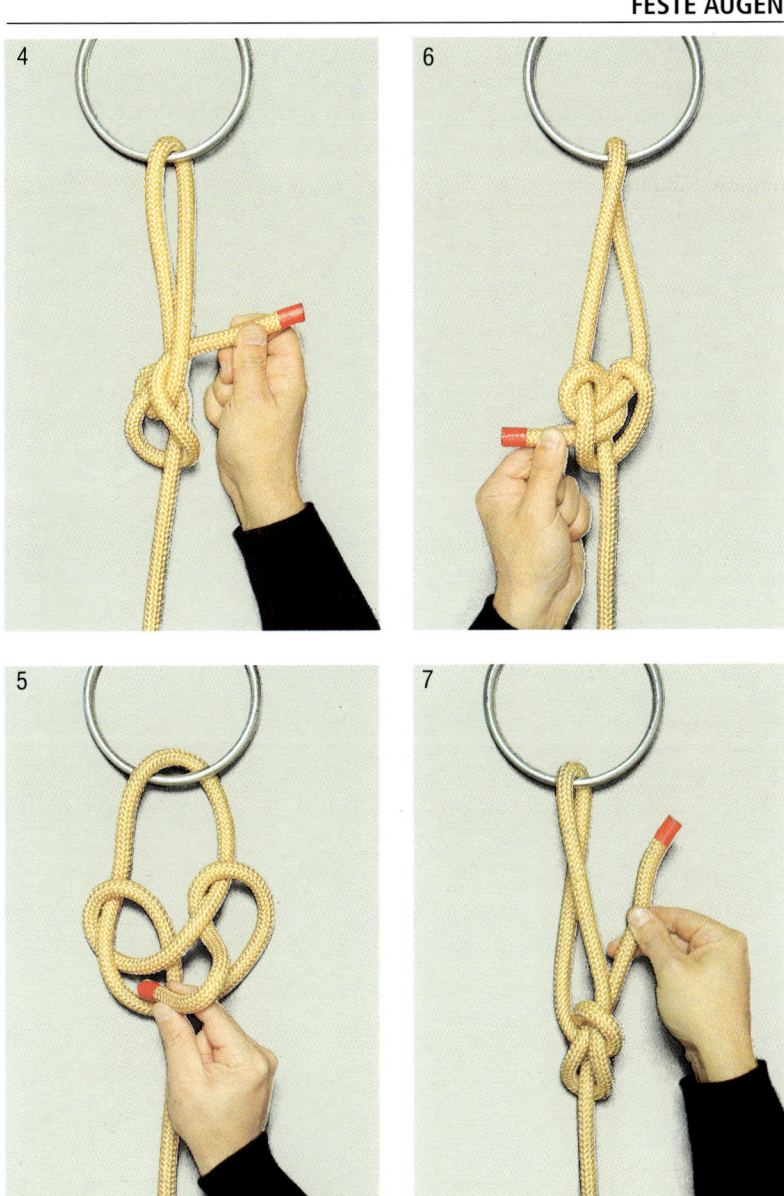

PORTUGIESI-SCHER PALSTEK

Dieser Stek wird von portugiesischen See-leuten zum Anschlagen des Ankers be-nutzt. Er ist auch als Kalfater-Palstek bekannt, weil er den Kalfaterern bei ihrer hängenden Arbeit diente. Die führen das erste Auge um ihren Rücken, während sie in dem zweiten sitzen. Der portugiesische Palstek ist nützlich, den Halt an einem Objekt zu verstärken, besonders, wenn es schwer ist. Er kann mit zwei oder mehr Augen gesteckt werden – je mehr, desto stärker ist er.

So wird's gemacht:
Bilde in der stehenden Part ein Auge, wie auf Seite 64 gezeigt (1). Führe den Tampen hinter die stehende Part und lege ein zweites Auge um das Objekt (2). Stecke den Tampen durch das Auge der festen Part (3), führe ihn um sie herum und erneut, jetzt in entgegengesetzter Richtung, in dessen Auge (4). Um den Stek dichtzuholen, halte die Augen und ziehe an der festen Part (5).

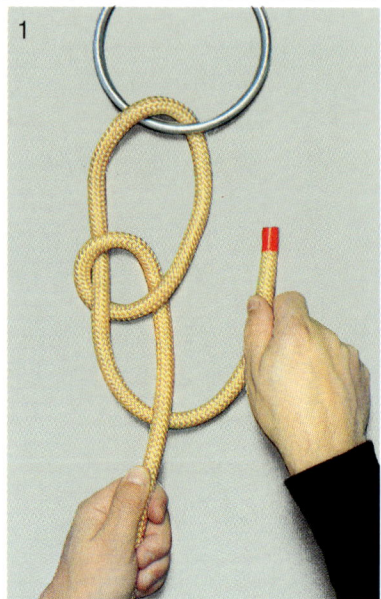

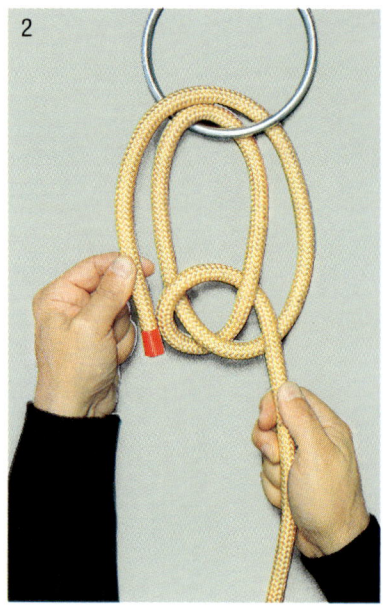

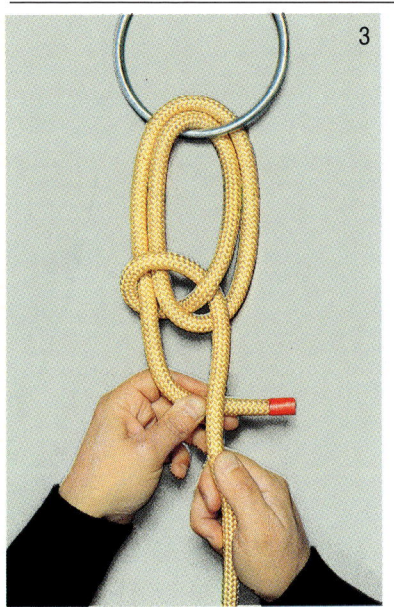

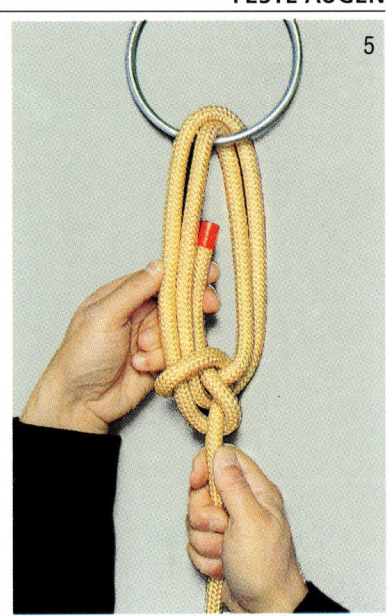

DOPPELTER PALSTEK

Der doppelte Palstek besteht aus zwei festen Augen, die parallel laufen, aber auch einzeln benutzt werden können. Er ist ein sehr alter Knoten und wird hauptsächlich bei der Seerettung eingesetzt. Ist die zu rettende Person bei Bewußtsein, steckt sie ein Bein in das eine und das andere in das zweite Auge und hält sich an der stehenden Part fest. Ist sie besinnungslos, kommen beide Beine in ein Auge, während das andere Auge um die Brust und unter die Arme gelegt wird. Darüber hinaus ist der doppelte Palstek eine sichere Methode, Gegenstände zu bergen.

So wird's gemacht:
Lege in die Leine eine Bucht und kreuze diese mit der stehenden Part (1). Bilde mit der Zwei Finger-Methode (siehe Seite 66) ein Auge (2, 3) und stecke die Bucht hindurch (4).

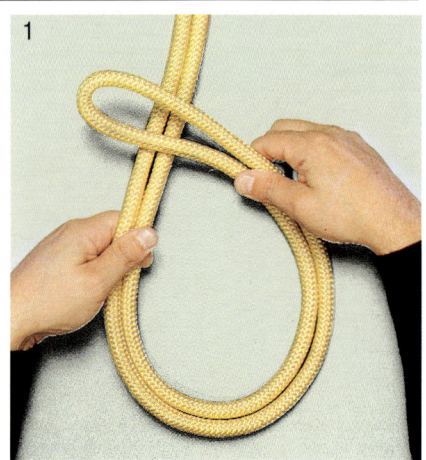

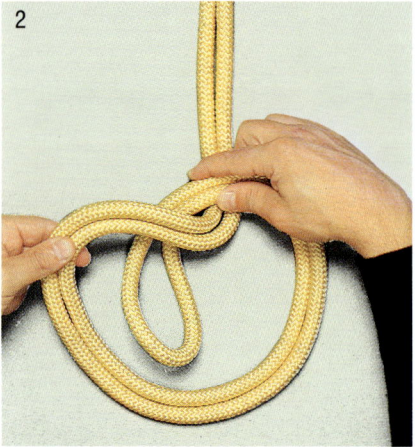

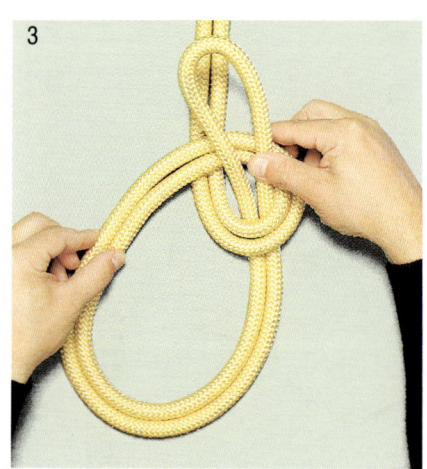

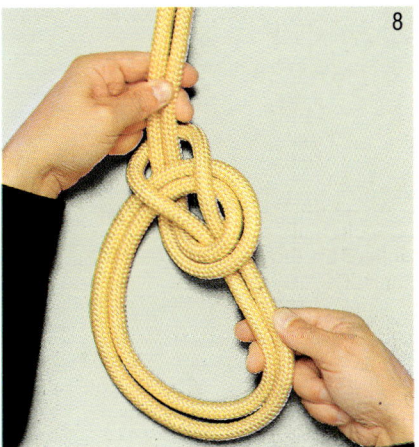

Dann klappe die Bucht zu Dir nach unten um die Augen und hinten wieder nach oben zur stehenden Part (5, 6, 7). Hole den Stek an der festen Part und an den beiden Augen dicht (8).

SPANISCHER PALSTEK
Erste Methode

Dieser alte Stek ist den Seeleuten als spanischer Palstek bekannt; bei der Feuerwehr heißt er Sesselknoten. Er wird bei verschiedenen Gelegenheiten gebraucht: bei der Rettung aus Seenot und beim Hieven von Gegenständen in horizontaler Lage, z. B. von Leitern, Achsen usw. Er besteht aus zwei getrennten Augen, die gut halten und sehr sicher sind, selbst unter großer Belastung. Aus starkem Tauwerk gemacht, kann er das Gewicht von Gerüsten tragen.

So wird's gemacht:
Es ist leichter, den Stek – wenn möglich – auf einer ebenen Unterlage zu machen. Bilde zwei Augen und schiebe das linke über das rechte (1, 2). Durch Falten beider Augen nach vorn unten auf die stehenden Parten ergeben sich vier kleine Augen (3). Halte sie mit dem Zeigefinger sicher fest und schiebe die äußeren unteren Augen durch die inneren oberen (4, 5). Sie machen

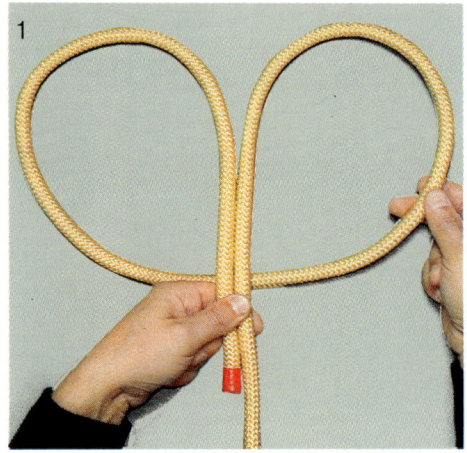

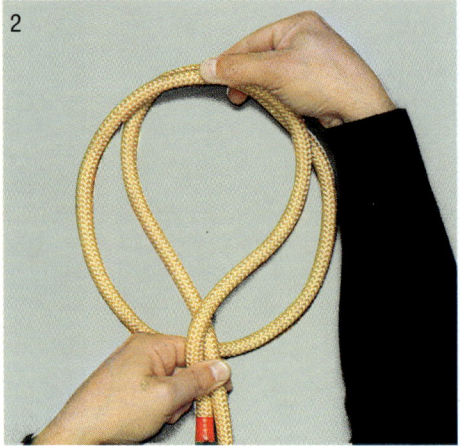

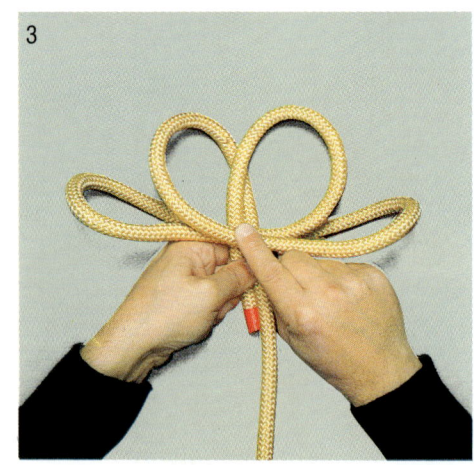

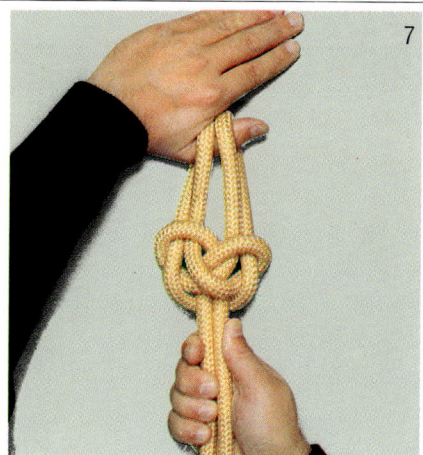

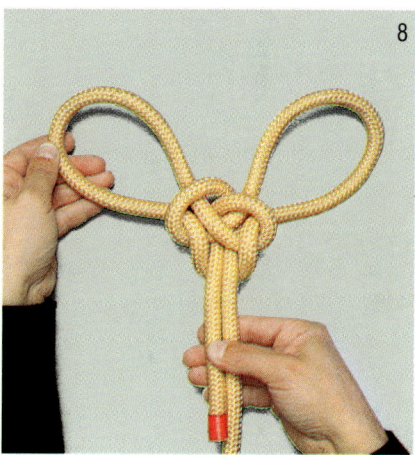

dabei jeweils eine halbe Drehung nach oben. Stecke den linken Daumen durch die beiden nach außen zeigenden Augen (6) und hole den Stek durch gleichzeitiges Ziehen daran und an den beiden stehenden Parten dicht (7). Der fertige Stek hat zwei voneinander unabhängige Augen (8).

SPANISCHER PALSTEK
Zweite Methode

Auf diese Art ist der spanische Palstek einfacher zu machen – die Arbeitsschritte sind leichter und führen zum selben Ergebnis.

So wird's gemacht:
Lege in den Tampen der Leine zwei große Augen (1). Verdrehe das rechte Auge nach links und das linke nach rechts (2, 3). Stecke das linke Auge von unten in das rechte (4). Hierdurch bildet sich unter diesen Augen ein drittes, aus dem die beiden Tampen herauskommen (5). Verdrehe dieses dritte Auge mit der rechten Hand rechts herum und führe es in das obere rechte Auge (6). Wiederhole diesen Schritt auf der linken Seite und führe das auch hier neu entstehende Auge in das linke obere (7). Halte die beiden neuen Augen mit dem linken Daumen und hole den Stek daran und an den beiden unten parallel herauskommenden Parten dicht (9).

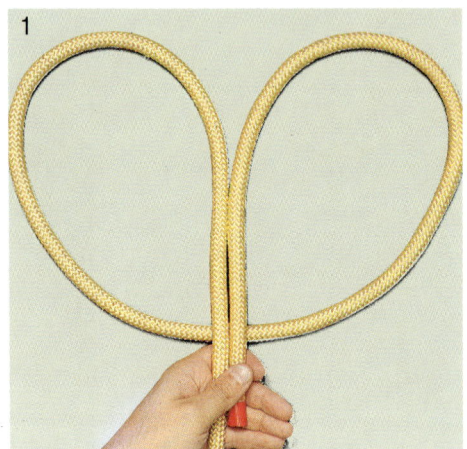

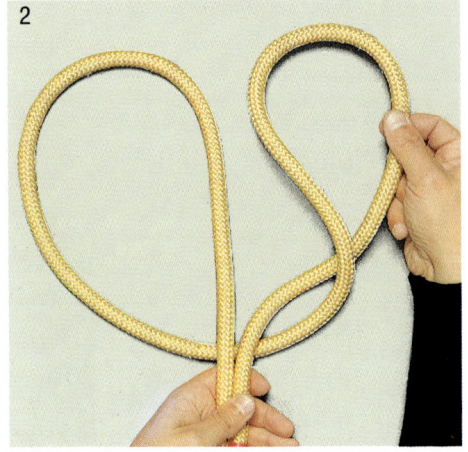

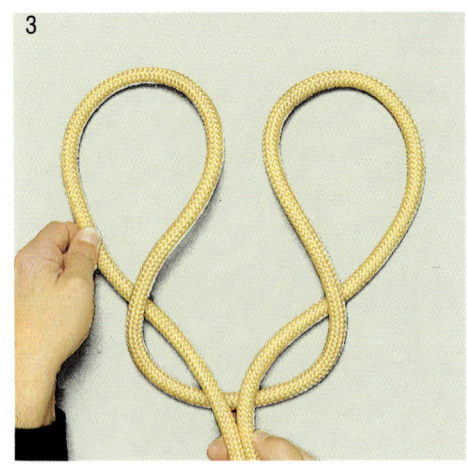

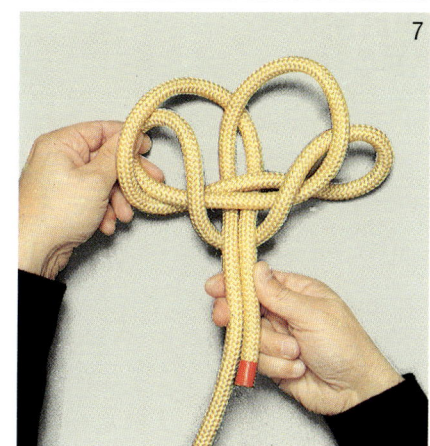

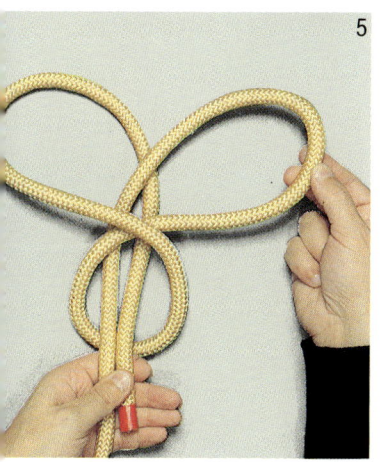

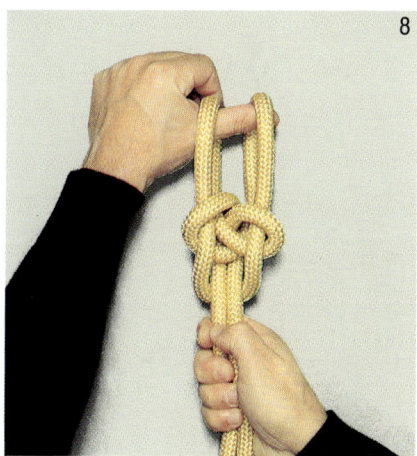

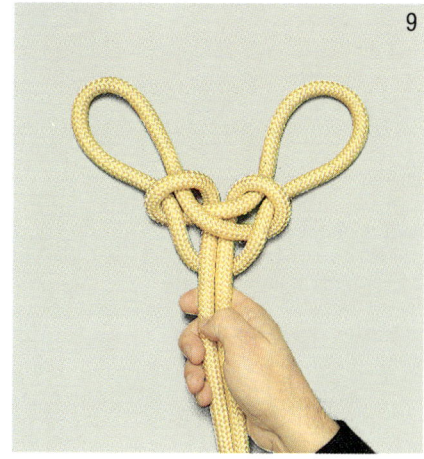

NOTMAST-KNOTEN

Dieser Knoten ist auch als Masttoppknoten bekannt und Seeleuten für das Aufriggen eines Notmastes brauchbar. Das zentrale Auge wird über den Mast geworfen, Stag und Wanten werden an den drei anderen Augen festgezurrt.

So wird's gemacht:
Bilde ein Auge (1). Lege links daneben in derselben Weise ein zweites Auge und rechts daneben ein drittes Auge. Hier muß der Tampen unten laufen (2, 3). Schiebe das linke Auge zur Hälfte auf die linke Part des mittleren Auges (4) und das rechte Auge zur Hälfte unter die rechte Part des mittleren Auges (5). Lege nun die beiden in der Mitte liegenden Parten übereinander, die rechte über die linke (6). Erfasse diese mittleren Parten mit den Fingern von rechts und links und ziehe sie – rechts über-unter, links unter-über ihre benachbarten Parten – zu den Seiten heraus (7, 8). (Um hierbei ein Durcheinander zu vermeiden, wird das erste, später obere Auge manchmal mit den Zähnen festgehalten). Bild 9 zeigt den fertigen Knoten, der noch ein bißchen zurechtgetrimmt werden muß.

4

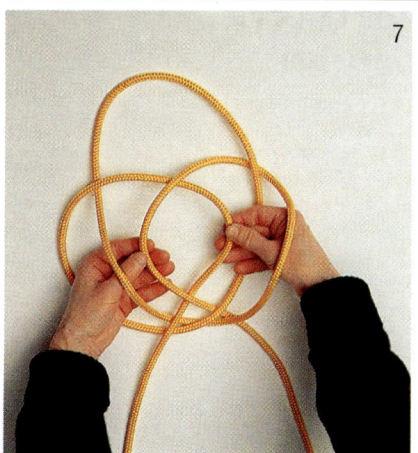

7

5

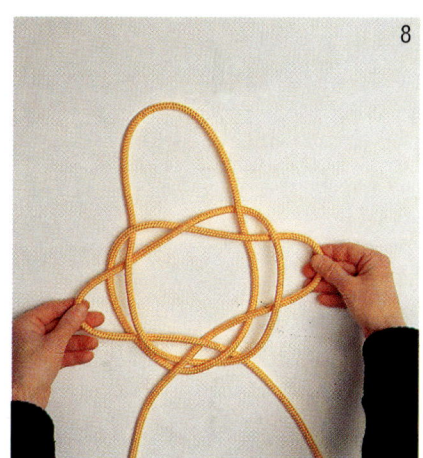

8

6

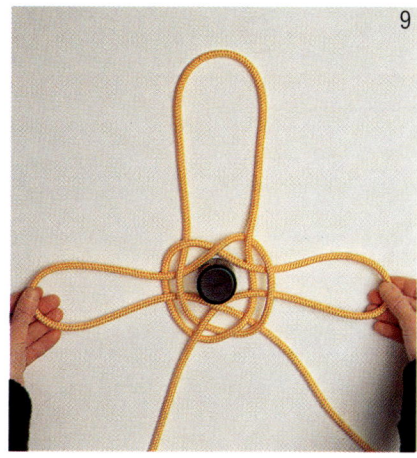

9

SEEMANNS-KREUZ

Dieser Stek, auch als „Kreuz des Südens" bekannt, dient meistens dekorativen Zwecken. Er hat aber guten Halt, wenn er dicht geholt wird und kann, mit starkem Tauwerk gemacht, anstelle des Notmastknotens benutzt werden. Er macht sich gut auf Koffern und Taschen, und wenn er mit Bändern oder schmalen Stoffstreifen gefertigt wird, kann er zauberhaft aussehen.

So wird's gemacht:
Bilde einen halben Schlag und achte darauf, daß der Tampen recht lang bleibt (1). Halte den Knoten waagerecht und mache an der rechten Seite um den ersten einen zweiten halben Schlag (2, 3, 4). Greife mit den Daumen und Zeigefingern von außen zwischen die äußeren Parten (5) und erfasse jeweils eine der innen sich kreuzenden Parten (6). Zieh sie zur Seite heraus (7). Hierdurch entstehen die seitlichen Buchten. Sie sollten gleich groß sein. Hole diese Buchten zuerst dicht, dann die obere, und achte darauf, daß der Knoten schön symmetrisch aussieht (8).

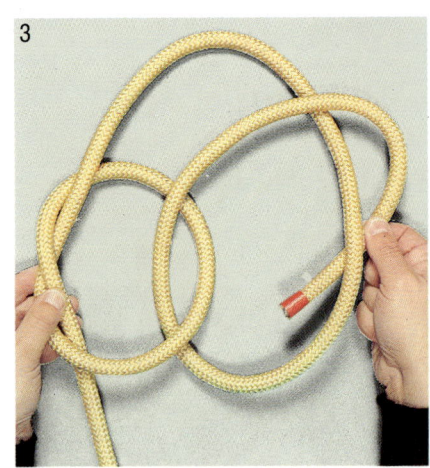

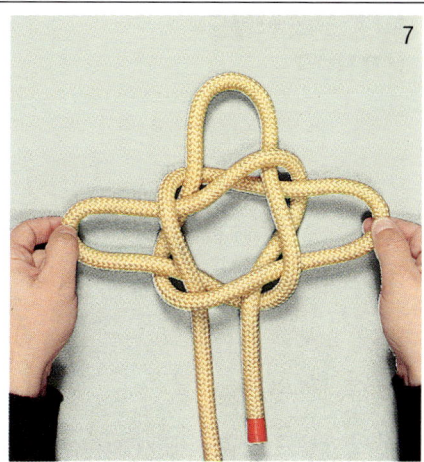

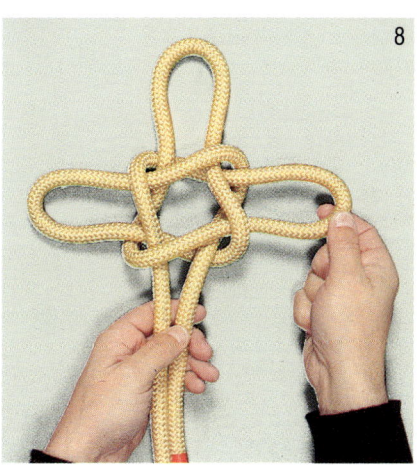

DREIPARTIGE KRONE

Dies ist ein sicherer Knoten, der jedoch nach starker Belastung schwer wieder zu lösen ist. Infolgedessen wird er in der Seefahrt wenig gebraucht. Camper benutzen ihn zum Aufhängen von Lebensmitteln und Geschirr.

So wird's gemacht:
Bilde zwei gleichartige Buchten (1) und halte die beiden Parten darunter mit der linken Hand fest (2). Lege mit der rechten Hand ein doppelpartiges Auge über die rechte Bucht (3). Klappe nun die rechte Bucht nach links über die beiden Parten und die äußere Part der linken Bucht (4). Hole die links oben liegende Bucht nach unten (5) und stecke sie in die doppelpartige Bucht (6). Der Knoten wird an den beiden einpartigen Buchten zusammengezogen. Sollten sie dabei nicht gleich groß werden, löse den Knoten etwas und ziehe die kleinere Bucht zurecht (7).

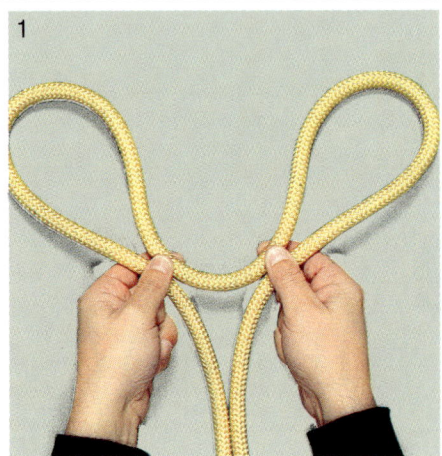

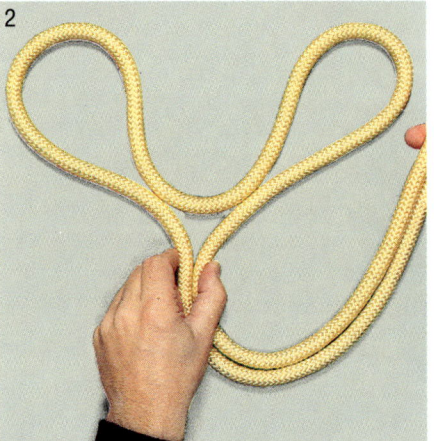

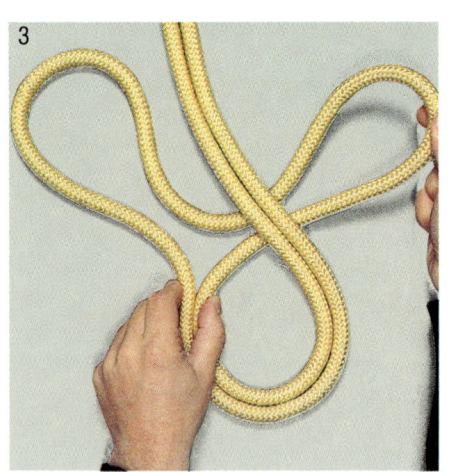

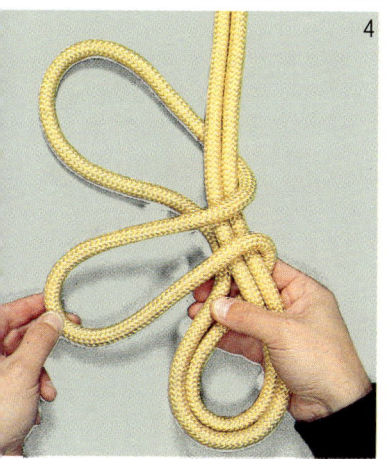

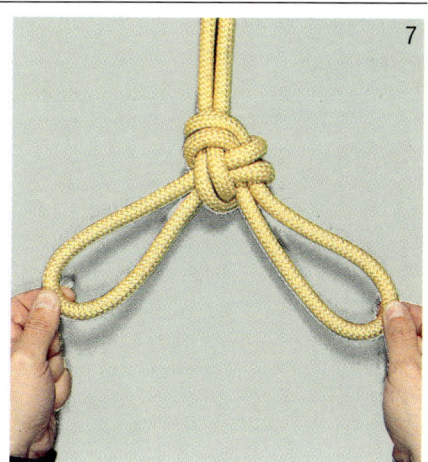

ANGLER-SCHLAUFE

Dieser Knoten ist brauchbar für Angelleinen oder -schnüre und andere synthetische Leinen. Er wird von Anglern zum Verbinden der Leine mit der Spitze der Rute verwendet und von Campern, um etwas aufzuhängen. Er rutscht nicht und ist sehr haltbar. Weil er aber den Nachteil hat, schwer lösbar zu sein, wird er auf See nicht verwendet. In dünnen und mittleren Leinen gemacht, ist die Anglerschlaufe sehr voluminös, aber dennoch interessant, weil sie leicht zu machen und für zahlreiche Gelegenheiten anwendbar ist.

So wird's gemacht:
Schlage ein Auge, bei dem die lose unter der festen Part liegt (1). Halte das Auge mit der linken Hand fest und führe den Tampen im Uhrzeigersinn darum herum (2). Lege über dieses so entstandene Auge ein zweites, kleineres (3).

Halte nun den Tampen mit der rechten Hand und führe das untere, größere Auge in das zuerst gebildete obere Auge (4, 5). Um den Knoten dicht zu holen, halte die feste Part und ziehe dieses größere Auge nach oben heraus (6).

ARTILLERIE-KNOTEN

Dieser Knoten, in mittleres bis starkes Tauwerk geschlagen, wurde früher von Soldaten benutzt, um Kanonen und anderes Gerät zu ziehen. Er wird auch von Bergsteigern gebraucht. Für sie muß das Auge so groß sein, daß es über die Schulter gleiten kann, damit die Hände zum Klettern frei bleiben.

So wird's gemacht: Schlage ein großes Auge mit dem Tampen unter der festen Part. Hole den nach oben weisenden Tampen zurück und lege ihn über die linke obere Hälfte des Auges. Fasse das Auge unten mit der rechten Hand und schlage durch Drehen der Hand links herum ein zweites Auge (1). Klappe dieses Auge nach oben und führe es über den Tampen und weiter unter der daneben liegenden festen Part nach außen (2). Hole den Knoten durch gleichzeitiges Ziehen am Tampen und an der festen Part dicht (3).

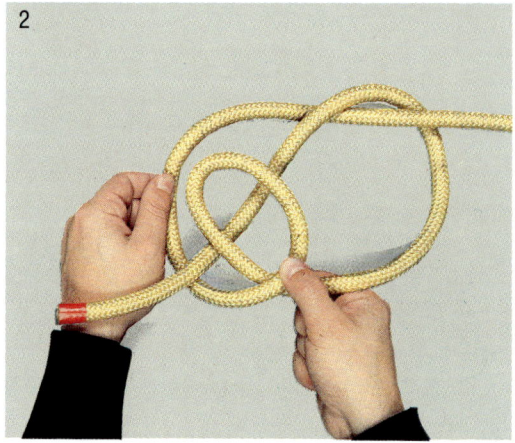

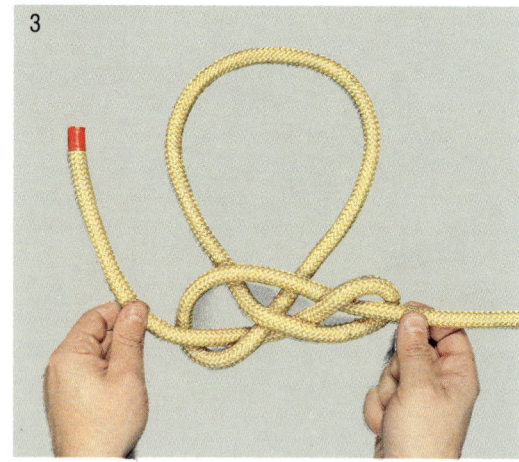

LAUFENDE KNOTEN

Laufende Knoten, auch Slipknoten oder Schlingen genannt,
werden bei vielen Gelegenheiten gebraucht.
Etwa um Pakete zu schnüren oder Schleifen zu binden.
Naturvölker benutzten sie, um Waffen herzustellen oder Tiere zu fangen. Laufende Knoten werden in
zwei Gruppen eingeteilt: jene, die am Ende
einer Leine durch Führen einer Bucht durch ein festes Auge
entstehen und solche, die mit einer geschlossenen
Bucht am Ende oder im Verlauf der Leine geknotet werden.

SLIPSTEK

Dies ist ein einfacher Knoten, der auf See wenig gebraucht wird. Camper und Jäger benutzen ihn aber häufig, um Vögel und kleines Wild zu fangen. Der Slipstek dient auch dazu, Taljen unter Zug zu halten. Er wird in feinen Leinen gemacht, die beispielsweise aus Sehnen oder Roßhaar bestehen können.

So wird's gemacht:
Lege eine Bucht in den Tampen der Leine und mache einen halben Schlag um die feste Part (1, 2). Ziehe den halben Schlag fest (3).

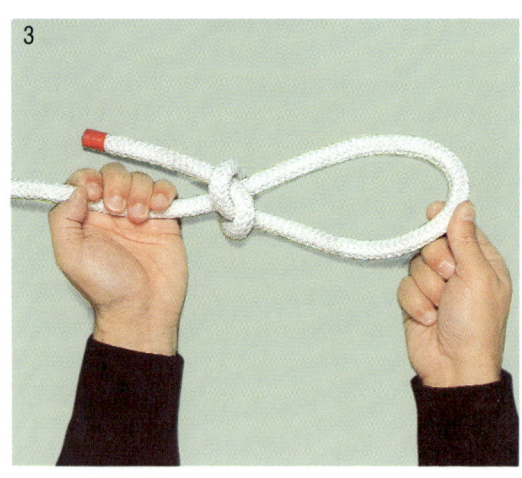

SCHIEBE-KNOTEN

Dieser Knoten, für Bergsteiger entwickelt, wird gebraucht, wenn eine Leine starkem und plötzlichem Zug ausgesetzt wird. Er ist leicht zu lösen und schamfilt nicht.

So wird's gemacht:
Führe die Leine von hinten durch den Ring und bilde so eine Bucht. Mache mit dem Tampen rechts herum mehrere Rundtörns um die feste Part (1) und hole ihn wieder an den Anfang zurück. Hier lege einen Törn um die stehende Part (2) und stecke den Tampen unter sich selbst durch (3).

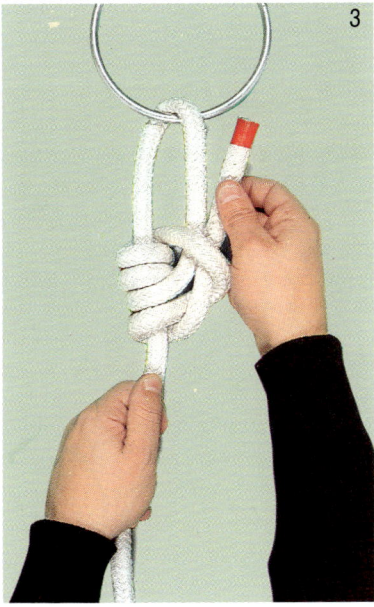

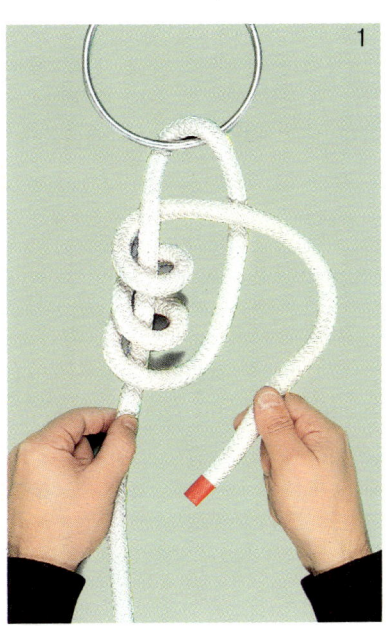

LAUFENDER PALSTEK

Der laufende Palstek in Leinen von unterschiedlicher Stärke wird häufig bei hängenden Gegenständen eingesetzt. Das Gewicht des Objektes entscheidet über den Durchmesser des zu verwendenden Tauwerks. Während des letzten Jahrhunderts wurde dieser Stek von Wilderern benutzt, aber es gibt viele weitere Möglichkeiten für seinen Einsatz. Denn er ist fest und sicher, mindert die Festigkeit des Tauwerks nicht, gleitet leicht und läßt sich ebenso leicht lösen. Der laufende Palstek ist wahrscheinlich der einzige Laufknoten der Seeleute, die ihn im laufenden Gut oder zum Auffischen von über Bord gefallener Gegenstände benutzen. Er diente dazu, die Rahsegel bei starkem Wind an den Rahen zu halten.

So wird's gemacht:
Bilde ein Auge nahe am Tampen der Leine (1). Dann lege als Teil dieses Auges ein zweites, kleineres Auge (2) und führe den Tampen

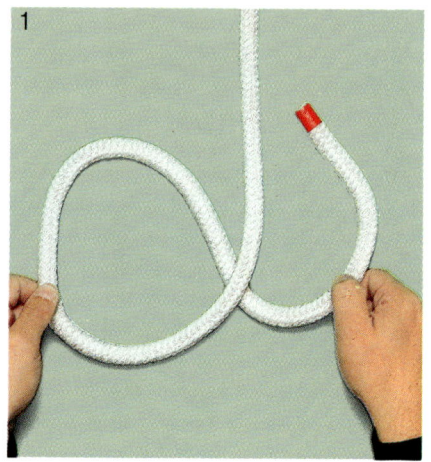

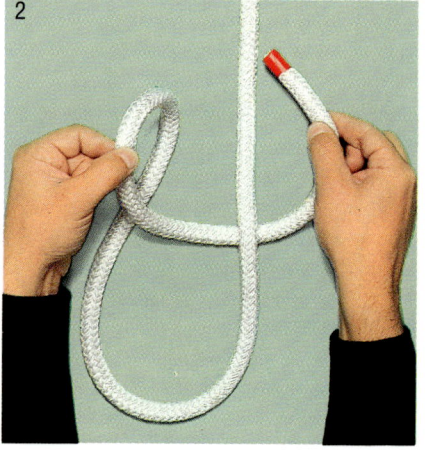

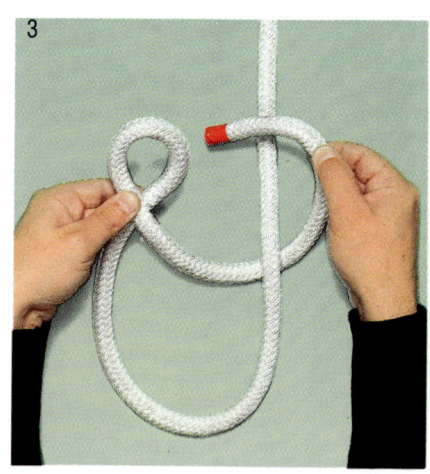

über die feste Part dort hinein (3, 4). Führe nun den Tampen von außen nach innen unter die feste Part des ersten Auges und zurück in das zweite Auge, wo er herausgekommen ist (5, 6). Ziehe den Knoten fest und prüfe, ob die stehende Part leicht durch das Auge gleitet (7).

HENKER-KNOTEN

Der Name dieses Knoten spricht Bände. Er gleitet leicht, ohne sich zu lösen und kann ruckartige Belastungen aushalten. Er wird mit einer beliebigen Anzahl Törns gemacht, meistens in ungerader Zahl (mindestens sieben, höchstens dreizehn).

So wird's gemacht:
Bilde eine Bucht an der Leine, den Tampen lang lassend (1). Lege eine zweite Bucht an ihrer linken Seite (2). Dann drehe eine Anzahl Törns um beide Buchten (gewöhnlich sieben), den Tampen von rechts nach links führend (3, 4). Mache die Törns fest und dicht beieinander und beende sie beim Auge der zweiten Bucht. Dort hinein stecke den Tampen (5, 6). Um diesen Punkt zu erreichen, ohne daß der Tampen zu lang oder zu kurz ist, ist es nötig, seine Länge vorher richtig zu bestimmen.

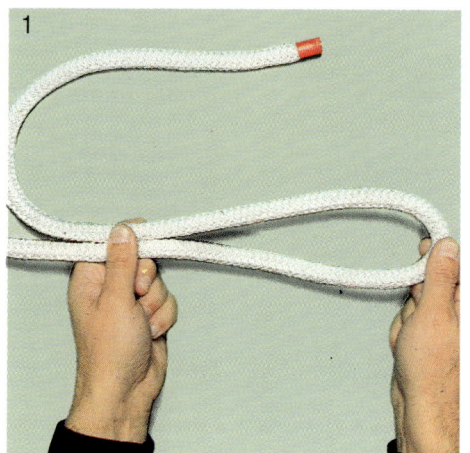

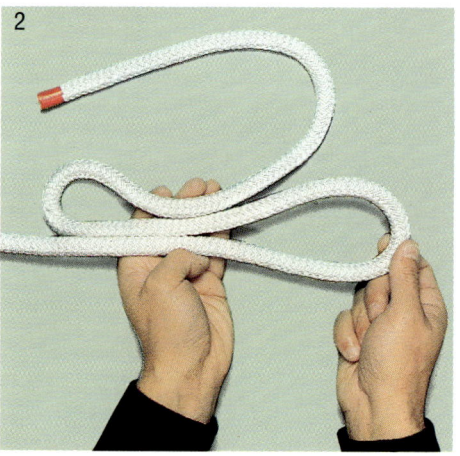

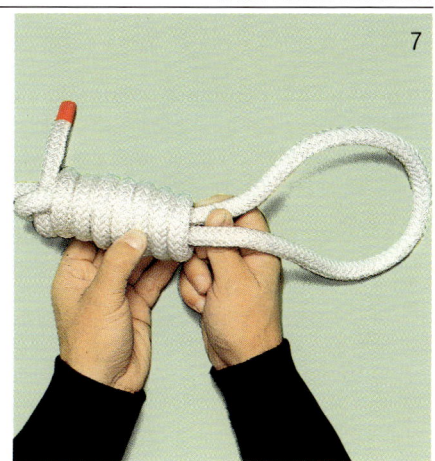

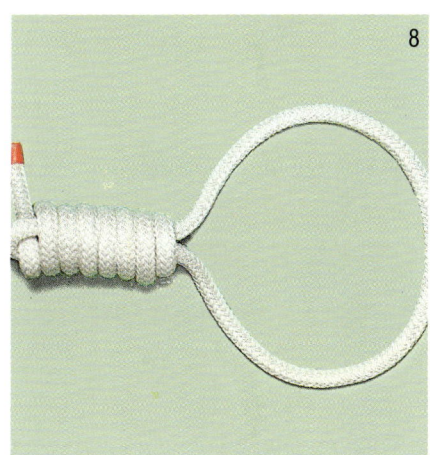

Der Knoten wird dichtgeholt durch Ziehen des Auges und Schieben der Törns gegen den Tampen, der dadurch eingeklemmt wird (7). Zum Schluß prüfe, ob die Bucht frei läuft (8).

VERKÜRZUNGSSTEKE

Wenn eine Leine zu lang für ihre Aufgabe ist, benutzt man solche
Verkürzungssteke, statt sie zu durchtrennen und
damit ihren Wert zu mindern. Kein Knoten, der zwei Leinen
miteinander verbindet, hat dieselbe Haltekraft wie
eine ungeteilte Leine. Verkürzungssteke nimmt man auch, um
Abnutzung oder Beschädigung der Leine zu überbrücken. Geschwächte Stellen machen keine Sorgen mehr, wenn
man sie von einem Verkürzungsstek aufnehmen läßt.

FESTES AUGE

Dieser leichte Knoten ist sehr wichtig, wenn man eine schwache Stelle in einer Leine überbrücken will. Sie wird einfach von dem Auge aufgenommen.

So wird's gemacht:
Lege eine Bucht in die Leine, die schwache Stelle in der Mitte und mache einen halben Schlag (1). Ziehe an beiden Seiten, um den Knoten dichtzuholen (2, 3).

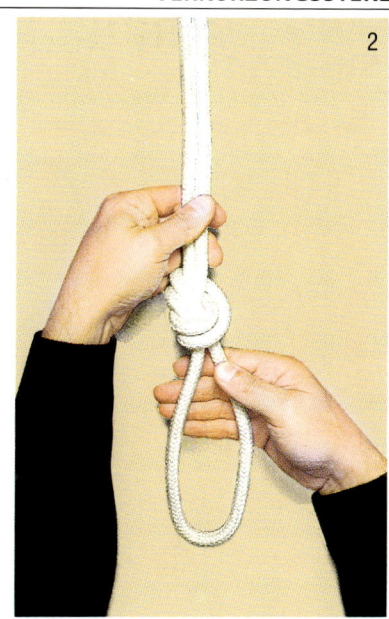

LANGE TROMPETE
Erste Methode

Die lange Trompete gehört zur Gruppe der seemännischen Knoten und hat wie alle anderen Seemannsknoten spezielle Eigenschaften: Er schamfilt nicht, läßt sich leicht wieder lösen und bekneift sich gut. Er wird hauptsächlich beim Schleppen und im laufenden Gut verwendet. Er verändert seine Form selbst bei langem Gebrauch nicht; die Leine nutzt sich nicht ab, vorausgesetzt, daß sie unter gleichmäßigem Zug steht. Die lange Trompete bietet die beste Möglichkeit, eine lange Leine zu verkürzen. Die Anzahl der Augen, die dabei zu machen sind (wenigstens drei, höchstens fünf) bestimmt sowohl den Halt als auch das Maß der Verkürzung.

So wird's gemacht: Fasse die Leine mit der linken Hand von unten, drehe sie rechts herum und bilde so das erste Auge (1). Das zweite und dritte Auge wird in gleicher Weise gelegt und dann die rechte Part des

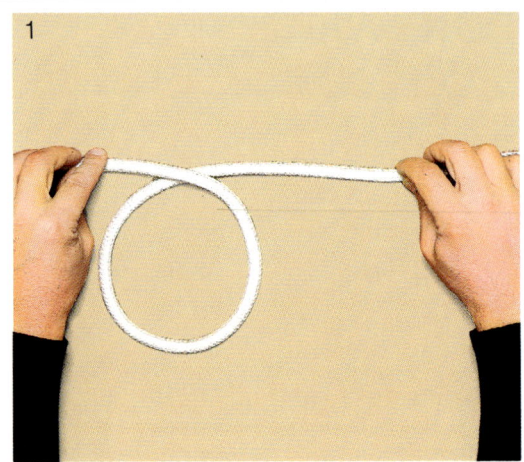

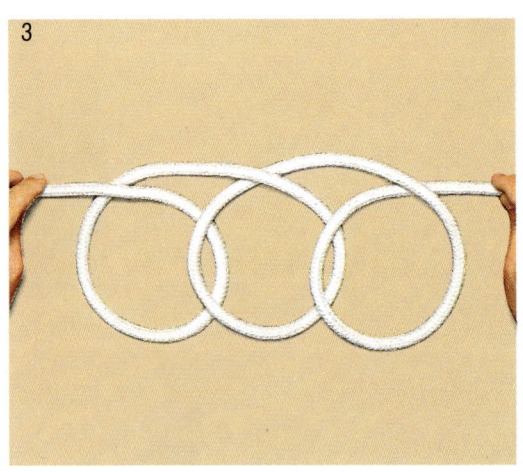

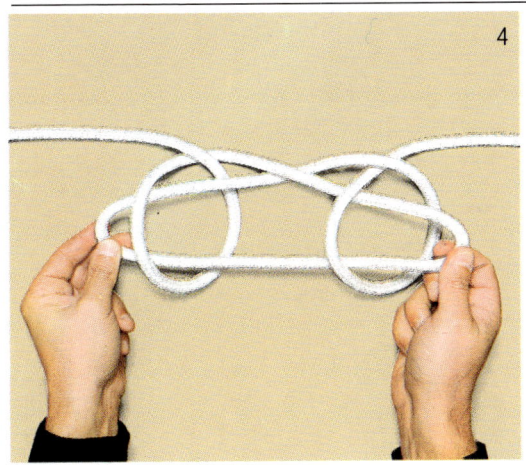

neuen Auges unter die linke Part seines rechten Nachbarn geschoben (2, 3). Ergreife durch die äußeren Augen das mittlere Auge und ziehe seine Parten nach rechts und links heraus (4). Hole die verbliebenen Augen dicht (5) und achte darauf, daß die Buchten beiderseits gleich lang sind (6).

LANGE TROMPETE
Zweite Methode

Mit dünnen Leinen wird die Trompete in der Hand gemacht, anders als bei dickem Tauwerk, wo sie gewöhnlich auf einer ebenen Fläche entsteht. Das Ergebnis jedoch ist gleich. Die großen Buchten, mit denen die Trompete beginnt, werden auf Deck ausgelegt, und die Augen werden um deren geschlossene Enden geschlagen. Die lange Trompete ist ein praktischer Knoten und sehr brauchbar, wenn ein Boot in kurzem Abstand geschleppt wird.

So wird's gemacht:
Halte mit der linken Hand zwei Buchten (1). Drehe mit der rechten Hand ein Auge, bei dem das laufende Ende unten liegt (2) und stecke die darunter liegende Bucht von unten hinein (3).

Dann schlage mit der linken Hand ein Auge, bei dem das laufende Ende oben liegt (4), und führe die zweite Bucht von oben hinein (5). Hole beide Augen gleichzeitig dicht und achte darauf, daß die Buchten nicht zu kurz herausschauen, weil der Knoten sich sonst leicht löst (6).

GEKNOTETE LANGE TROMPETE

Dieser Knoten hat gegenüber der normalen Trompete den Vorteil, daß er nicht von selbst aufgeht, aber den Nachteil, daß er nach Gebrauch schwer wieder zu lösen ist. Seeleute benutzen ihn kaum, weil die beiden halben Schläge sich sehr bekneifen, wenn sie starkem Zug ausgesetzt waren. Er ist indessen ein interessanter Knoten, wenn eine dauerhafte Verkürzung gewünscht wird.

So wird's gemacht:
Mache einen langen Slipstek (1). Hole den eingeschlossenen Tampen wieder nach rechts und lege damit um die Part der Bucht einen halben Schlag (2). Ziehe den Knoten an beiden Tampen zurecht (3).

TALJEN

Die Talje ist eine Vorrichtung, um Gewichte zu heben oder zu bewegen. In der Originalform besteht sie aus einem System von Rollen, durch das die benötigte Kraft zum Heben eines bestimmten Gewichtes reduziert wird. Taljen werden auf See zur Handhabung von Tauen oder zur Minderung des Zuges im laufenden Gut gebraucht. Sie sind ein wichtiges Element für die Schiffahrt.

EINFACH- UND MEHRFACH- TALJEN

Ein einzelner Block mit einer Scheibe – Jolltau genannt – vermindert die Kraft zum Heben nicht (1). Der Klappläufer (2) teilt die benötigte Kraft durch zwei. Bei Taljen mit zwei Blöcken – doppeltem Jolltau – läuft das Tau durch zwei Scheiben, eine feste und eine bewegliche (3, 4), was die Kraft ebenfalls halbiert. Eine solche Talje wird bei der Baumschot kleiner Segelboote gebraucht, auf dem Bau zum Heben bestimmter Kübel oder kleinerer Lasten und zum Sichern von Dachladungen. Die Vorrichtung im Bild 5 verteilt das Gewicht

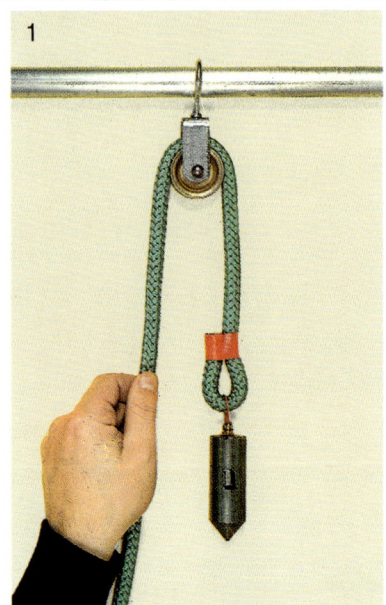

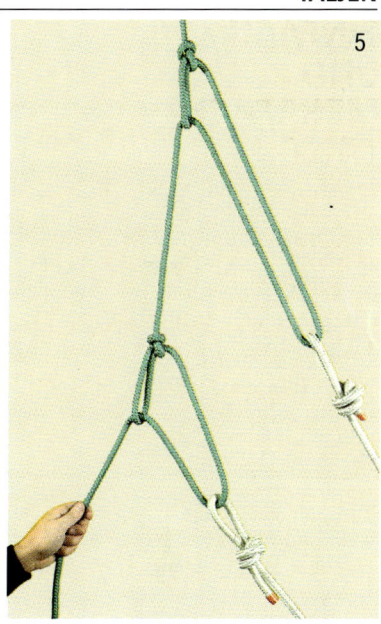

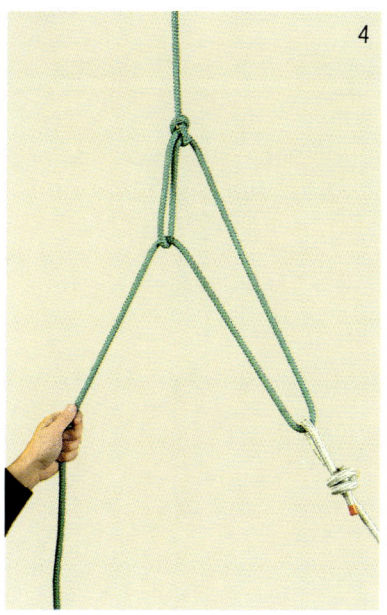

auf zwei Taljen und bietet eine deutliche Reduzierung der benötigten Kraft. Ähnlich wie die spanische Talje wird sie oft im laufenden Gut von Segelschiffen mittlerer Tonnage eingesetzt. Diese Art Talje wurde von Seeleuten früherer Zeiten zum Steifholen von Vor- und Achterstagen benutzt. Der einzige Nachteil solcher Mehrfachtaljen liegt darin, daß sie langsam sind und eine Menge Tauwerk benötigen. Sie werden daher praktischerweise nur für kurze Hubhöhen eingesetzt.

POLDO-TALJE

Sie ist universell einsetzbar auf See, beim Bergsteigen und Campen und zudem eine kluge Erfindung: Dank der Tatsache, daß sie aus einem geschlossenen System besteht, ist sie selbstsperrend.

So wird's gemacht:
Bilde einen Palstek in einen Tampen der Leine. Führe den anderen Tampen durch das Auge des Palsteks. Dann befestige diesen Tampen an derselben Leine durch einen zweiten Palstek. Die Bilder (1, 2, 3) zeigen die kleinste und größte Ausdehnung der Talje.

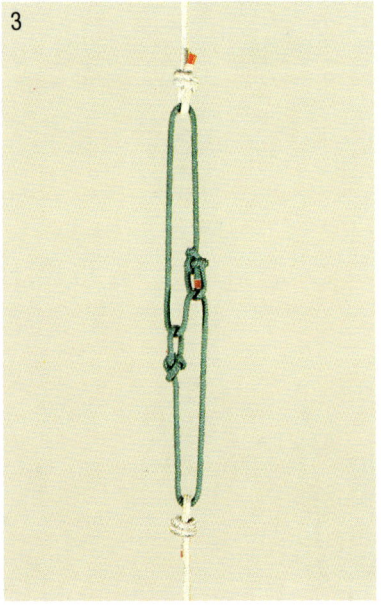

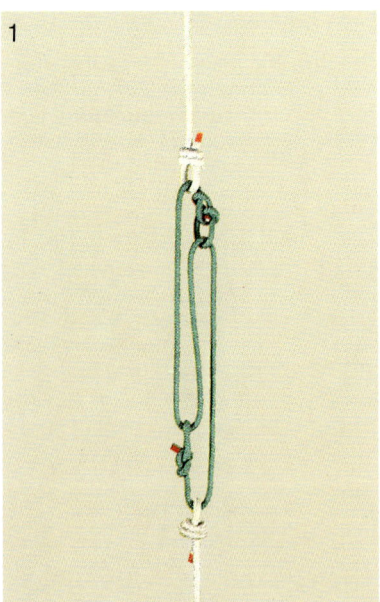

VERBINDEN VON ENDEN

Knoten werden dazu gebraucht, zwei Leinen miteinander zu verbinden, um eine lange Leine zu erhalten. Sie werden in zwei Gruppen eingeteilt: solche, die in Bindfäden oder Stoffstreifen gemacht und hinterher nicht wieder aufmacht werden (z. B. der Weberknoten), und andere, die wieder gelöst werden müssen. Bei Knoten, die halten sollen, ist es wichtig, daß die zu verbindenden Leinen dieselbe Stärke und dieselben Eigenschaften haben.

SCHOTSTEK
Erste Methode

Abhängig vom Zweck, dem dieser Knoten dient, hat er verschiedene Namen: Schotstek, wenn er dazu benutzt wird, die Schoten an die Legel der Rahsegel zu schlagen, oder Flaggenstek, wenn er die Ecken der Flagge mit der Leine verbindet, mit der sie gehißt und niedergeholt wird. Der Schotstek ist einer der wenigen Knoten, mit denen man zwei Leinen zusammensteckt, die in Stärke und Struktur verschieden sind. Er hat die interessante Fähigkeit, sich um so fester zu bekneifen, je mehr Kraft auf ihm steht. Er ist schnell zu machen und leicht zu lösen und einer jener Knoten, die ein guter Seemann kennen sollte.

So wird's gemacht: Bilde eine Bucht in der stärkeren Leine und halte sie in der linken Hand, während die rechte Hand die dünnere Leine in die Bucht einführt (1). Lege mit der dünneren Leine einen Törn um die Bucht (2) und stecke ihren Tampen unter ihrer eigenen festen Part hindurch (3). Ziehe an den festen Parten beider Leinen, um den Stek dichtzuholen (4).

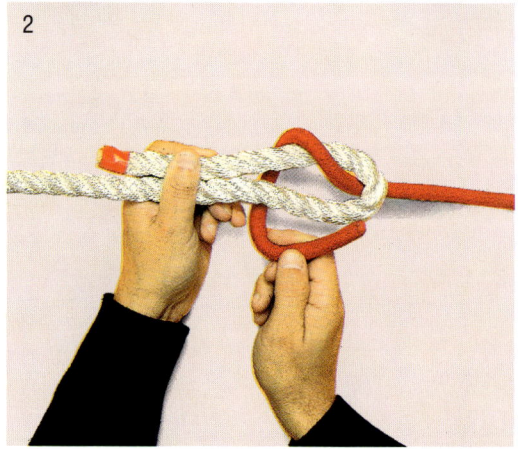

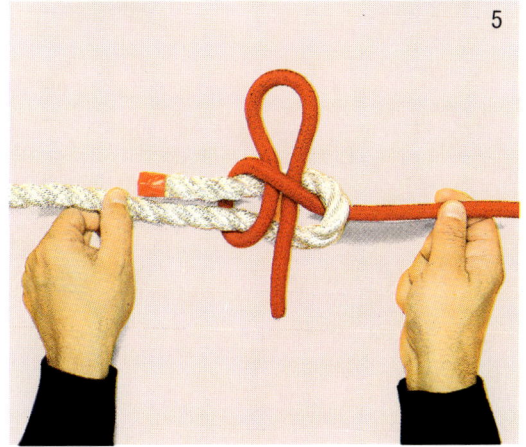

SCHOTSTEK MIT SLIP

Der Schotstek mit Slip ist leichter zu lösen, wenn die Leine unter starkem Zug steht. Die Slipmöglichkeit entsteht, indem man statt des Tampens eine Bucht der dünneren Leine unter ihrer eigenen festen Part hindurchführt (5).

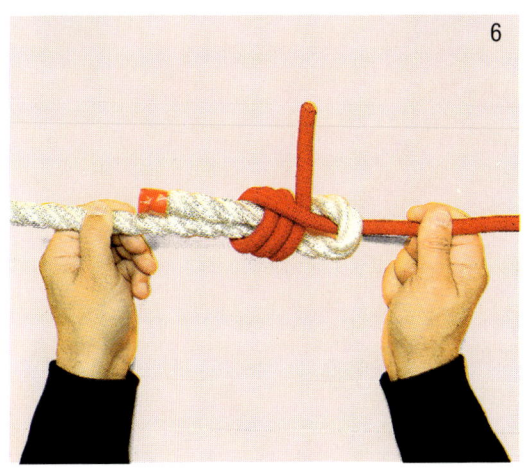

DOPPELTER ODER DREIFACHER SCHOTSTEK

Doppelt gesteckt ist der Schotstek sicherer. Das wird erreicht, indem man zwei oder mehr Törns mit der dünneren Leine um die Bucht der stärkeren und jeweils unter die eigene feste Part legt (6).

111

SCHOTSTEK
Zweite Methode

Auf diese Weise ge-
knüpft, nennt man den
Schotstek „Weberkno-
ten", weil er so beim
Weben gemacht wird.
Das geht schnell und
am besten in Bindfä-
den oder Stoffstreifen.

So wird's gemacht:
Lege die beiden Lei-
nen über Kreuz, die
stärkere oben. Halte
das Kreuz mit der lin-
ken Hand und greife
die feste Part der dün-
neren Leine mit der
rechten Hand (1).
Bilde mit dieser Part
ein Auge, bei der sie
hinter der losen Part
liegt (2) und klappe sie
nach unten (3). Forme
mit der rechten Hand
in die stärkere Leine
eine Bucht und stecke
deren Tampen in das
Auge der dünneren
Leine (4). Ziehe an
beiden festen Parten,
wodurch der Knoten
seine Gestalt erhält
(5). Drehe ihn so, daß
der dünne Tampen
nach unten zeigt und
hole ihn endgültig
dicht (6).
Da der Weberknoten
mit nur zwei Handbe-
wegungen entsteht, ist
es leicht, ihn in Serie
zu machen.

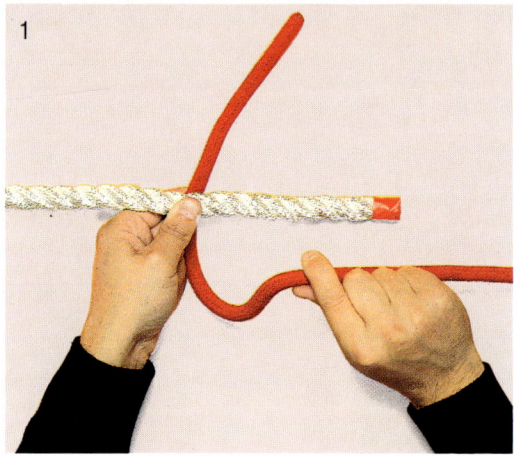

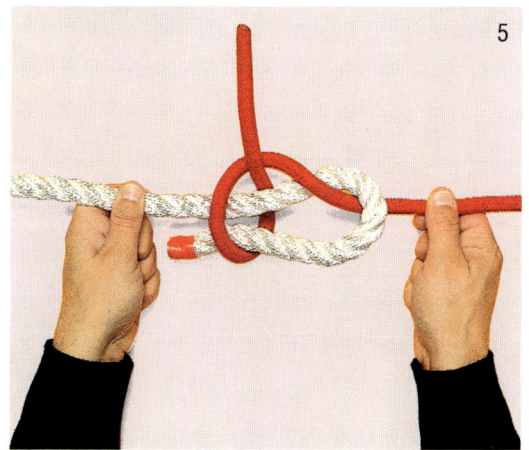

LINKER SCHOTSTEK

Er ist nicht so sicher wie der normale Schotstek. Dennoch ist er ein brauchbarer Knoten und wird oft von Webern und Klöpplern benutzt. Er kann wie der Kreuz- knoten angefangen werden.

So wird's gemacht: Mache mit beiden Tampen einen Über- handknoten und kreuze sie dann, wobei der stärkere Tampen oben liegt (1). Führe den dünneren Tampen nach unten und unter seiner eigenen stehen- den Part durch (2). Ziehe an dieser stehen- den Part, um den Kno- ten dichtzuholen (3).

DIEBES-KNOTEN

Dieser Knoten ist in seinem Bild dem Schotstek oder Kreuzknoten sehr ähnlich. Der Unterschied liegt darin, daß er nicht aus zwei Überhandknoten besteht. Der Legende nach haben die Seeleute der Walfänger ihren Seesack damit zugebunden.

So wird's gemacht:
Der wenig gebräuchliche Knoten beginnt in derselben Art wie der Schotstek. Lege eine Bucht in einen der Tampen und führe den anderen von unten dort hinein (1). Mache einen Törn um die Bucht und stecke den Tampen wieder in die Bucht hinein (2). Hole den Knoten an beiden stehenden Parten dicht (3).

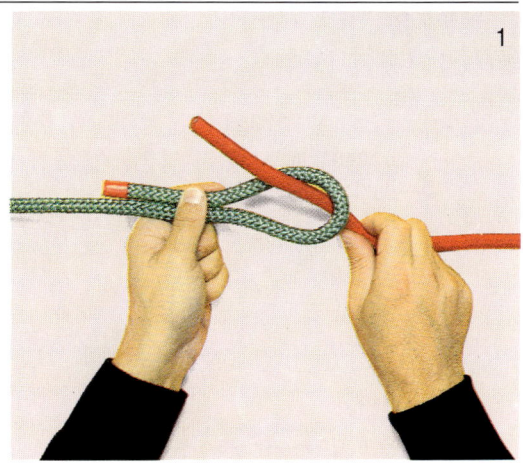

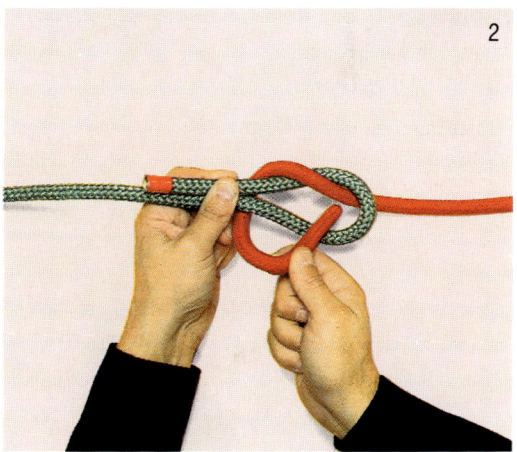

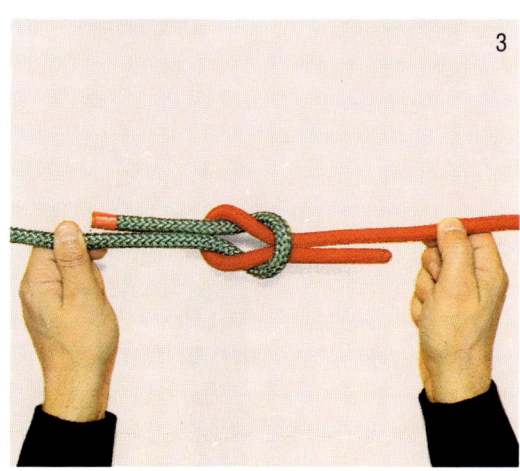

REFF- ODER KREUZ- KNOTEN

Dies ist die klassische Art, einen Kreuzknoten zu machen, der zu jenen Knoten gehört, die ein guter Seemann kennen sollte. Er darf jedoch nur zum zeitweiligen Zusammenstecken zweier gleichartiger Leinen benutzt werden, die keinem großen Zug ausgesetzt sind. Er besteht aus einem Überhandknoten, gefolgt von einem zweiten, wobei die Tampen parallel zu ihren festen Parten aus den Buchten herauskommen.

Dieser Knoten wird generell nur mit Bändseln oder mittleren Leinen gemacht und ist leicht zu behalten, weil er so einfach ist.

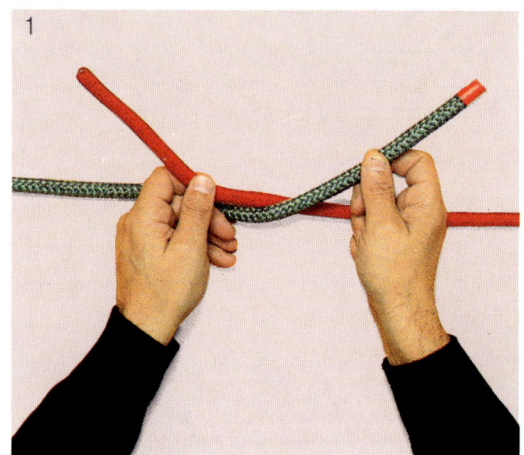

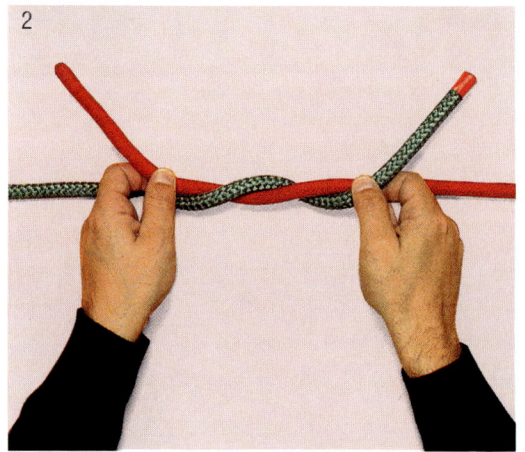

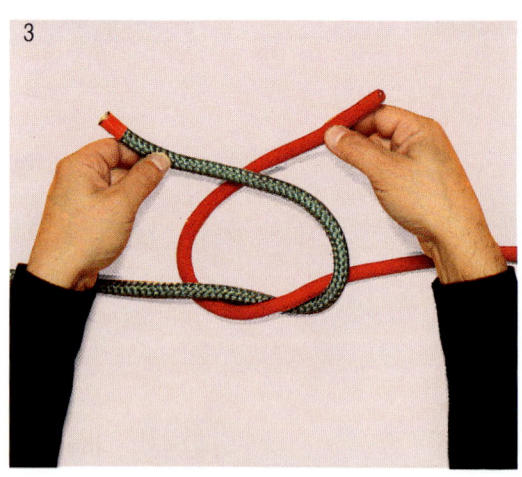

So wird's gemacht:
Mache einen Über-
handknoten, bei dem
der linke Tampen
vorne liegt (1, 2). Ma-
che einen zweiten
Überhandknoten, bei
dem der linke Tampen
zunächst wieder vorne
liegt (3), und führe da-
bei den rechten in die
vom linken Tampen
gebildete Bucht (4).
Hole den Knoten
an allen vier Parten
dicht (5).

REFFKNOTEN MIT SLIPSTEK (BUCHT-KNOTEN)

Für diesen Knoten
muß der eine Tampen
länger sein als der an-
dere. Lege in diesen
Tampen eine Bucht
und führe sie zum
Schluß in die Bucht
des kürzeren Tampens
(6).

UMKIPPEN DES REFF-KNOTENS

Wenn auf einem Ende des Reffknotens größerer Zug steht als auf dem anderen, wird er in eine offene, unsichere Form umkippen. Auf diese Weise sind viele Unfälle entstanden, die dem Knoten einen schlechten Ruf eingetragen haben. Es ist wichtig, daß der Knoten nur dann eingesetzt wird, wenn er wirklich für den betreffenden Zweck geeignet ist.

So wird's gemacht:
Der Reffknoten kann bewußt gekippt werden, indem man einen der beiden Tampen zur entgegengesetzten Seite nimmt und daran zieht (1, 2). Der Knoten hat so keinen Halt mehr, und man braucht das Ende nur noch herauszuziehen (3).

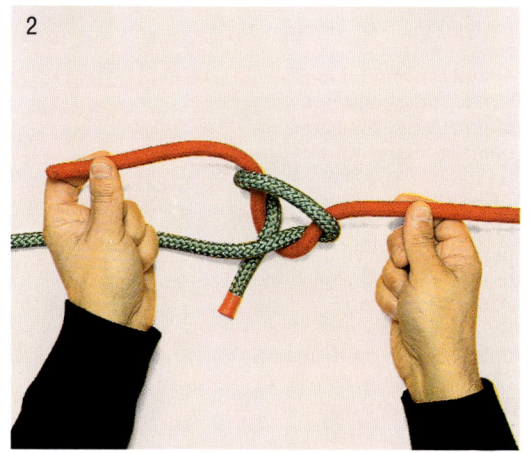

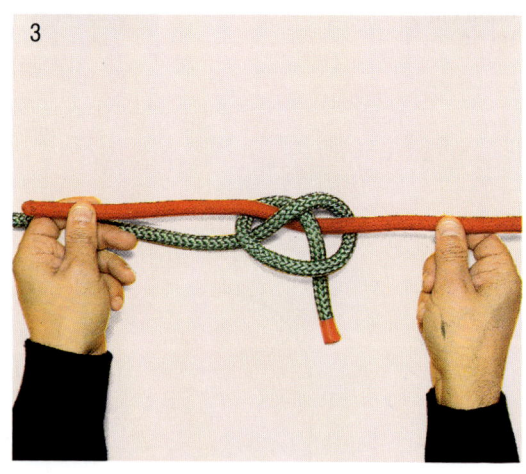

HUNTERS KNOTEN

Der Knoten erhielt seinen Namen nach seinem englischen Erfinder, der ihn 1978 entwickelte. Er bietet ausgezeichneten Halt, ist sehr fest und läßt sich leicht lösen. Sein Einsatz ist ähnlich dem des Schotsteks, doch ist er sperriger.

So wird's gemacht: Mache in eine Leine einen halben Schlag, ohne ihn dichtzuholen, und halte ihn senkrecht. Führe den Tampen der zweiten Leine von hinten durch das untere Auge des halben Schlages und weiter nach oben hinter seine eigene feste Part (1). Stecke den Tampen – wieder von hinten – in das obere Auge des halben Schlages und weiter unter sich selbst durch (2). Ziehe an beiden Tampen senkrecht zu ihren festen Parten, an denen der Knoten dann endgültig zusammengezogen wird (3).

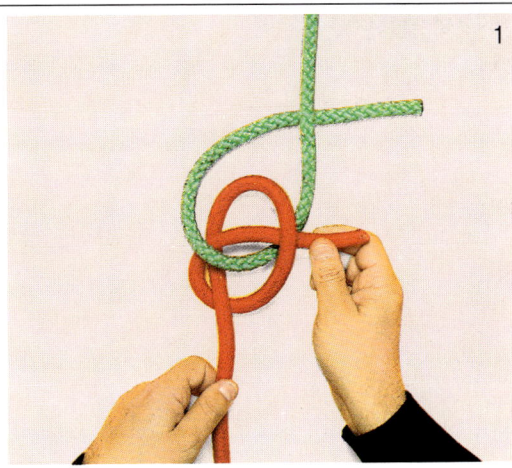

CHIRURGEN-KNOTEN

Wenn Chirurgen die Naht einer Wunde schließen, machen sie verschiedene Knoten, etwa den Trossenstek, den Reffknoten oder den Nahtknoten, der hierdurch als Chirurgenknoten bekannt wurde. Er wurde vor etwa einem halben Jahrhundert entdeckt und erwies sich als besonders brauchbar für diesen Zweck. Er hat ausgezeichneten Halt, ist flacher und weniger voluminös als die anderen Knoten, die dazu neigen, sichtbare und entstellende Narben zu hinterlassen. Der Chirurgenknoten ist eine Abart des Trossensteks; es werden lediglich mehr Törns in die Parten der Leinen gemacht. Er ist weniger auftragend, aber noch sicher, wenn in den oberen Teil des Knotens nur ein Überhandknoten gelegt wird.

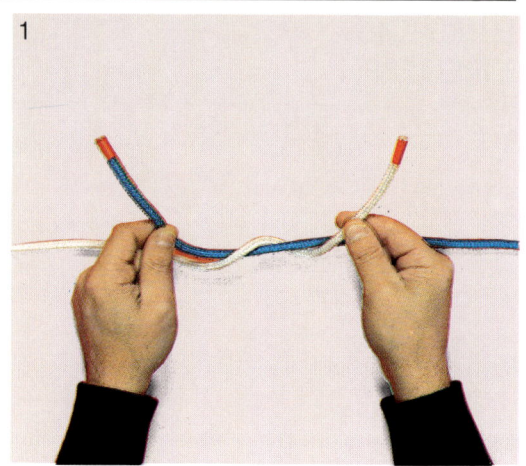

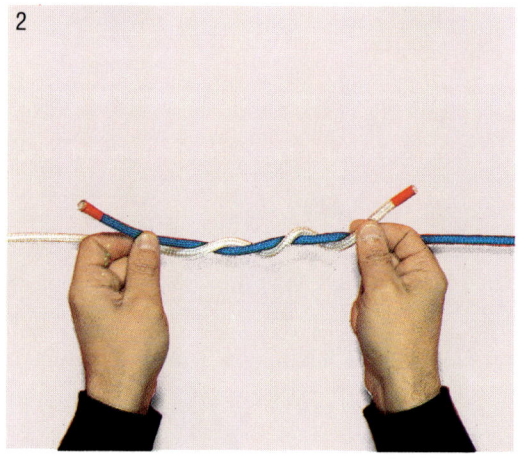

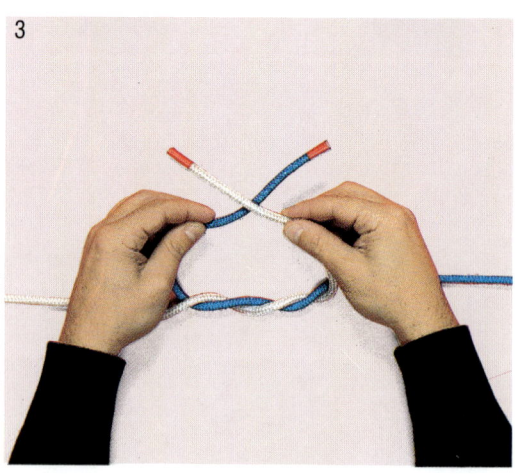

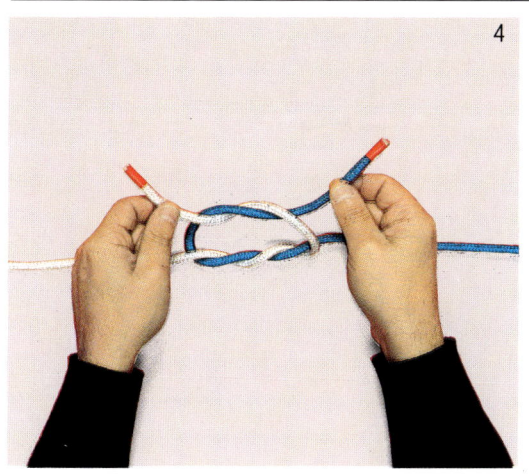

So wird's gemacht:
Kreuze die Tampen der Leinen und drehe einen zweimal um den anderen (1, 2). Kreuze die Tampen erneut (3) und drehe sie in der gleichen Weise noch einmal umeinander (4, 5). Hole den Knoten an allen vier Parten dicht (6). Wenn die Törns gleichmäßig gemacht sind, ist der Knoten sehr kompakt.

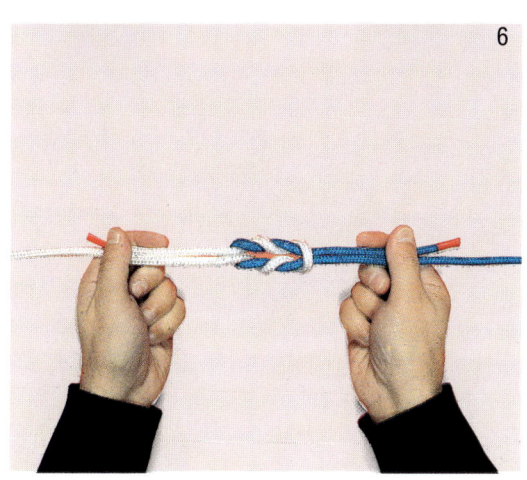

121

JAPANI-SCHER KNOTEN

Der japanische Kno-
ten, manchmal auch
Kreuzknoten genannt,
ist ein dekorativer
Knoten und Ausgangs-
punkt etlicher Zier-
knoten. Er wird ge-
wöhnlich mit Bändern
oder Stoffstreifen ge-
macht und wirkt be-
sonders schön, wenn
er mehrfach hinterein-
ander erscheint.

So wird's gemacht:
Bilde mit dem Tampen
der einen Leine eine
Bucht und halte sie
mit der linken Hand.
Lege quer dazu mit
dem anderen Tampen
eine zweite Bucht, wo-
bei die Leine erst über,
dann durch die erste
Bucht läuft (1, 2).
Bilde mit der zweiten
Leine eine weitere
Bucht, deren Tampen
ebenfalls durch die er-
ste Bucht läuft (3).

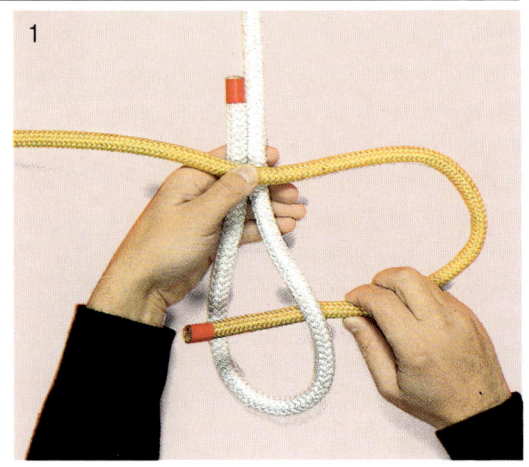

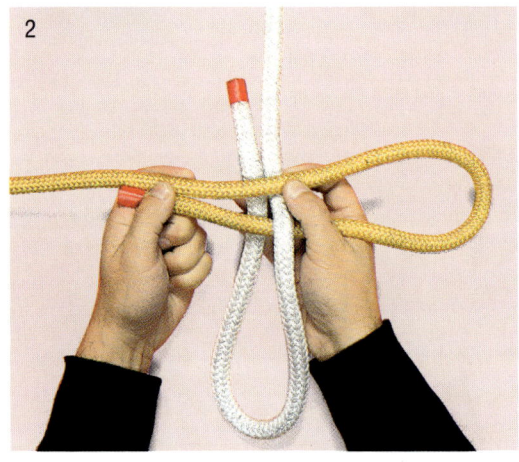

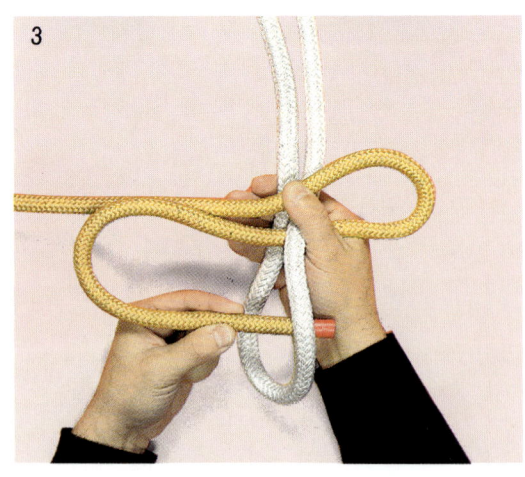

Nun stecke die lose Part der ersten Bucht von oben durch diese letzte Bucht (4). Die Figur des Knotens ist sichtbar (5). Hole ihn an den stehenden und losen Parten sinnig dicht (6). Eine Serie japanischer Knoten verlangt natürlich längere Tampen. Die Arbeitsgänge werden einfach wiederholt.

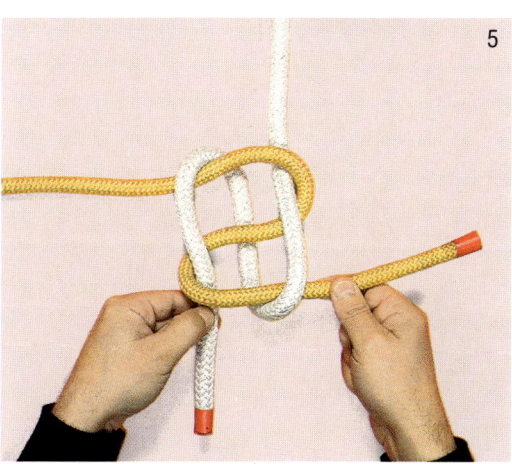

123

TROSSEN-STEK

Dieser Knoten besteht aus zwei Augen, die ineinander verschlungen sind, und ist unter verschiedenen Namen bekannt: als Spaltknoten bei der Strickwaren-Herstellung, als Warpknoten bei den Seeleuten oder als Cowboy-Knoten bei den Kuhhirten.

Der Trossenstek bietet eine sichere Möglichkeit, zwei Leinen von gleicher Stärke, aber unterschiedlicher Beschaffenheit zu verbinden. Er hält besser als der Reffknoten, weil er nicht slippt.

Auf See ist er nicht sehr gebräuchlich, denn er ist schwer zu lösen, besonders wenn er unter starker Belastung stand oder naß wurde. Er wird bei Anker- oder Warpleinen aus starkem Material und beim Bergsteigen zum Verbinden zweiter schwerer Leinen benutzt.

So wird's gemacht:
Bilde mit einem der Tampen ein Auge, bei dem die stehende Part oben liegt (1). Forme auch mit dem anderen Tampen wie folgt ein Auge: Lege ihn unter

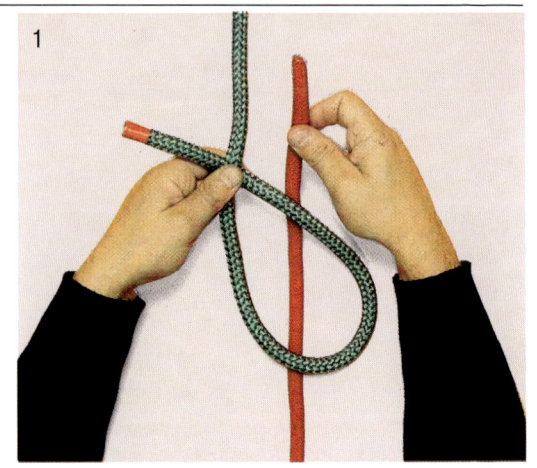

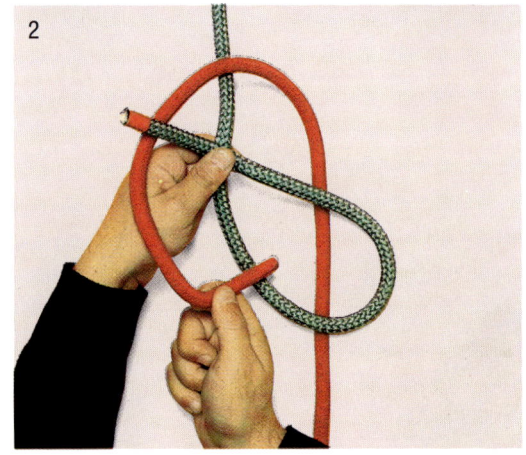

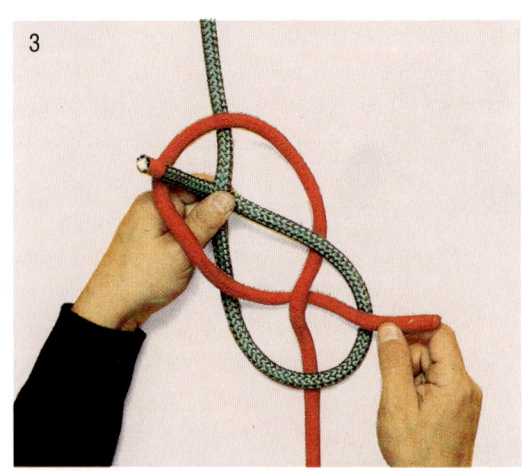

das erste Auge, führe ihn über dessen stehende und unter dessen loser Part von oben in das erste Auge hinein (2); dann weiter unter seiner eigenen stehenden und über die lose Part des ersten Auges hinweg wieder nach außen (3, 4). Dann ziehe gleichzeitig an beiden festen Parten, um den Knoten dichtzuholen (5, 6).

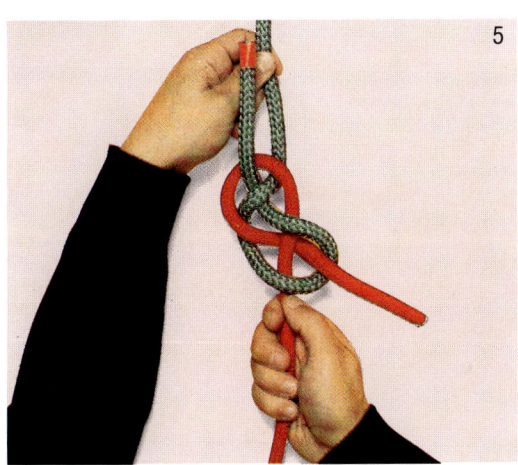

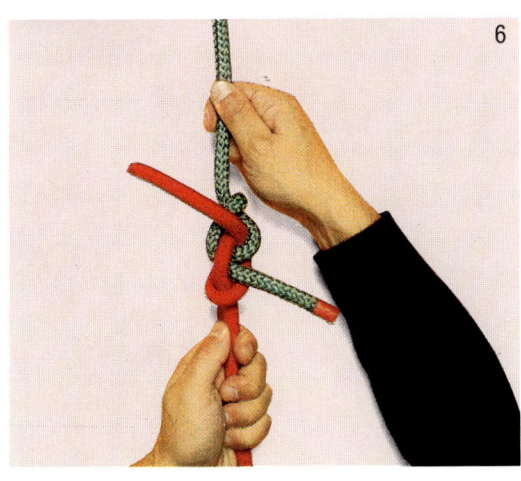

ENGLISCHER KNOTEN

Dieser Knoten wurde während des letzten Jahrhunderts ersonnen und ist auch unter den Namen Fischer-, Engländer-, Liebes- oder Anglerknoten bekannt. Er wird in Bändern und Schnüren oder dünnen Leinen gemacht und ist etwas massig. Aber er hält gut und wird deswegen gern von Anglern verwendet. Es ist ein sehr einfacher Knoten, der aus zwei halben Schlägen besteht, die aneinander liegen. Seeleute brauchen ihn selten, weil er für Trossen und starke Leinen nicht geeignet ist.

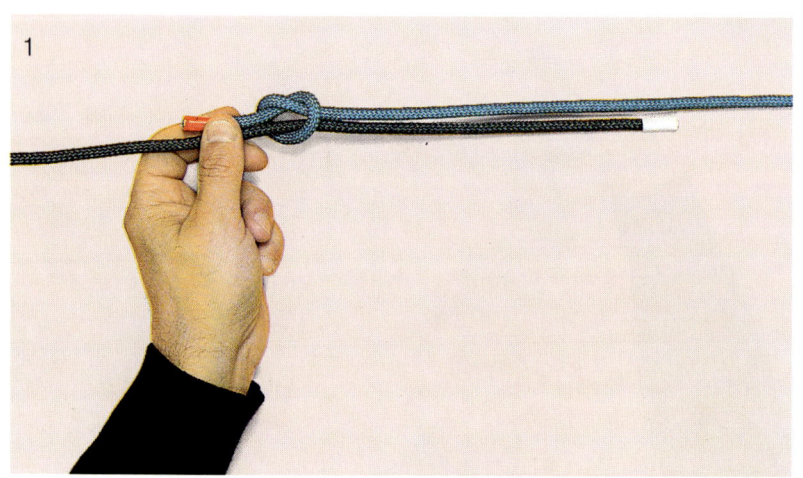

So wird's gemacht:
Lege beide Tampen parallel zueinander und mache mit einem Tampen einen halben Schlag um den anderen (1). Mache mit dem zweiten Tampen dann einen halben Schlag um den ersten (2, 3). Ziehe an den festen Parten, bis sich die Knoten berühren (4).

Hierbei sollen die beiden Enden auf entgegengesetzten Seiten liegen.

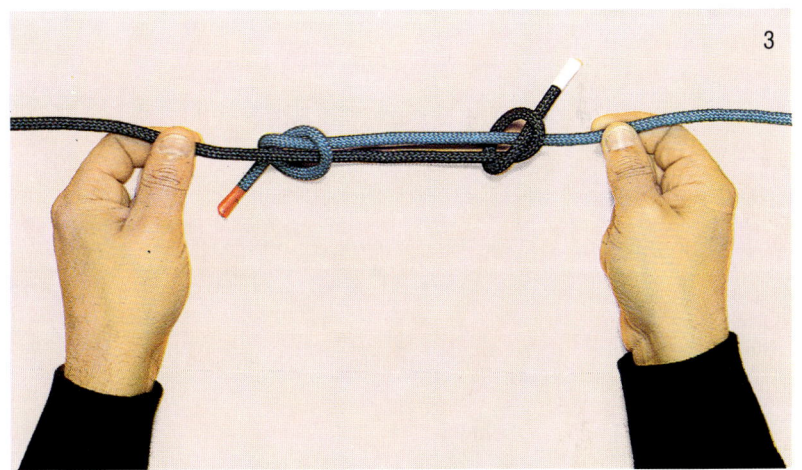

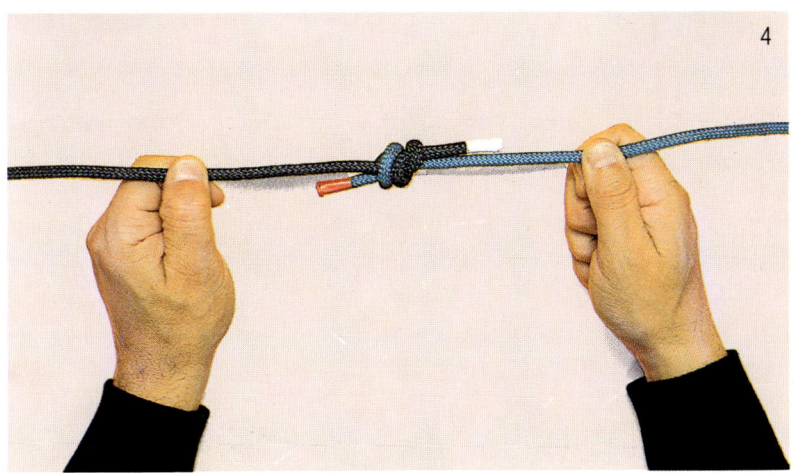

WEINTRAU-BENKNOTEN ODER DOPPELTER ENGLISCHER KNOTEN

Dieser Knoten ist hauptsächlich für Angler nützlich, die ihn wegen seiner größeren Sicherheit in ihren Schnüren verwenden. Er ist jedoch nur für dünne Leinen und Garne geeignet, weil er sehr auftragend ist. Camper benutzen den Weintraubenknoten in Spannseilen und um Enden miteinander zu verbinden, mit denen sie etwas verschnüren oder aufhängen. Bergsteiger benutzen ihn bei dünnem Material.

So wird's gemacht:
Um die Tampen zweier Leinen miteinander zu verbinden, führe den einen Tampen über den anderen und bilde eine Acht um ihn herum (1). Festige die Acht, indem Du den Tampen in seine eigene linke Bucht steckst (2) und sie an Tampen und fester Part dichtholst (3, 4). Mache mit dem Tampen der zweiten

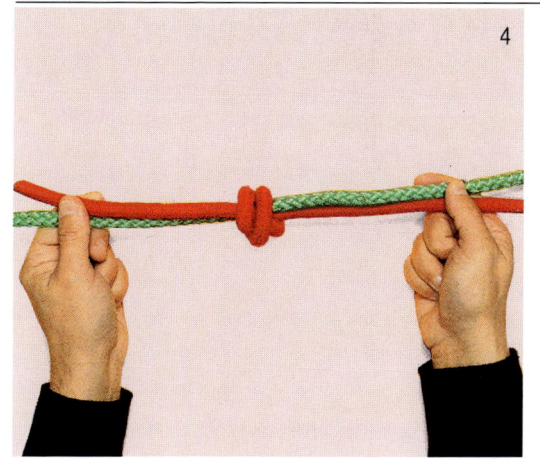

Leine denselben Knoten um die feste Part der ersten (5). Beide Knoten werden durch Ziehen an den festen Parten aneinandergebracht (6). Wie beim englischen Knoten sollen die Tampen jeweils auf entgegengesetzten Seiten der festen Parten liegen. Andernfalls ist der Weintraubenknoten nicht korrekt.

KNOTEN FÜR SPORTANGLER

Das Verbinden einer Leine mit einem Haken ist ein bewundernswertes Werk aus Findigkeit, Phantasie und Meisterschaft. Der Ergebnis ist eine schmale, kaum sichtbare Schwellung, wenn die Leine sauber auf ihrer Rolle aufgewickelt ist und verbirgt dabei die in Tausenden von Jahren gesammelten Erfahrungen. So verwundert es nicht, daß es vielerlei verschiedene Knoten für diesen Zweck gibt. Die Größe des Hakens, seine Form, die Art der Leine und manch weiteres Detail, das zuerst verwirrend erscheint, sagen dem versierten Angler, ob er diesen oder jenen Knoten nehmen muß, um eine harmonische Verbindung zwischen Haken und Leine herzustellen.

KNOTEN FÜR HAKEN MIT AUGEN

Erste Möglichkeit

Dieser Knoten ist schnell und leicht zu machen und trägt nicht auf. Er kann an kleinen und mittleren Haken benutzt werden und einen kräftigen Ruck aushalten. Aber er kann Schwierigkeiten machen, wenn er über längere Zeit ungleichmäßigem Zug ausgesetzt war und sollte deswegen besonders fest gezogen werden.

So wird's gemacht:
Führe die Leine durch das Auge des Hakens und bilde ein Auge um dessen Schaft (1). Führe den Tampen weiter über die feste Part und stecke ihn in das so geformte Auge hinein (2). Hole den Knoten dicht, indem Du Schaft und Tampen hältst und an der festen Part ziehst (3).

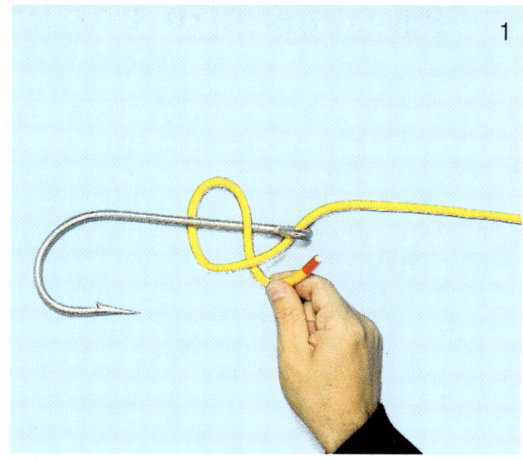

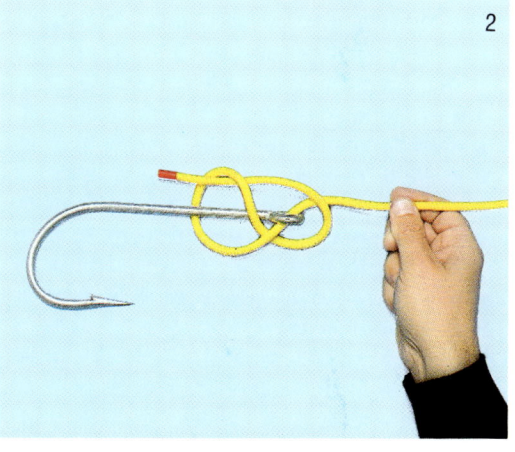

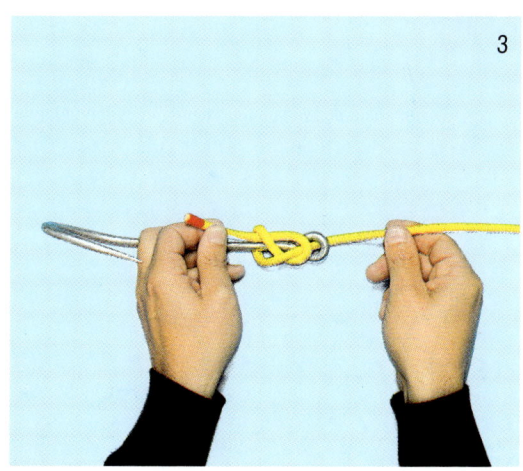

KNOTEN FÜR HAKEN MIT AUGEN
Zweite Möglichkeit

Dies ist ein anderer fester Knoten, der fast universell einsetzbar ist. Er kann bei jeder Art Haken und jeder einfachen Leine benutzt werden und gibt ausgezeichneten Halt. Der Knoten wird um die stehende Part der Leine gemacht. Der einzige Kontakt zwischen Haken und Leine ist deren Durchführung durch das Auge. Dieses ist aber auch die Achillesferse des Knotens, denn hier bricht die Leine oft. Dem kann man durch ein zweimaliges Durchführen der Leine durch das Auge begegnen. Das erhöht die Zuverlässigkeit des Knotens, macht ihn zugleich aber voluminöser, was seinen Einsatz auf Haken einer gewissen Größe begrenzt.

So wird's gemacht:
Der Knoten ist leicht zu machen. Stecke die Leine durch das Auge des Hakens und bilde mit dem Tampen ein Auge (1). Führe ihn unter die Parten dieses Auges (2) und schlage

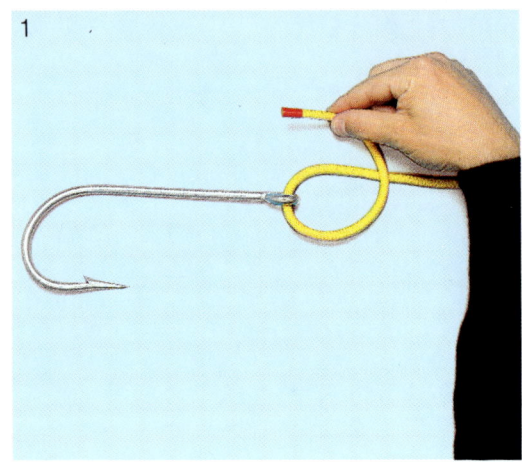

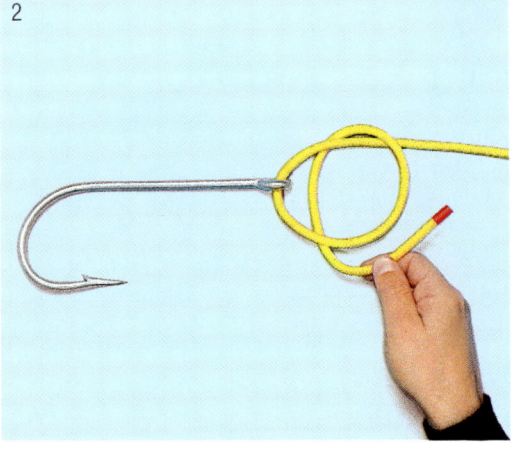

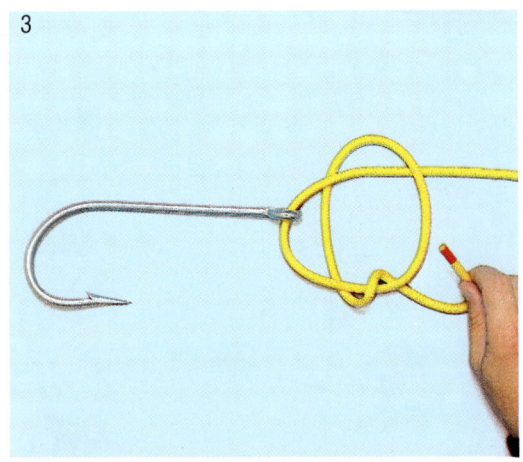

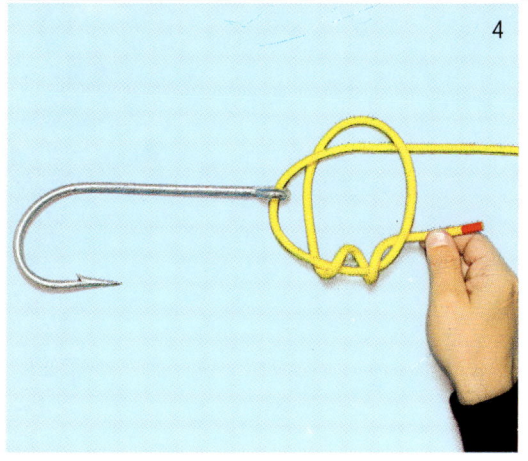

um dessen untere Part ein paar Rundtörns (3, 4). Die Anzahl dieser Törns ist beliebig, meistens genügen zwei oder drei. Damit ist der Knoten fertig. Um ihn dichtzuholen, halte den Haken und ziehe an der stehenden Part (5). Das muß nach und nach und sanft geschehen, damit es kein Durcheinander gibt. Das Ergebnis zeigt Abbildung 6: Der Tampen läuft parallel zur stehenden Part aus dem Knoten heraus.

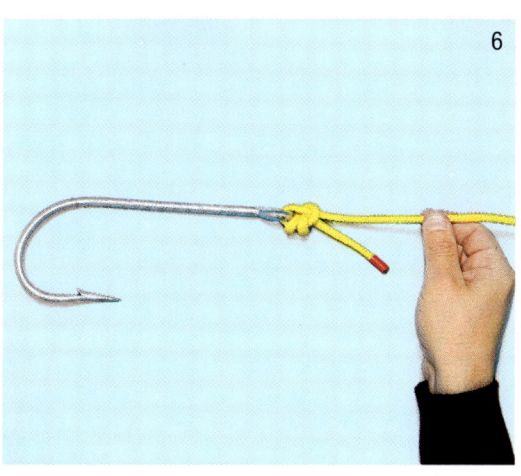

KNOTEN FÜR HAKEN MIT AUGEN
Dritte Möglichkeit

Dies ist eine schöne, symmetrische Verbindung, die ausgezeichneten Halt bietet. Abbildung 5 zeigt den gelegten, aber noch losen Knoten und läßt die Gleichmäßigkeit erkennen, die ihn so sicher macht. Sein unbestreitbarer Nachteil ist, daß er unhandlich zu machen ist, vor allem bei den letzten Schritten. Um sie zu erleichtern, ist es besser, den Knoten zunächst offen und lose zu legen und den Tampen hinzutrimmen, nachdem er festgezogen wurde. Der Verlust von einem Stück Leine wird durch die Tatsache ausgeglichen, daß es bei sehr dünnen Leinen keine Schwierigkeiten gibt.

So wird's gemacht:
Ziehe den Tampen durch den Haken und lege ein Auge (1). Führe ihn unter der stehenden Part hindurch von oben in das Auge hinein (2), dann unter den beiden Parten nach links oben (3) und unter sich selbst hindurch wieder nach unten (4).

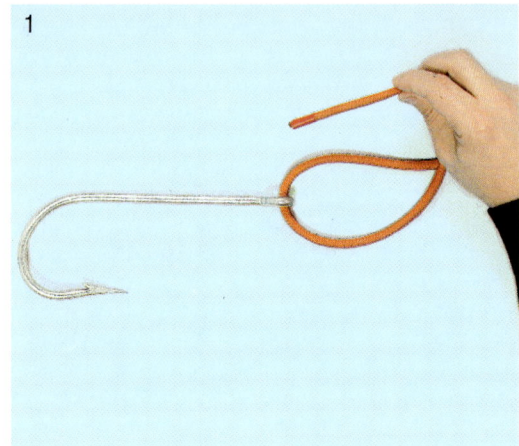

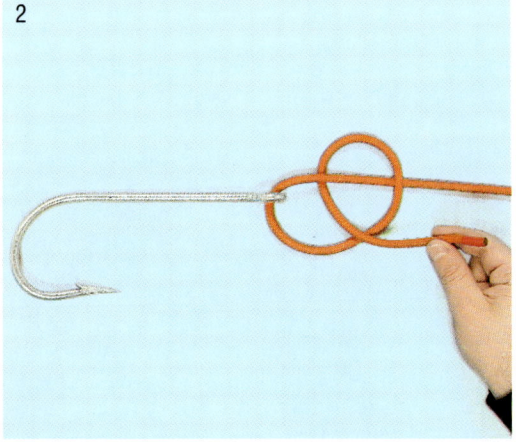

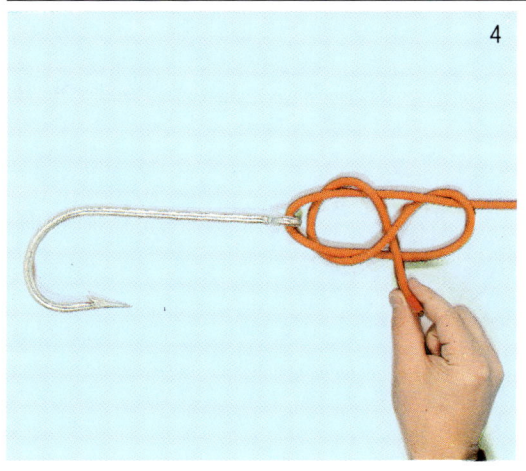

4

Jetzt sieht der Knoten wie eine Acht aus. Mache mit dem Tampen noch einen Törn um die rechte, untere Part der Acht (5) und hole den Knoten durch Ziehen am Haken und an der stehenden Part langsam dicht (6).

5

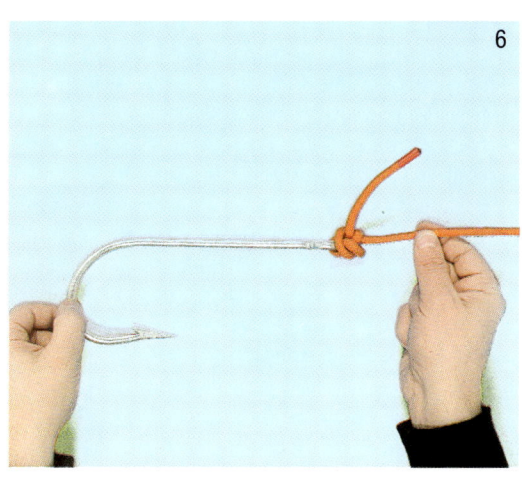

6

135

KNOTEN FÜR HAKEN MIT AUGEN
Vierte Möglichkeit

Dies ist ein schöner und allgemein gebräuchlicher, aber nicht einfacher Knoten. Er wird in zwei Schritten gemacht. Zuerst wird die Leine um den Schaft des Hakens gewickelt und dann werden die Törns so vom Schaft auf die stehende Part verlegt, daß die vorherige Ordnung erhalten bleibt. Der Knoten hält ausgezeichnet und ist bewundernswert symmetrisch.

So wird's gemacht:
Führe den Tampen der Leine durch das Auge des Hakens und lege beliebig viele Törns um den Schaft (1). Viele Törns sehen zwar gut aus und machen den Knoten attraktiv, verursachen aber eine Verdickung und haben auf den Halt keinen Einfluß. Der nächste Schritt besteht darin, den Tampen zur entgegengesetzten Seite zu legen und andersherum als beim ersten Mal durch das Auge des Hakens zu stecken (2, 3).

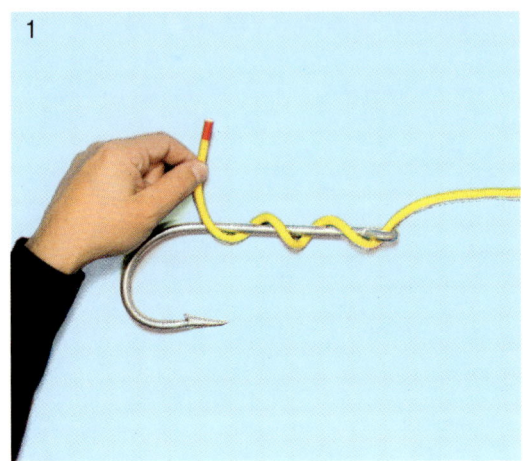

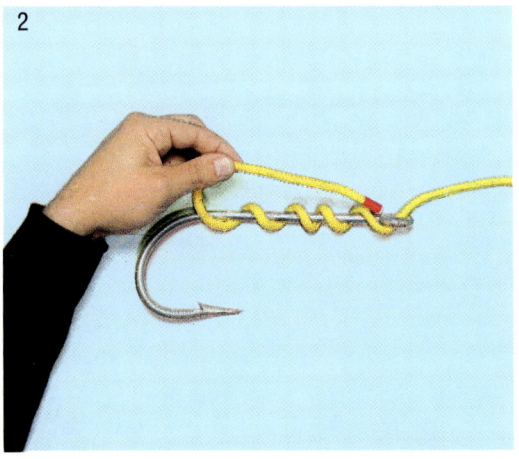

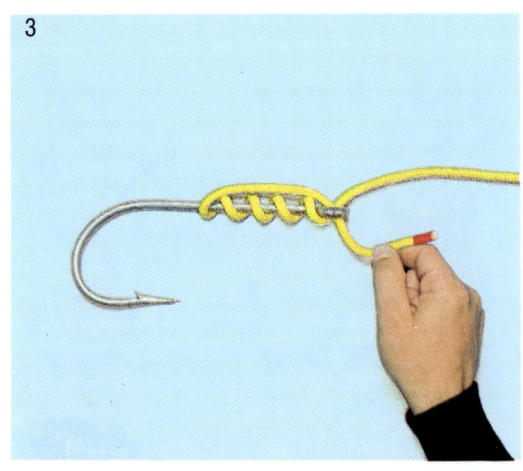

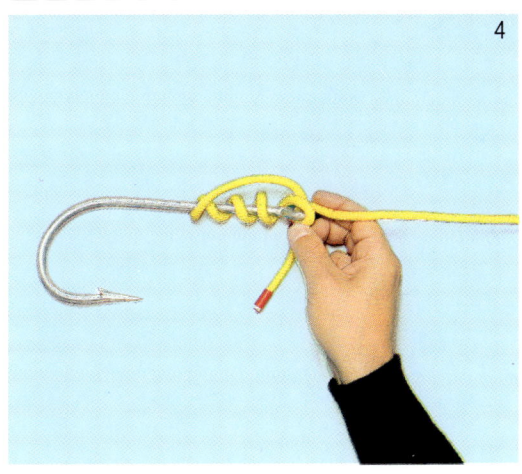

Dann werden die Törns vom Schaft auf die stehende Part geschoben, beginnend links außen und jeweils über die rechts daneben liegenden Törns hinweg (4, 5). Achte darauf, daß die Reihenfolge gewahrt bleibt, d. h. der Törn ganz links auf dem Schaft zum Törn ganz links auf der stehenden Part wird. Hole den Knoten durch Ziehen am Schaft und an der stehenden Part dicht (6).

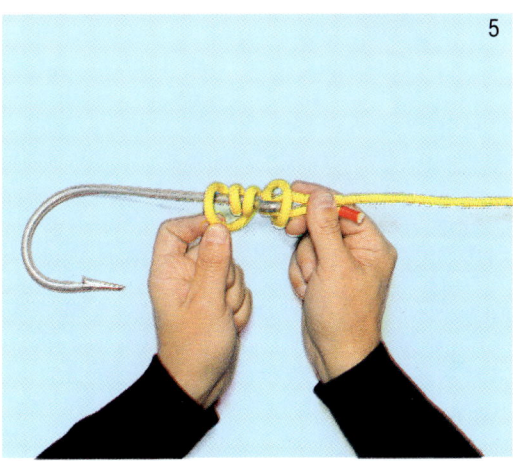

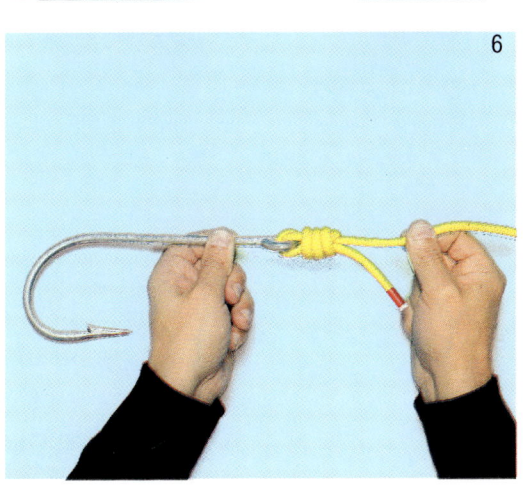

KNOTEN FÜR HAKEN MIT AUGEN
Fünfte Möglichkeit

Dies ist ein komplexer Knoten, der nützlich ist, um kleine Anker oder sehr große Haken mit weiten Augen anzuschlagen. Seine Besonderheit liegt darin, daß er teilweise um den Schaft des Hakens gemacht wird, womit die Kraft nicht nur an dem Auge, sondern auch an den Törns um den Schaft angreift.

So wird's gemacht:
Stecke den Tampen durch das Auge des Hakens und lege – Tampen unten – ein Auge um den Schaft (1). Danach bilde – Tampen oben – ein Auge um die stehende Part (2). Führe den Tampen unter die stehende Part und stecke ihn von hinten in das zuletzt gebildete Auge (3). Führe ihn weiter parallel zum Schaft (4) und stecke ihn, wieder von hinten, in das zuerst gelegte Auge (5). Um den Knoten dichtzuholen, halte Tampen und Schaft und ziehe an der stehenden Part (6).

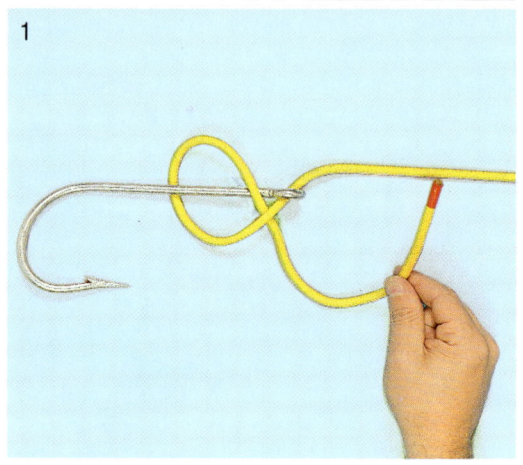

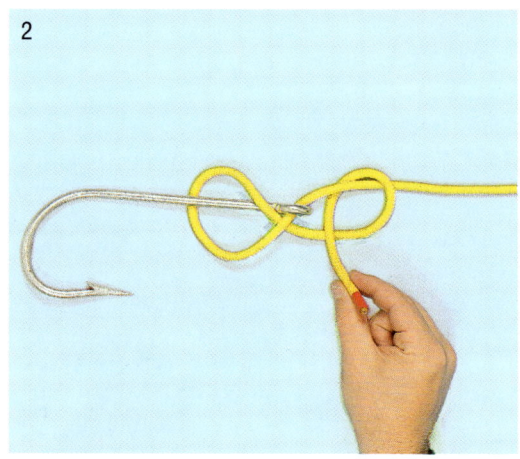

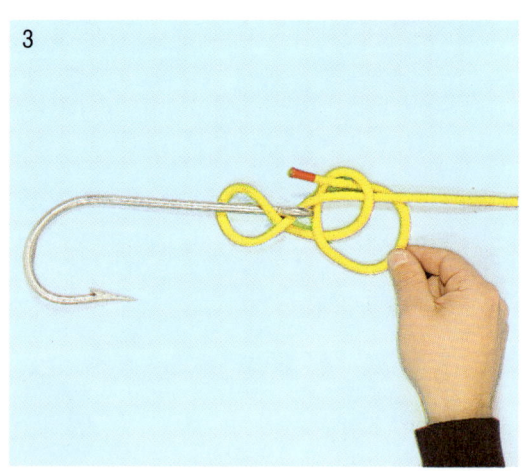

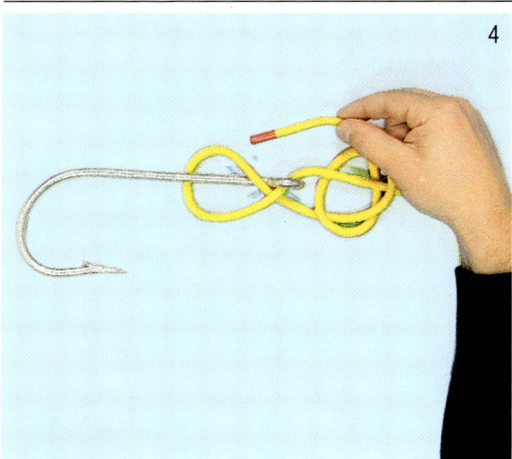

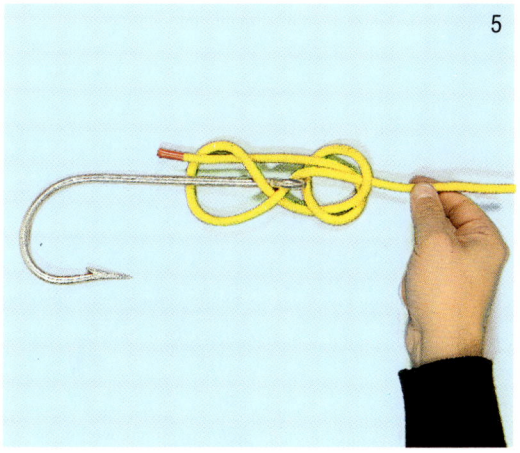

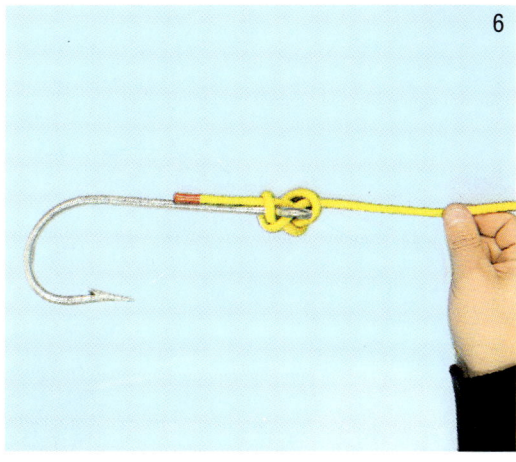

KNOTEN FÜR HAKEN MIT AUGEN

Sechste Möglichkeit

Im Gegensatz zu den vorhergehenden Knoten, die ganz oder teilweise um die stehende Part der Leine gemacht wurden, liegt dieser Knoten völlig um den Schaft. Diese Besonderheit gibt ihm unter allen Bedingungen ausgezeichneten Halt. Sein Nachteil liegt darin, daß der Haken dazu neigt, in einem leichten Winkel zur Leine zu stehen, weshalb er vorzugsweise bei großen Haken und Ankern angewendet wird.

So wird's gemacht:
Stecke den Tampen durch das Auge des Hakens und bilde hinten um den Schaft herum ein Auge, bei dem der Tampen oben liegt (1). Stecke den Tampen von hinten in dieses Auge (2) und führe ihn durch den Zwischenraum, der von der festen Part und dem Schaft gebildet wird (3).

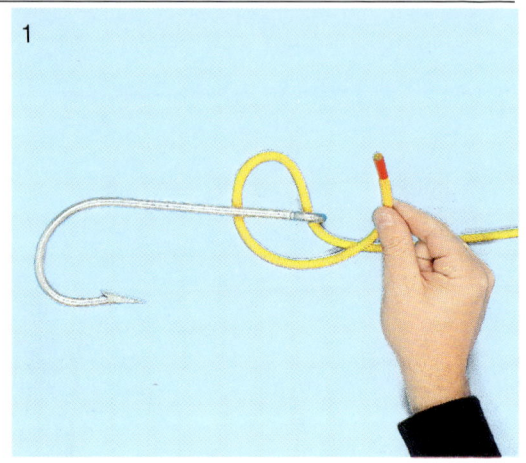

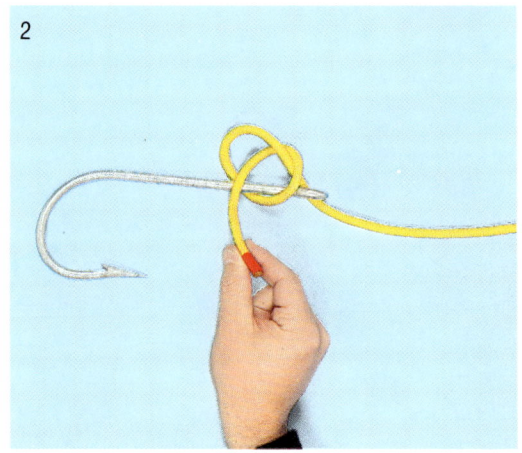

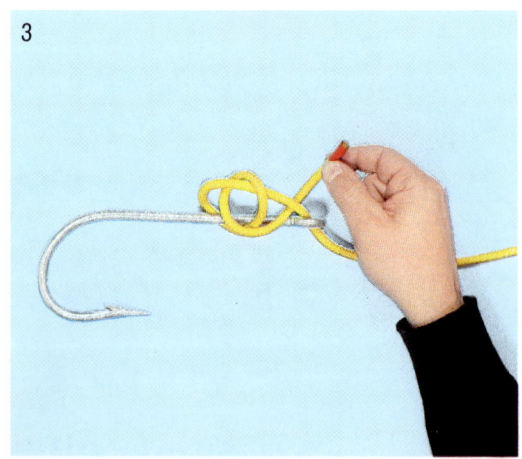

140

Stecke den Tampen schließlich – wieder von hinten – in das zuletzt gebildete Auge (4) und hole den Knoten an Tampen und stehender Part langsam und vorsichtig dicht (5). Das Ergebnis zeigt Abbildung 6, auf der auch Vor- und Nachteil dieses Knotens erkennbar sind.

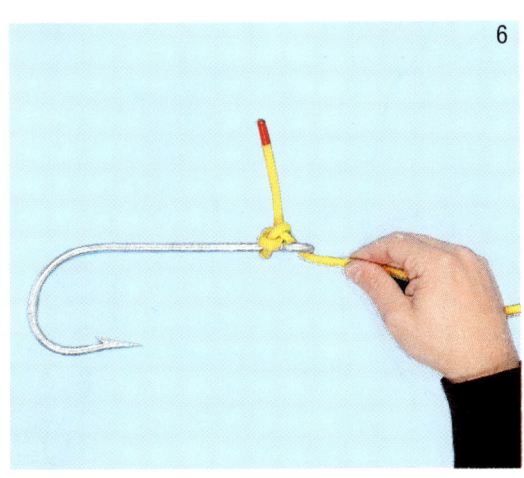

KNOTEN FÜR HAKEN MIT AUGEN
Siebte Möglichkeit

Dieser Knoten ist dem vorhergehenden ähnlich. Er wird ganz um den Schaft gemacht. Die Törns liegen dicht beieinander und bieten ausgezeichneten Halt. Es muß aber betont werden, daß der Knoten mindestens zwei Nachteile hat: Er ist sehr dick, und der Haken neigt dazu, im Winkel zur Leine zu stehen. Er ist für kleine Anker und sehr große Haken geeignet.

So wird's gemacht:
Stecke zunächst von unten den Tampen durch das Auge. Dann lege hinten herum den ersten Törn um den Schaft (1). Bilde einen zweiten Törn rechts daneben (2). Die Anzahl solcher Törns kann variieren; solange sie alle in dieselbe Richtung laufen, können es beliebig viele sein. Denke jedoch daran, daß der Halt des Knotens nicht davon abhängt, sie aber die Dicke des Knotens ausmachen.

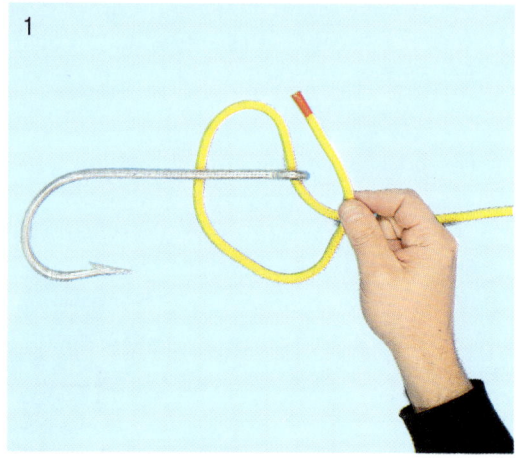

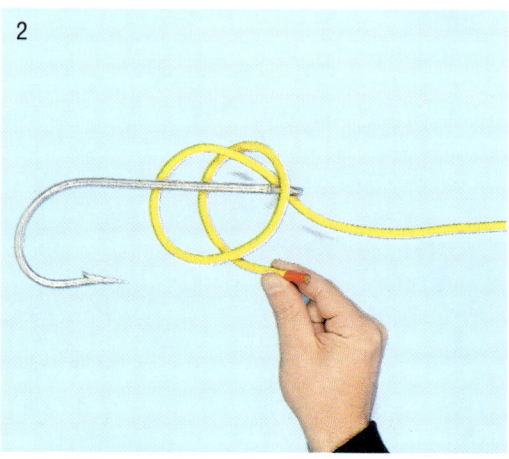

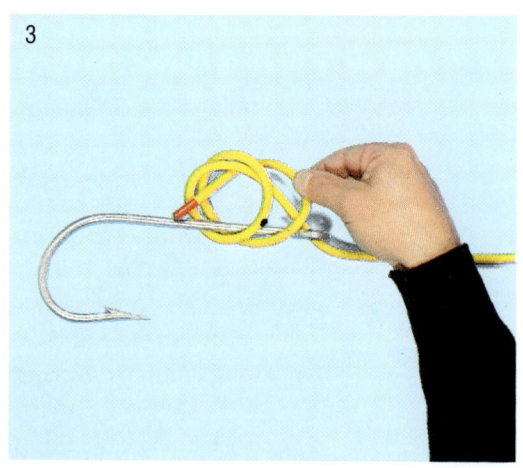

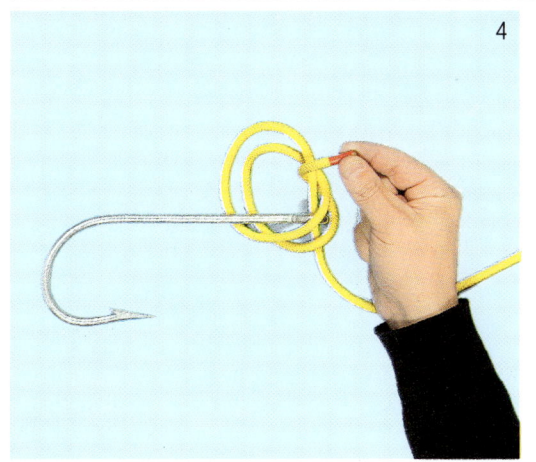

Bilde zum Abschluß ein Auge um die Törns (3, 4), das die stehende Part unter sich läßt (5). Abbildung 6 zeigt den dichtgeholten, fertigen Knoten.

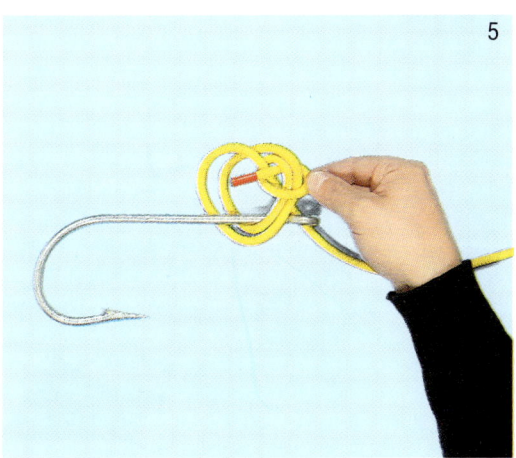

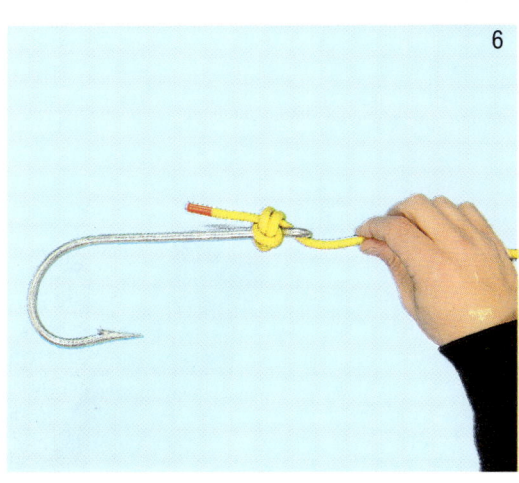

KNOTEN FÜR HAKEN OHNE AUGE

Erste Möglichkeit

Der hier gezeigte Knoten ist ein mehrfacher halber Schlag (siehe Seite 34), der allgemein den Stopperknoten zugeordnet wird oder als Gewicht am Tampen einer Leine dient. In diesen Fällen zeichnet er sich durch Schönheit aus. Im Angelsport jedoch ist er einer der meistgebrauchten Knoten zum Verbinden einer Leine mit einem Haken ohne Auge. Außerdem ist er Ausgangspunkt für eine Reihe anderer Knoten.

So wird's gemacht: Lege entlang des Schaftes des Hakens eine Bucht und einen ersten inneren Törn um ihn und die stehende Part (1). Dann lasse eine Serie von Törns folgen (2, 3). Ihre Anzahl kann variieren; bedenke aber,

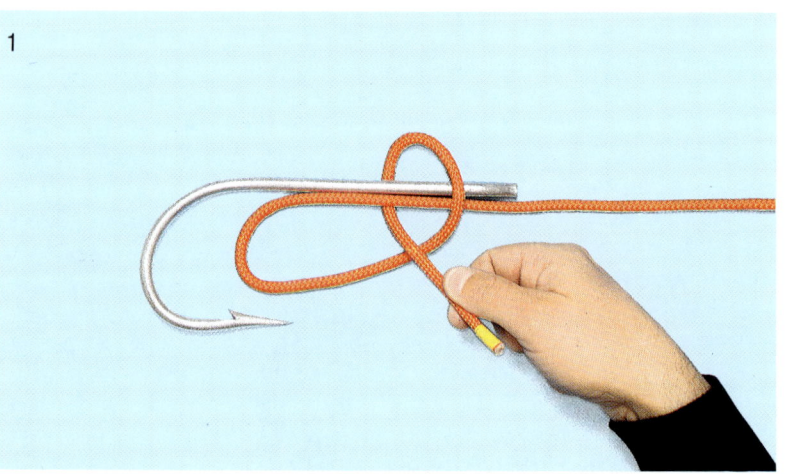

1

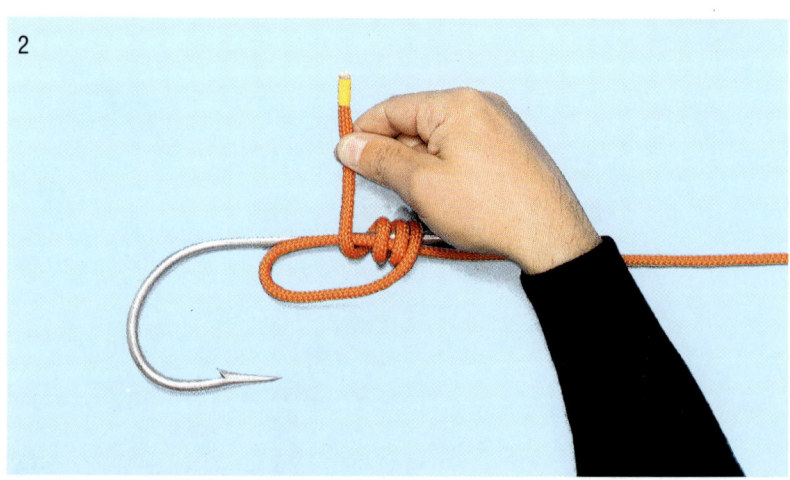

2

daß viele Törns den Knoten zwar sicherer, zugleich aber auch massiger machen. Es gilt hier, einen Mittelweg zu finden zwischen Umfang und Halt des Knotens auf dem Schaft. Beendet wird er durch gleichzeitiges Ziehen am Tampen und an der stehenden Part und dann noch einmal nur an der stehenden Part (4). Es ist wichtig, daß der Knoten besonders dichtgeholt wird.

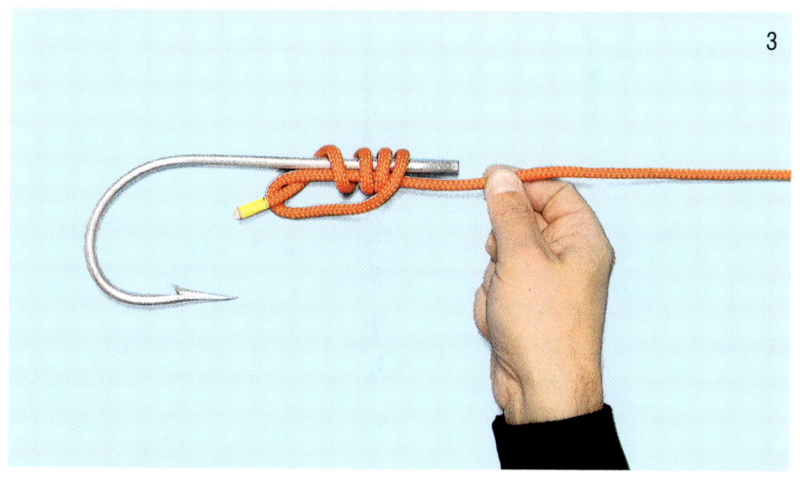

3

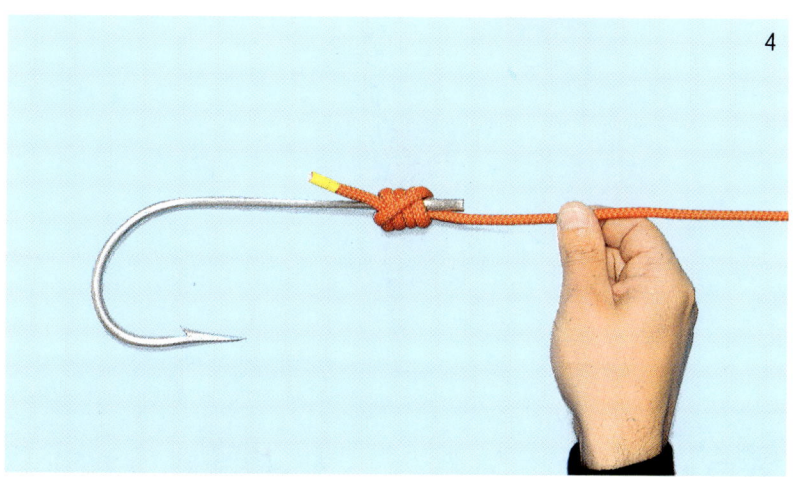

4

KNOTEN FÜR HAKEN OHNE AUGE
Zweite Möglichkeit

Dies ist ein Wurfleinenknoten (siehe Seiten 32/33), der als Stopperknoten schon beschrieben wurde. Er wird aber auch zum Verbinden einer Leine mit einem Haken gebraucht, ist leicht und schnell zu machen und ohne Zweifel die verbreitetste Methode bei glatten Haken.

So wird's gemacht: Lege eine nach links gerichtete lange Bucht auf den Haken (1) und mache von rechts nach links eine Reihe von Rundtörns, die den Haken und die Bucht umschließen (2). Die Anzahl der Törns kann variieren. Der versierte Angler wird den richtigen Mittelweg zwi-

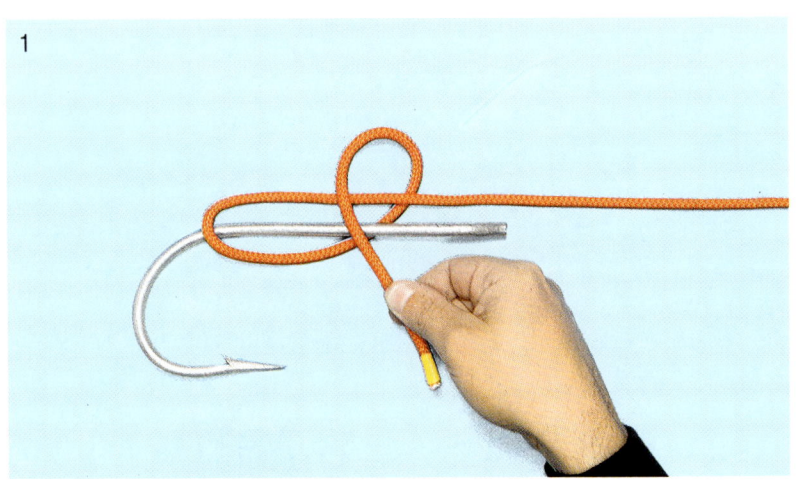

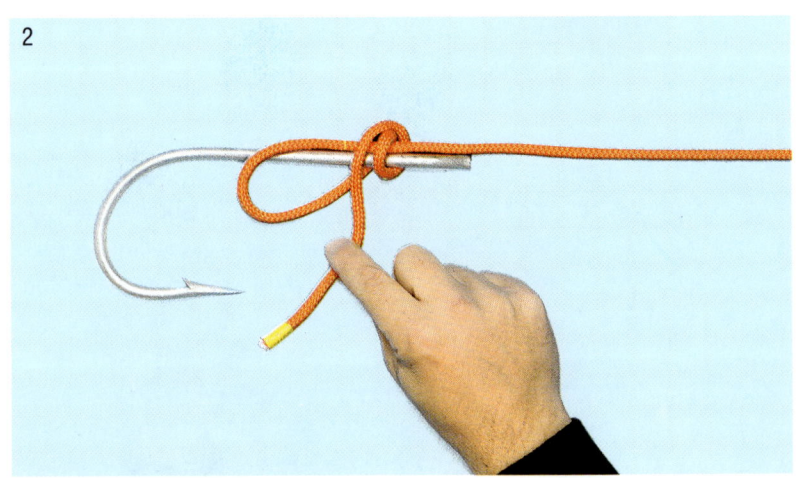

schen Halt und Um-
fang des Knotens bald
finden. Zum Schluß
wird der Tampen
durch die verbliebene
Öffnung der Bucht
gesteckt (3) und der
Knoten durch Festhal-
ten der Törns auf dem
Schaft und gleichzeiti-
ges Ziehen an der ste-
henden Part dichtge-
holt (4). Das muß sehr

vorsichtig geschehen.
Anzahl und Festigkeit
der Törns bestimmen
den Halt des Knotens.

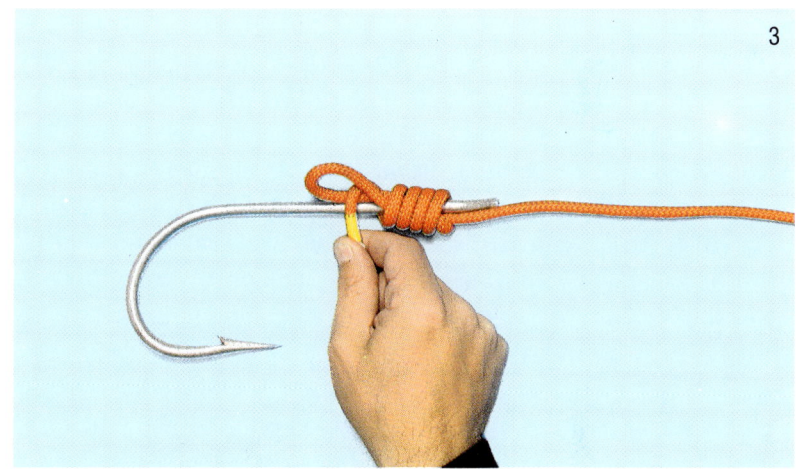

3

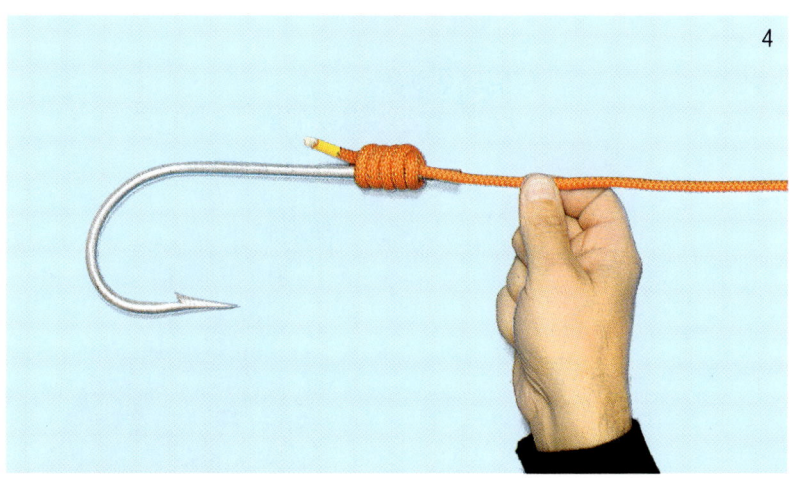

4

KNOTEN FÜR HAKEN OHNE AUGE
Dritte Möglichkeit

Dies ist eine interessante Anwendung des Fischersteks (siehe Seiten 54/55) und wird um die eigene stehende Part und den Schaft des Hakens gemacht. Das Ergebnis ist ziemlich auftragend und deswegen nur brauchbar für Haken von einiger Größe oder mit merklicher Platte. Der Halt ist in sich nicht sehr stark und hängt von der Anzahl der Törns ab sowie davon, wie fest der Knoten gezogen wird. Das sollte am besten so gemacht werden, daß jeder einzelne Törn dichtgeholt wird – was indes schwierig ist, weil der Knoten dazu neigt, mehr durch die äußeren als durch die inneren Törns zu halten.

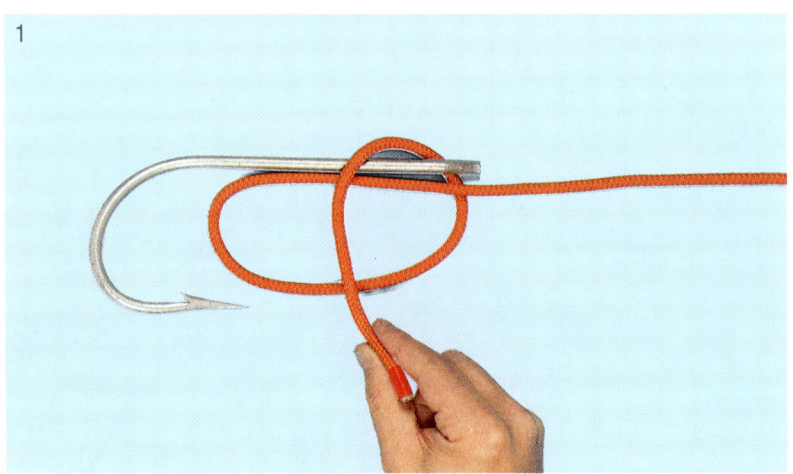

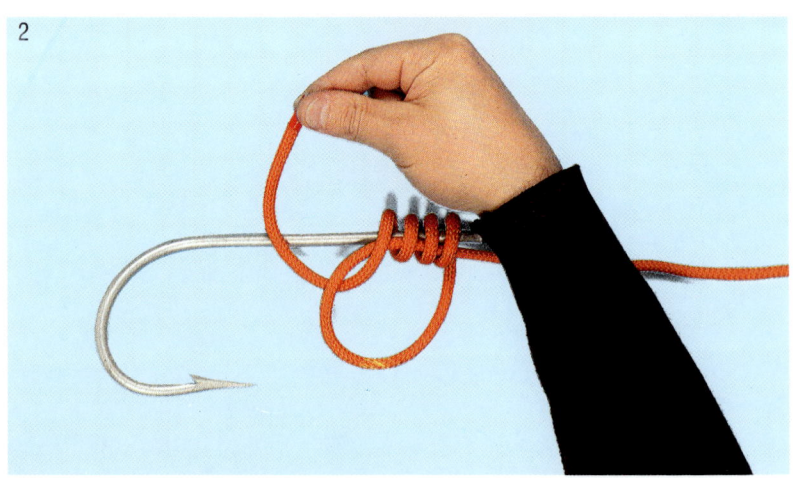

So wird's gemacht:
Bilde entlang des Schaftes eine Bucht (1) und lege von rechts nach links eine Serie von Törns um ihn und die stehende Part der Leine. Lasse den Törns zunächst etwas Lose (2) und beende den Knoten mit Durchstecken des Tampens durch die Törns (3). Hole ihn durch abwechselndes Ziehen am Tampen und der stehenden Part dicht und achte darauf, daß der Knoten an der richtigen Stelle des Hakens sitzt (4).

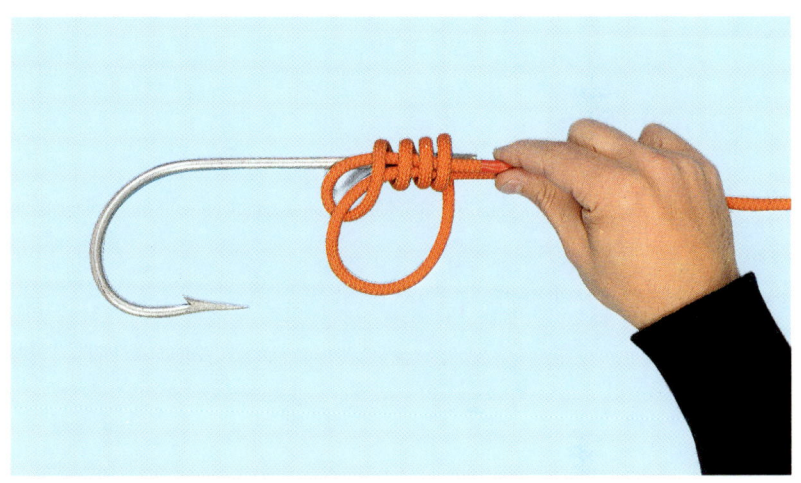

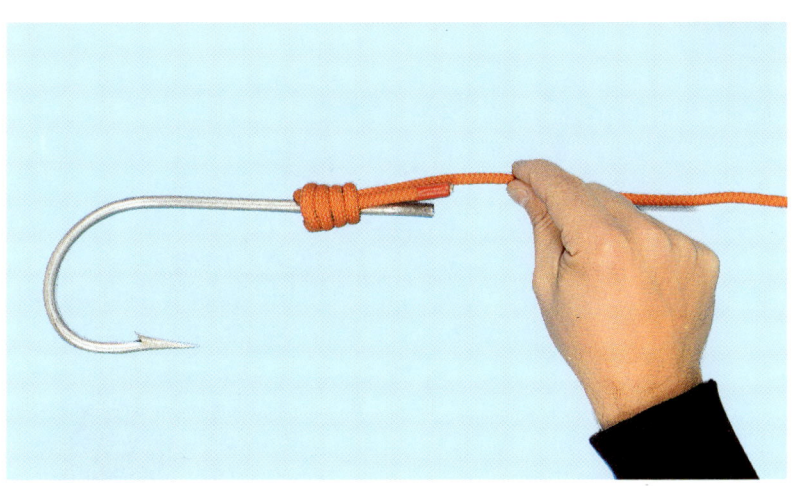

KNOTEN FÜR HAKEN OHNE AUGE
Vierte Möglichkeit

Dieser Knoten ist ungebräuchlich, nicht nur wegen des Ergebnisses, das sehr wirkungsvoll ist, sondern mehr wegen der Art, wie er zu machen ist. Er wird ausschließlich mit der Bucht der Leine, statt wie üblich mit dem Tampen, gelegt. Der Halt ist gut, wenn ausreichend Törns gemacht wurden und der Knoten gut dichtgeholt ist.

So wird's gemacht:
Bilde eine lange Bucht mit der Leine und lege den Tampen über den Schaft des Hakens und die stehende Part hinweg parallel zu letzterer (1). Bringe die untere Part der Bucht hinter das Maul des Hakens (2) und schlage mit ihr einen Törn um den Schaft, die stehende Part und den Tampen. Wiederhole dieses, bis die

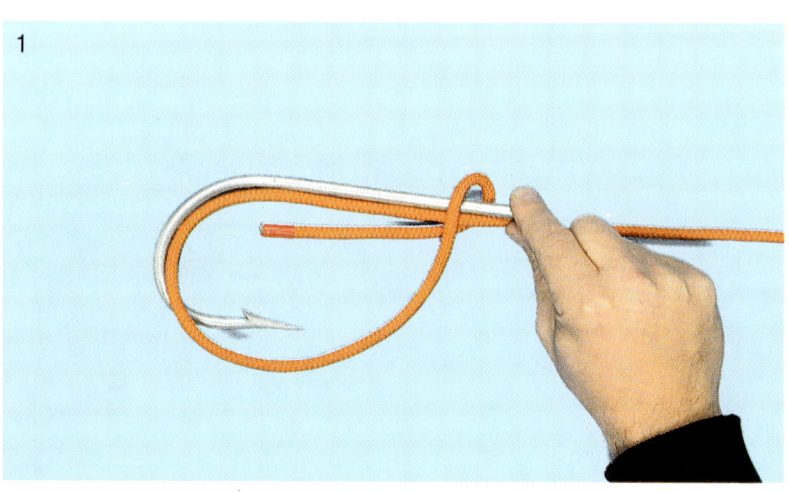

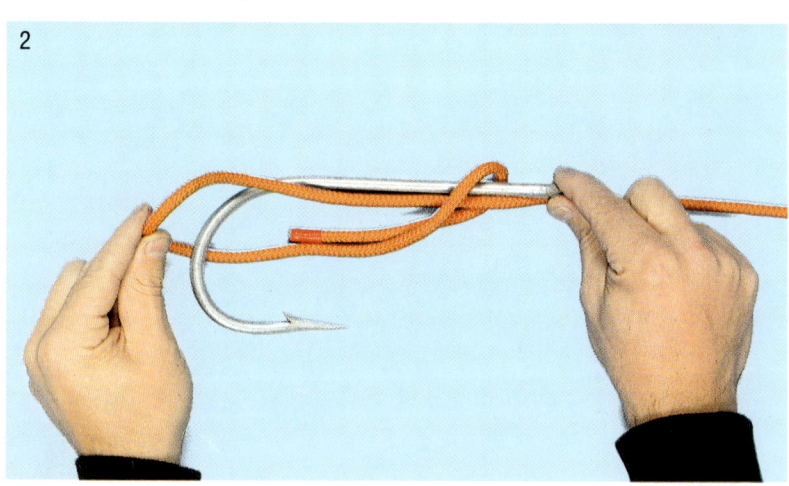

gewünschte Anzahl
Törns erreicht ist (3).
Die Größe der Bucht
nimmt ab, je mehr
Törns gemacht wer-
den. So wird es nötig,
den Knoten immer
weiter zum Maul des
Hakens zu verschie-
ben. Es ist hilfreich,
jeden einzelnen Törn
dichtzuholen.

Zum Schluß wird der
Knoten durch gleich-
zeitiges Halten von
Haken und Tampen
und Ziehen an der ste-
henden Part festgezo-
gen (4).

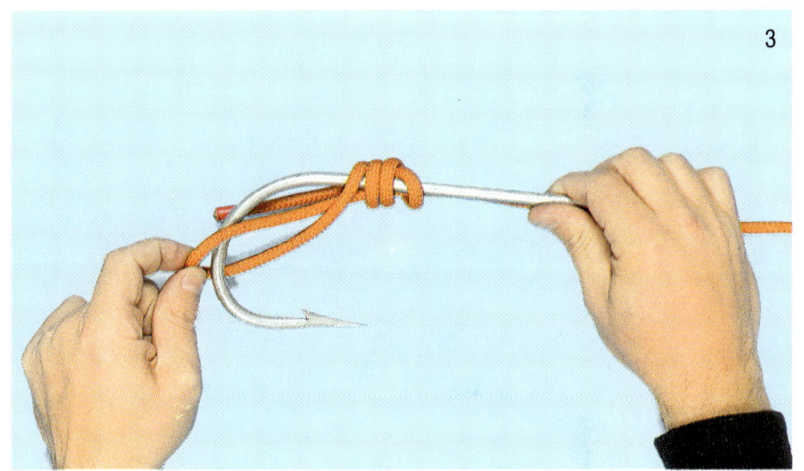

3

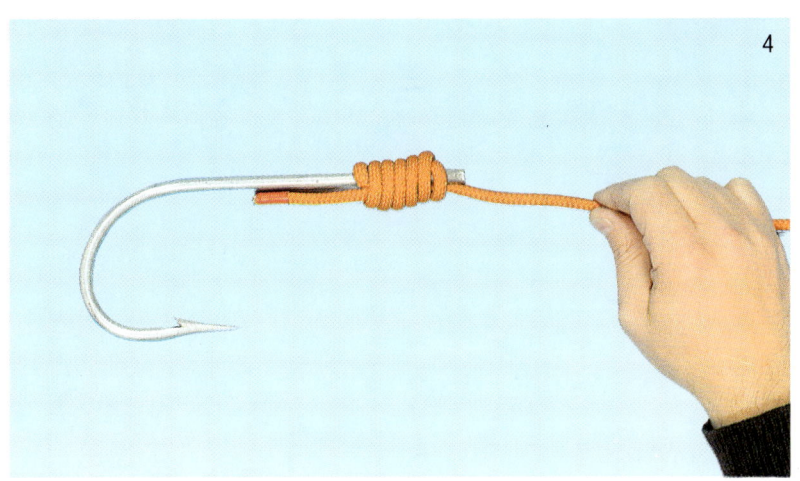

4

KNOTEN FÜR HAKEN OHNE AUGE
Fünfte Möglichkeit

Dieser Knoten hat große Vorteile, aber es gibt auch einige Einschränkungen. Zu ersteren zählt, daß er besonders leicht und schnell zu machen ist, weil dies zunächst ohne den Haken geschieht und der erst dann davon festgehalten wird, wenn der Knoten darüber gelegt wurde. Ein weiterer Vorzug liegt darin, daß der Knoten kompakt ist. Dem gegenüber steht aber der Nachteil, daß der Halt des Knoten, außer bei Haken mit gut geformtem Ende, nicht garantiert werden kann.

So wird's gemacht: Bilde am Ende der Leine ein Auge und schlage den Tampen zweimal um die feste Part (1). Ziehe gleichzeitig am Tampen und an der stehenden Part,

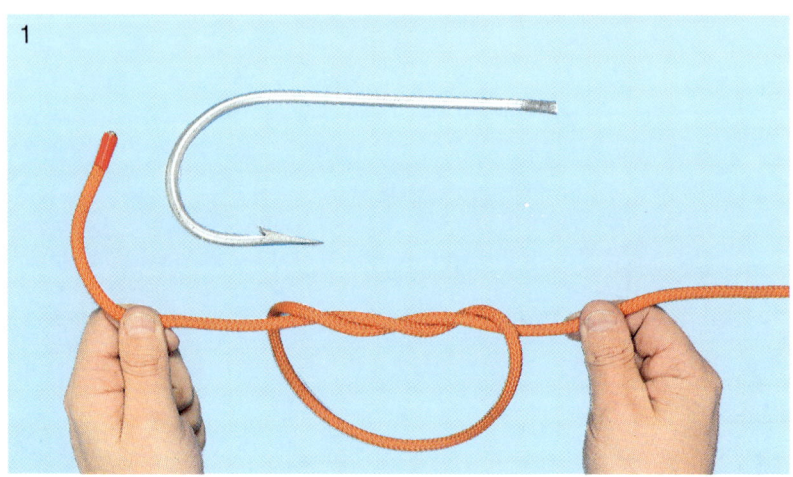

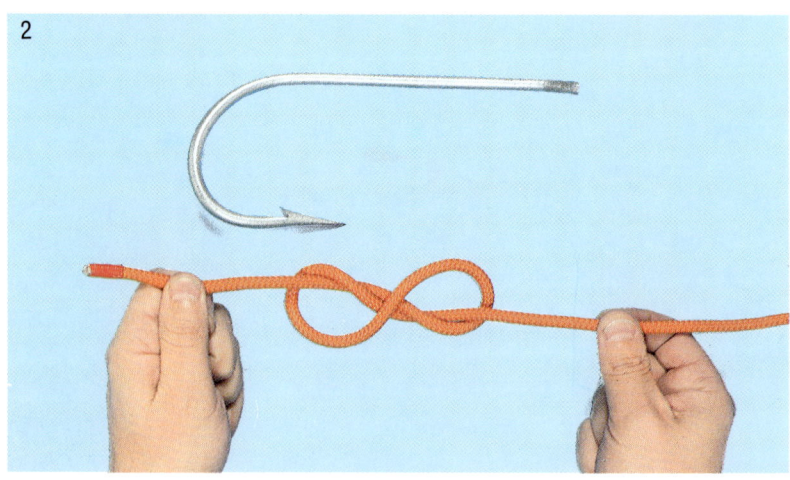

so daß eine Acht ent-
steht – vorausgesetzt,
der Zug beider Hände
ist möglichst gleich
stark (2). Der Knoten
ist fertig und bereit,
den Haken aufzuneh-
men. Sein Schaft wird
durch die Acht ge-
steckt, und zwar unter-
halb des Tampens und
oberhalb der stehen-
den Part (3).

Das Dichtholen des
Knotens ist ganz ein-
fach: Dazu genügt
langsames und sinni-
ges Ziehen an Tampen
und stehender Part (4).

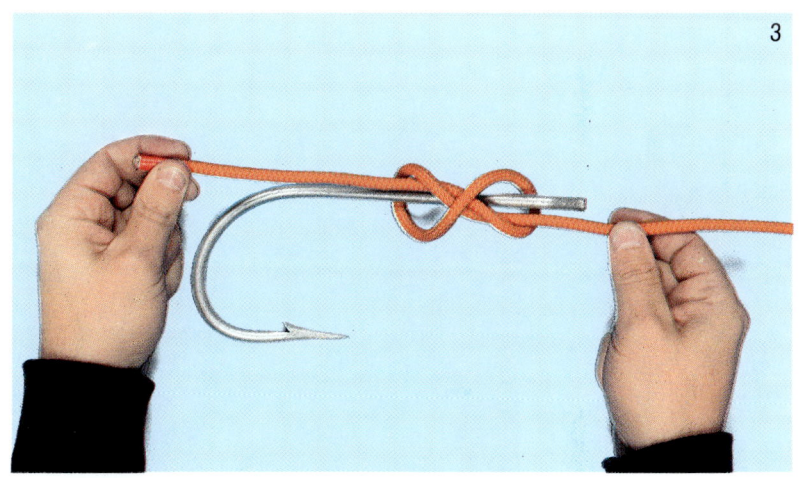

3

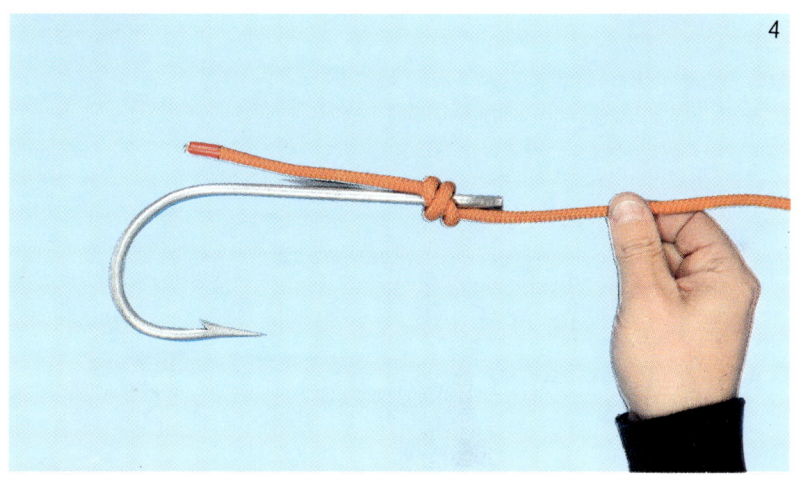

4

TONNEN-KNOTEN

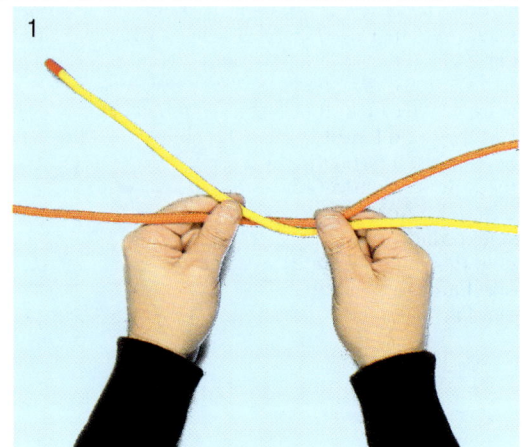

Ein wohl bekannter Knoten, manchmal auch „Blutknoten" genannt, der gebraucht wird, um feine Garne oder Därme von gleichem Durchmesser zu verbinden. Auf den ersten Blick scheint er schwierig anzufertigen, aber das stimmt nicht. Es ist vorteilhaft, den Knoten zunächst lose zu legen, um mit den Törns nicht durcheinanderzukommen – selbst auf die Gefahr hin, daß die Tampen zum Schluß zu lang sind und hingetrimmt werden müssen, nachdem der Knoten dichtgeholt wurde. Sein Halt ist ausgezeichnet.

So wird's gemacht:
Lege beide Tampen parallel zueinander (1) und schlage mit dem linken zwei Törns um den rechten (2). Dann biege den Tampen zurück und stecke ihn von unten dort zwischen die beiden Leinen, wo sie sich treffen (3). Wiederhole diese Schritte mit dem rechten Tampen (4) und stecke ihn von oben dort hinein, wo der linke herauskommt (5).

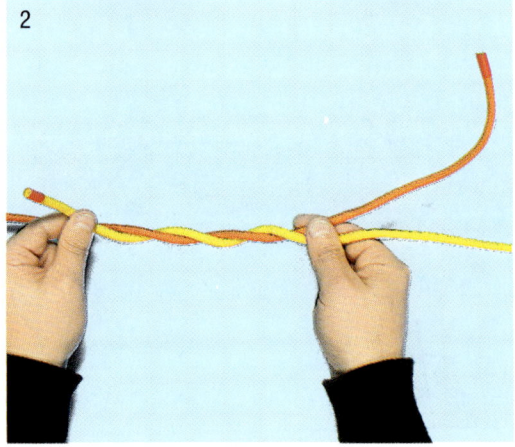

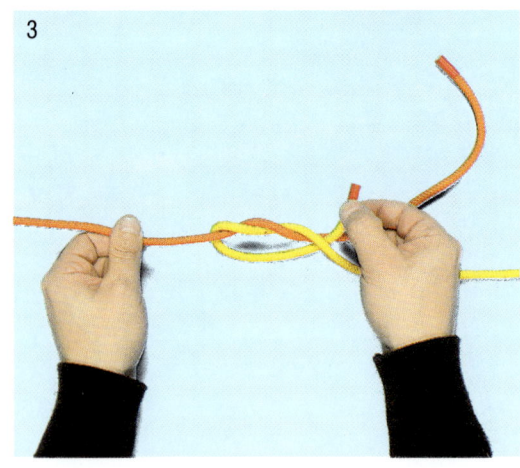

Achte darauf, daß der Knoten symmetrisch aussieht. Um ihn dichtzuholen, wird erst an den Tampen und danach an den stehenden Parten gezogen.

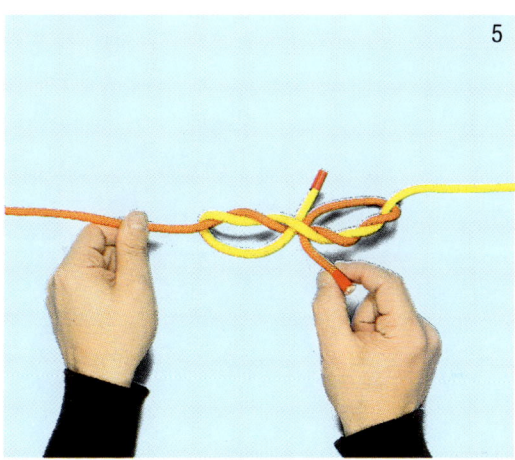

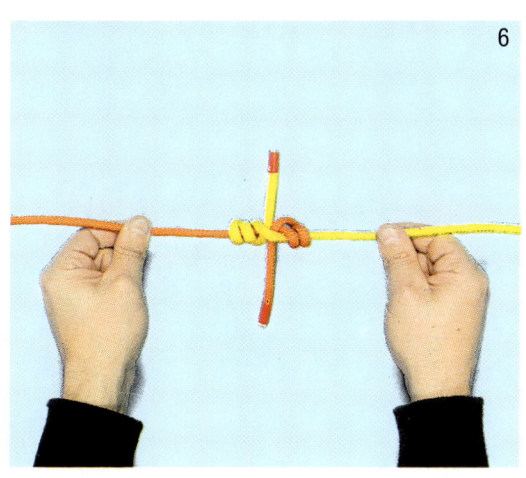

AST- ODER TROPF-KNOTEN

Einige Arten des Fischens verlangen mehrere Haken, die hintereinander an eine einzige Leine geknüpft sind. Dazu braucht man eine Möglichkeit, eine Serie von kurzen Leinen, jede mit ihrem eigenen Haken, mit der Hauptleine zu verbinden. Neben einigen anderen ist dieser Knoten besonders beliebt, weil er gut hält und die Hauptleine nicht übermäßig beansprucht.

So wird's gemacht:
Lege mit der kurzen Leine ein großes Auge um die Hauptleine (1). Dann mache mit dem Tampen ein paar Törns durch das Auge und um die Hauptleine herum (2, 3) und achte darauf, daß sie sich nicht überlappen. Wie bei den meisten basiert auch bei diesem Knoten der Halt auf der gleichmäßigen Verteilung der Kraft. Jede Überlappung der Törns wird also den Halt beeinträchtigen und den Knoten auf der Hauptleine rutschen lassen.

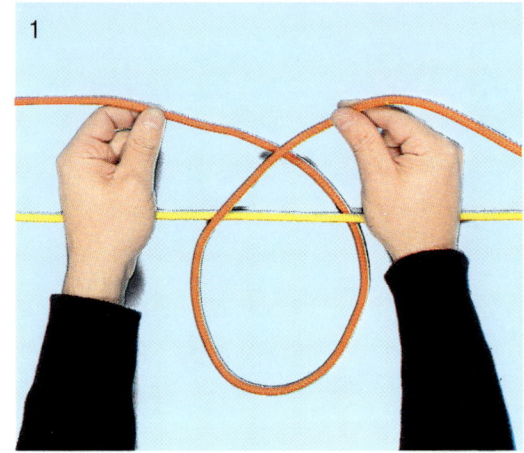

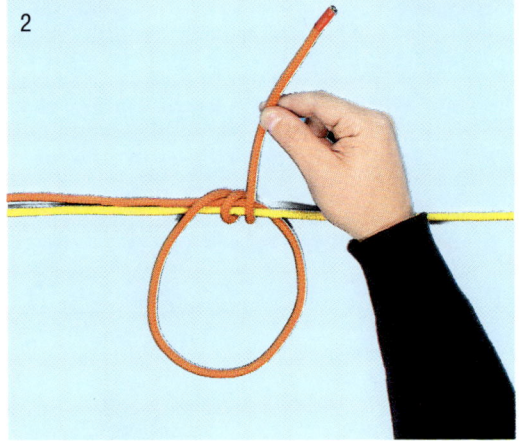

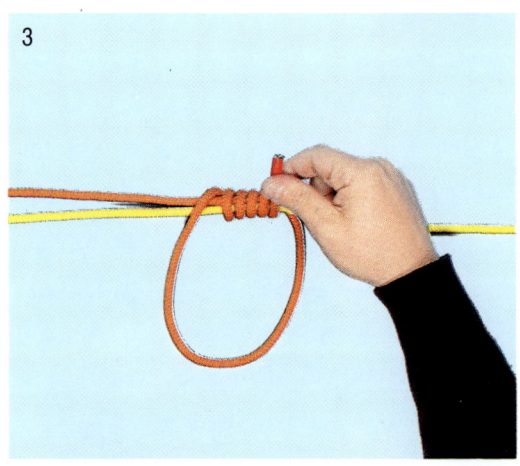

Hole den Tampen und die stehende Part langsam und vorsichtig dicht und ziehe damit das Anfangsauge zurecht (4); mache dies sehr sorgfältig, um die Struktur und die Ordnung des Knotens nicht zu verändern. Das Ergebnis ist klein und kompakt. Sauber ausgeführt, wird die Hauptleine überhaupt nicht beschädigt (5). Es braucht nur noch der Haken angebracht zu werden (6).

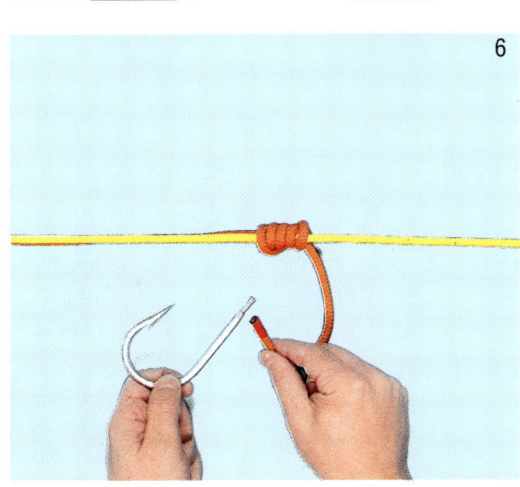

DOPPELTER HALBER SCHLAG MIT INNEREM RUNDTÖRN

Es gibt zahlreiche Möglichkeiten, zwei Leinen unterschiedlicher Stärke miteinander zu verbinden. Viele wurden auf den Seiten 109 bis 129 gezeigt. Doch mit Ausnahme des Chirurgenknotens sind sie für Material aus Darm nicht geeignet, weil sie zu komplex sind. Deswegen haben wir diesen Knoten aufgenommen, der sehr schnell zu machen und für Därme geeignet ist.

So wird's gemacht:
Der Knoten ist einfach: Lege die beiden Tampen, von entgegengesetzten Seiten kommend, aneinander. Nimm sie zusammen und mache einen halben Schlag (1). Füge einen Törn nach innen an (2). Dann hole den Knoten an allen vier Parten dicht und schiebe ihn dabei mit den Fingern zusammen. Das Ergebnis ist in Abbildung 3 zu sehen.

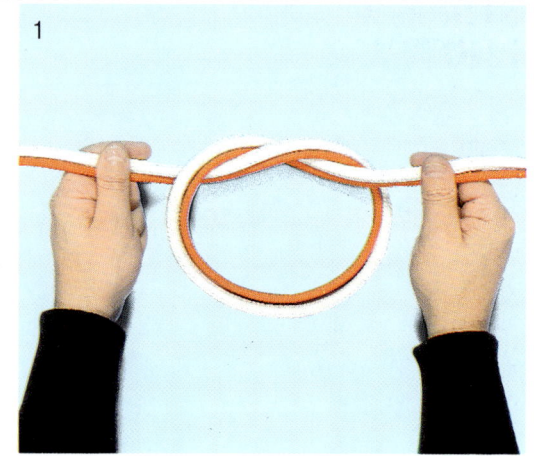

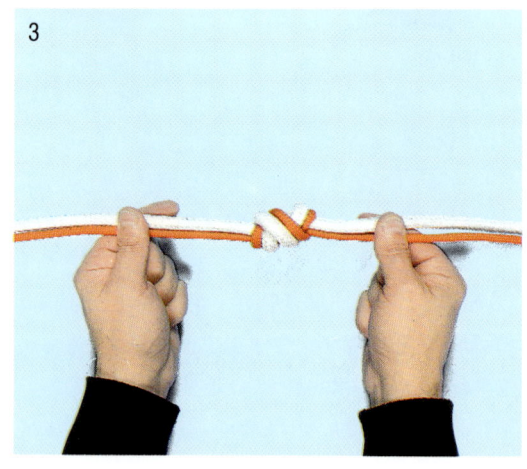

STOPPER-KNOTEN

Schnell und einfach zu machen, kann dieser Stopperknoten sehr auftragend sein, weswegen er für seinen Zweck besonders geeignet ist.

So wird's gemacht:
Nimm ein Stück Leine von größtmöglichem Durchmesser und lege damit ein Auge um die Hauptleine (1). Dann schlage ein paar Törns um das Auge und die Hauptleine und stelle damit die Größe und den Halt des Knotens sicher (2). Achte darauf, daß die Törns nicht übereinander liegen oder in Unordnung kommen. Zwar würde eine Überlappung der Törns den Umfang des Knotens vergrößern, sein Halt aber würde zweifelhaft werden, da er bald zu slippen anfinge. Als letztes führe den Tampen in die verbleibende Öffnung des Auges und hole den Knoten gleichzeitig an seinen Parten dicht (3).

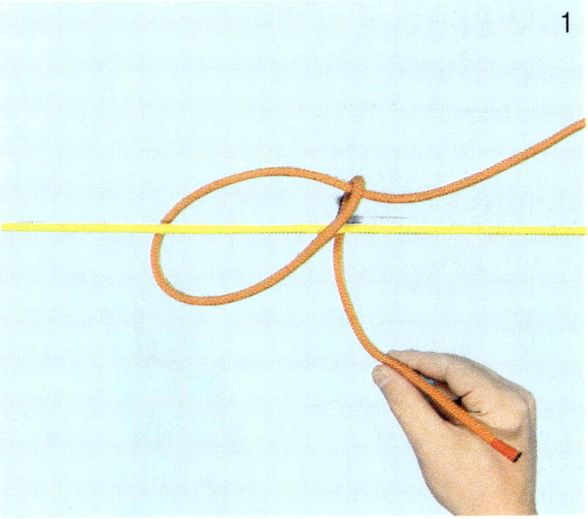

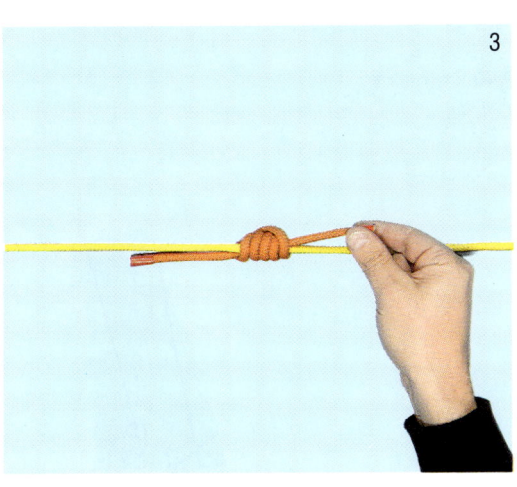

1

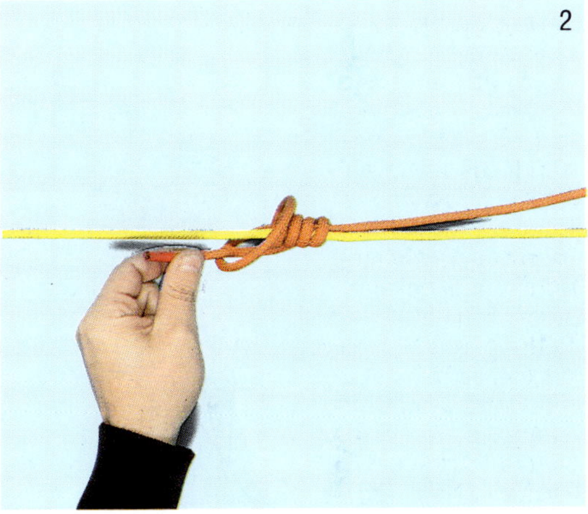

2

3

LEINEN-SCHLINGE

Ein solcher Buchtknoten kann auf verschiedene Art gemacht und genutzt werden. Man kann eine zweite kurze Leine nehmen, oder wie hier, die Bucht direkt in die Hauptleine machen, ohne sie zu zerschneiden. Zwei Vorteile hat diese Art: Der Knoten slippt nicht und beeinträchtigt nicht die Festigkeit der Leine.

So wird's gemacht:
Mache einen halben Schlag, der etwas größer ist als es die Schlinge später sein soll (1), und lege auf jeder Seite zwei Rundtörns um dessen Parten. Achte darauf, daß es dabei kein Durcheinander gibt (2). Nimm den unteren Teil des halben Schlages und stecke ihn oben buchtförmig in den mittleren Zwischenraum der Törns hinein (3, 4). Ziehe den Knoten sehr sorgfältig an dieser Bucht und an beiden Leinenenden zusammen (5, 6).

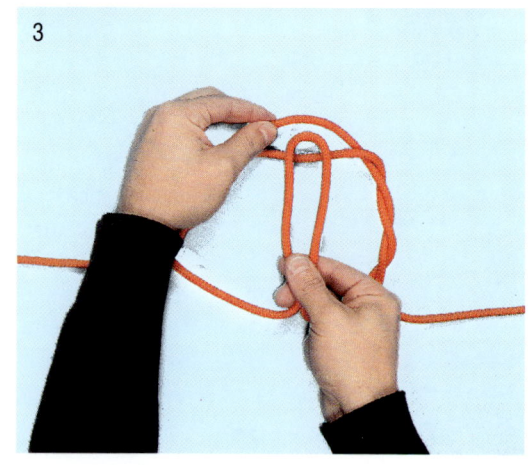

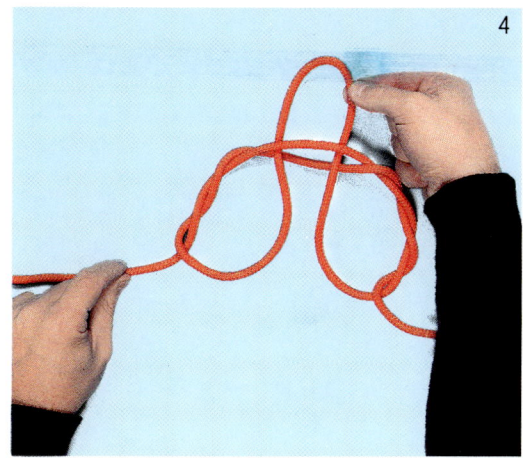

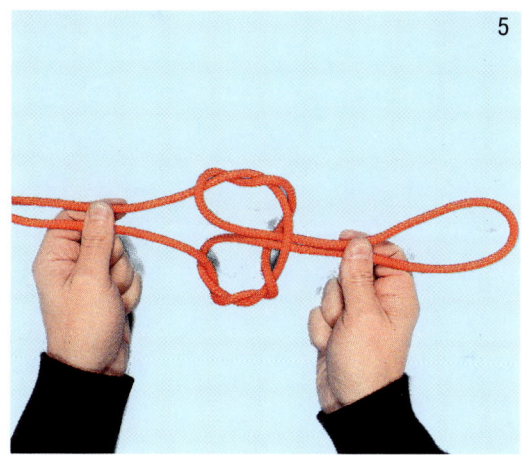

EINEINHALB-ACHTER

Dieser Knoten, eine Variante des Acht- oder Flämischen Knotens, ist sehr beliebt, weil er so einfach und schnell zu machen ist. Dadurch, daß er in die Leine selbst geschlagen wird, bietet er größtmögliche Sicherheit gegen Slippen. Auf der anderen Seite ist ihm einer der größten Fehler eigen, die ein Knoten haben kann: Er vermindert außerordentlich die Reißfestigkeit der Leine. Das geht aus Abbildung 6 klar hervor, wo die Enden parallel aus dem Knoten herauskommen. Wenn die Leine unter Zug steht, sind sie gezwungen, in beide Richtungen quer zur Bucht zu verlaufen. Deswegen kann der Knoten nur empfohlen werden, wenn die Kraft, der er ausgesetzt wird, im voraus genau berechnet wurde.

So wird's gemacht:
Lege eine Bucht dort in die Leine, wo der Knoten gewünscht wird (1). Klappe sie zurück (2) und mache mit ihr eineinhalb Törns um die stehenden Parten (3). Achte dabei darauf, daß alle Parten ordentlich nebeneinander laufen. Führe die Bucht wieder nach links und stecke sie in das dort vorhandene Auge (4).

Abbildung 5 zeigt, wie der Knoten aussehen muß. Die Größe des Auges kann jetzt durch Zurechtziehen nach links oder rechts verändert werden. Hole den Knoten an den beiden Enden der Leine und am Auge dicht (6).

163

KNOTEN FÜR WIRBEL-RINGE

Erste Möglichkeit

Wer zwei Leinen durch an einem Wirbel angebrachte Ringe miteinander verbinden will, kann dafür einen der bereits beschriebenen Knoten für Haken mit Augen nehmen (siehe Seite 131 ff). Dieser spezielle Knoten aber hat den Vorteil, daß er sich verschieben und damit so dicht an den Ring heranbringen läßt, daß er eine Einheit mit ihm bildet.

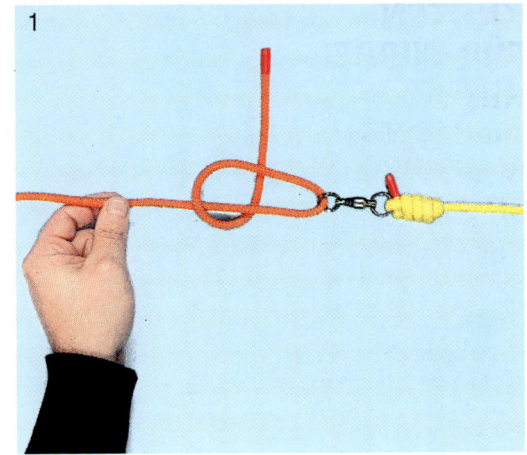

So wird's gemacht: Führe den Tampen durch den Ring des Wirbels und zurück parallel zur stehenden Part (1). Dann lege eine Reihe von Törns um die so gebildete Bucht und ziehe dabei jeden einzelnen gut fest (2). Zum Schluß stecke den Tampen durch das verbleibende Auge der Bucht und hole den Knoten durch Ziehen an der stehenden Part an den Ring heran (3).

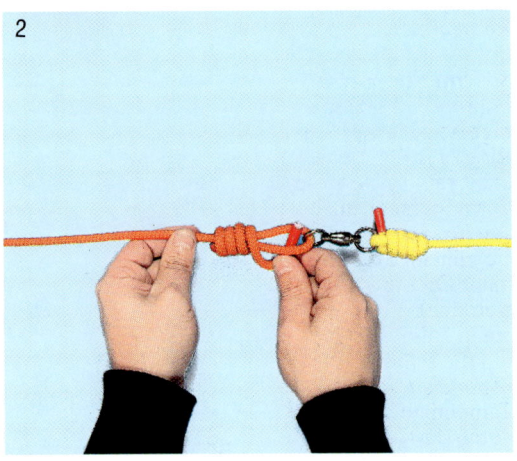

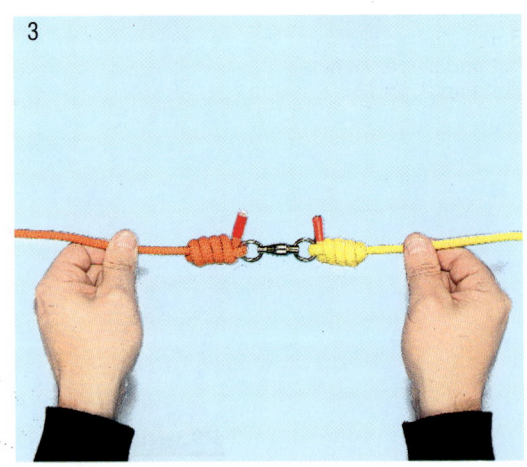

KNOTEN FÜR WIRBEL-RINGE
Zweite Möglichkeit

Wegen der doppelten Törns durch den Ring läßt sich dieser Knoten nicht verschieben. Er ist aber leicht zu machen und sehr haltbar, selbst unter harten Bedingungen. Die zwei oder sogar drei Törns verleihen dem Knoten große Widerstands-kraft gegen ruckartige Beanspruchung und Reibung.

So wird's gemacht:
Führe den Tampen einige Male durch den Ring (1). Es ist aber nicht ratsam, zu viele Törns zu machen. Wichtiger ist es, daß sie gleichmäßig und in guter Ordnung gelegt werden. Dann mache einen halben Schlag um die stehende Part (2) und stecke den Tampen noch einmal durch dessen Auge, damit der Knoten si-cherer wird. Hole ihn durch Ziehen am Wir-bel und an der stehen-den Part dicht (3).

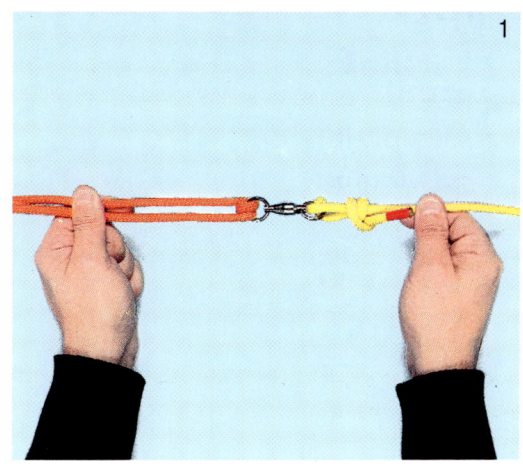

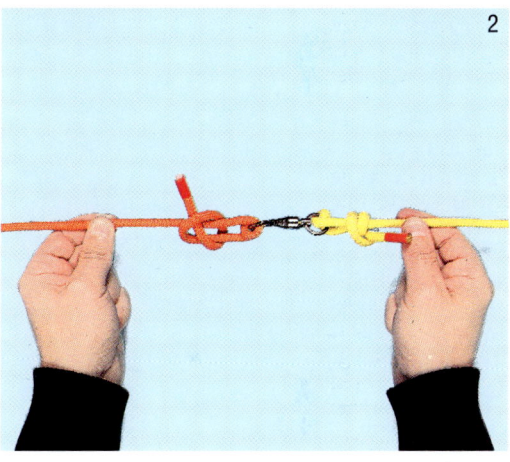

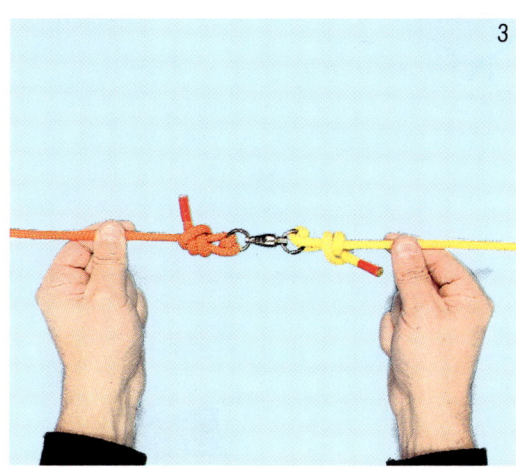

ZIERKNOTEN

Der Unterschied zwischen Gebrauchs- und Zierknoten ist
kleiner, als er scheinen mag. Allgemein werden
Knoten, deren einziger Zweck es ist, dekorativ auszusehen
oder zu schmücken und die nur wegen ihrer hübschen
Formen gemacht werden, Zierknoten genannt. In Wirklichkeit
sind aber nur wenige Knoten nur schön – die meisten
verbinden Ästhetik mit speziellen praktischen Aufgaben,
die oft sehr wichtig sind.

SECHS-KARDEEL-KATNING UM EINE SEELE

Sechsmal zwei Kardeele wurden für diesen Katning genommen. Sie machen es möglich, umfangreiche zylindrische Objekte zu bedecken. Es ist aber kein einfacher Katning, deswegen ist es ratsam, zunächst einen Katning mit weniger Kardeelen zu flechten, bevor man mit diesem beginnt.

So wird's gemacht:
Zunächst teile die Kardeelpaare in zwei Gruppen (1). Halte die unteren Paare (hier weiß, orange und dunkelblau) unter den Kern und durchflechte mit ihnen, hinten um den Kern herum, die oberen, die hierbei nicht bewegt werden (2, 3, 4).

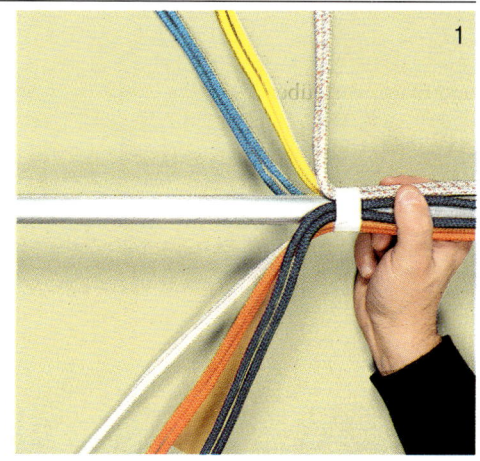

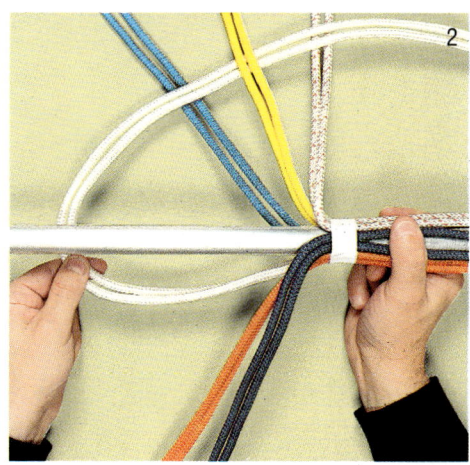

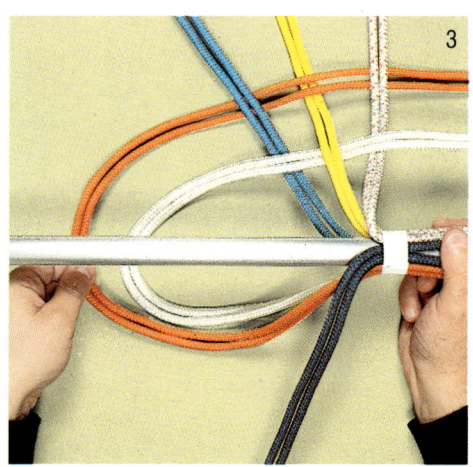

167

Dann flechte die oberen drei Kardeelpaare (hier rot-weiß, gelb und blau), vorn über den Kern hinweg, durch die Buchten der unteren (5, 6, 7). Abbildung 8 zeigt das Ergebnis, bei dem die Kardeelpaare der Übersicht wegen nach rechts gebogen sind. Sie müssen noch um den Kern herum symmetrisch geordnet werden, dann ist die erste Lage des Katnings fertig. Wiederhole dieselben Schritte, um ihn zu vollenden (9).

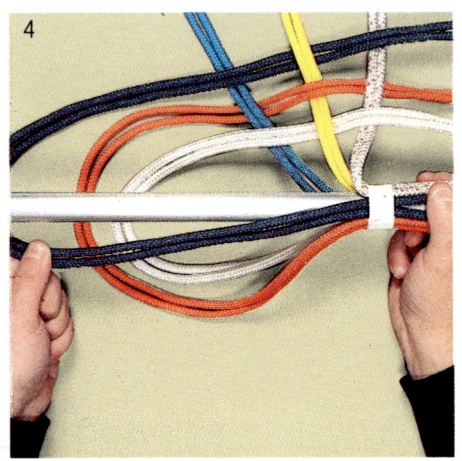

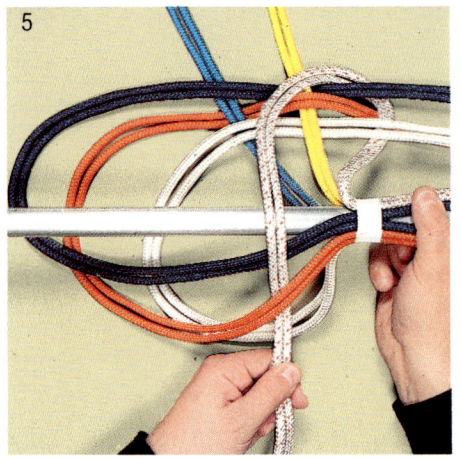

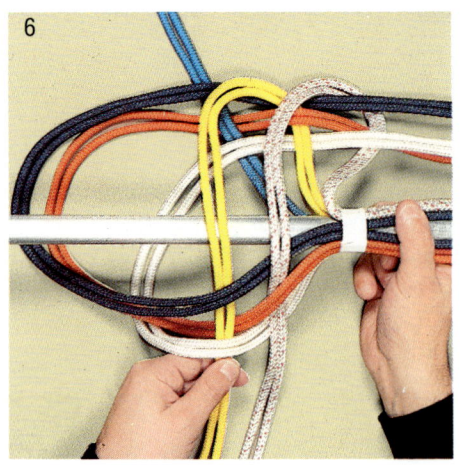

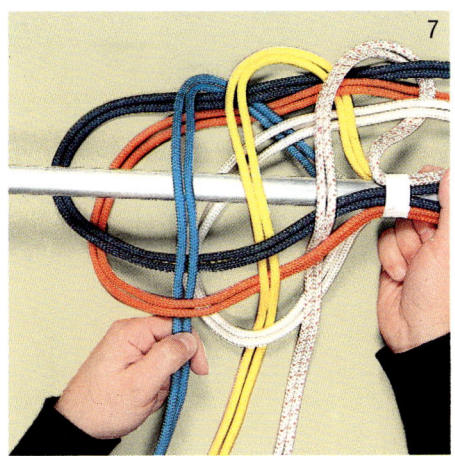

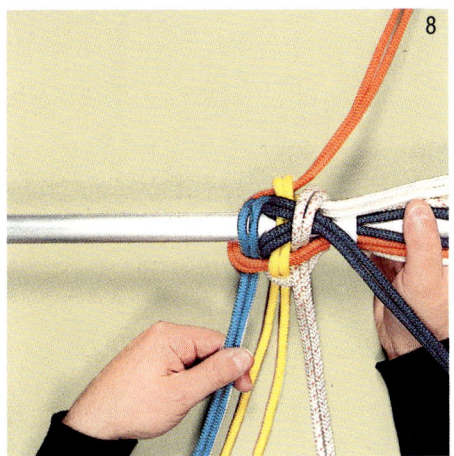

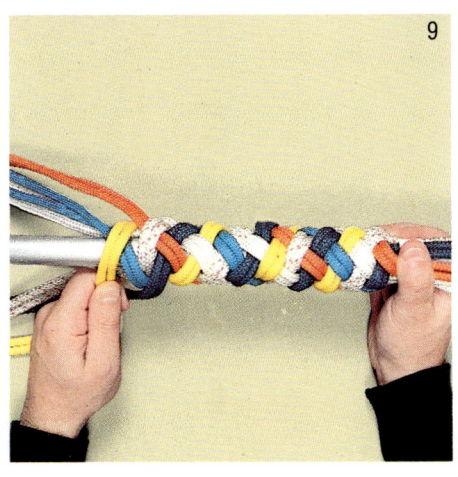

VIER-KARDEEL-KATNING UM EINE SEELE

Dies ist eine gute Möglichkeit, ein zylindrisches Objekt zu bedecken, die gar nicht schwierig auszuführen ist, auch wenn es so aussieht. Der Anfang ist identisch mit dem für die Kronenplatting, wie sie auf den Seiten 216 und 217 beschrieben ist. Der Unterschied ist, daß die Kardeele hier zweifach genommen werden und um eine Seele herum gearbeitet wird. Durch Doppeln der Kardeele wird das Objekt gut bedeckt. Man kann aber auch die Zahl der Einzelkardeele erhöhen, um das gleiche Ergebnis zu erzielen.

So wird's gemacht:
Beginne damit, die Kardeele zu ordnen (1), weil Ordnung eine wichtige Voraussetzung für die Arbeit ist, die sonst leicht in einem wirren Durcheinander enden kann. Lege mit jedem Kardeelpaar halbe Buchten, in die das nebenliegende Paar hindurchgesteckt wird (2, 3, 4). Vollende das Gebilde mit dem vierten Doppelkardeel (5) und ziehe alle Paare zu-

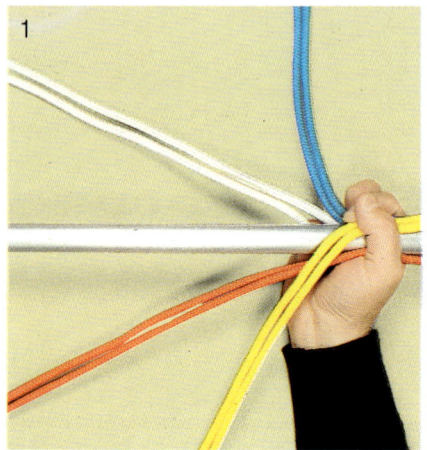

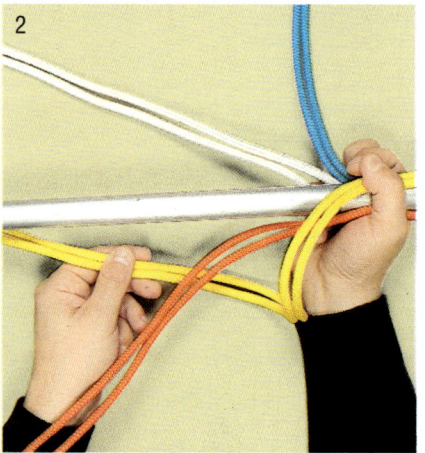

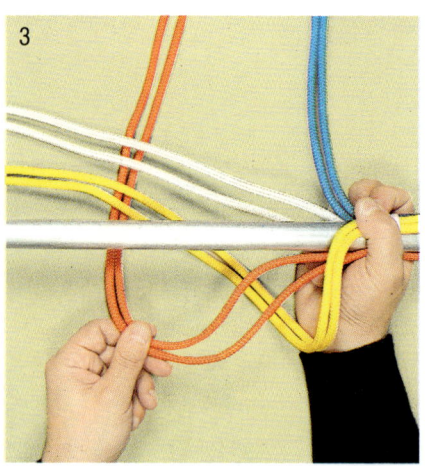

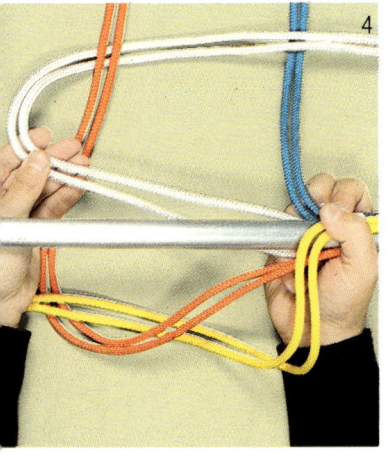

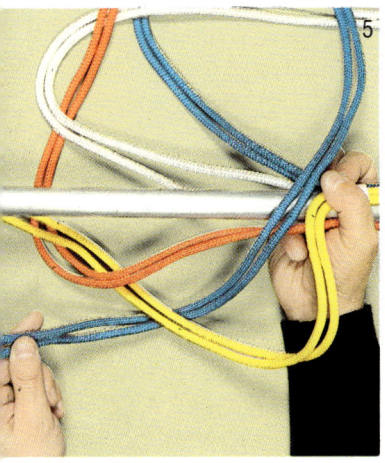

recht, damit das typi-
sche Geflecht der
Krone entsteht (6). In
Abbildung 6 sind die
Kardeelpaare wegen
der Übersichtlichkeit
ausnahmsweise nach
rechts gehalten; wenn
sie richtig um das Me-
tallrohr geordnet sind,
wird das Geflecht des
Kronenkatnings sicht-
bar. Wiederhole diese
Schritte, um die sehr
dekorative Arbeit fort-
zuführen (7).

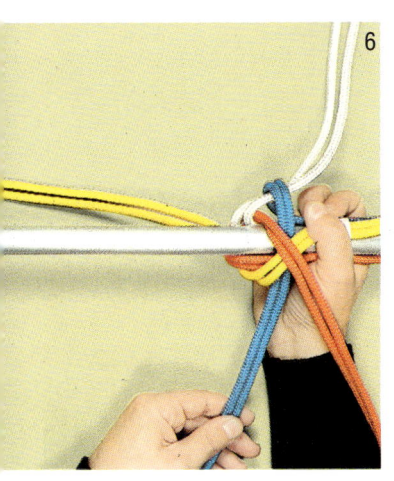

GEFLOCHTENER KATNING

Der geflochtene Katning ist eine gute Möglichkeit, einen zylindrischen Gegenstand zu bedecken. Ausgangspunkt ist eine große Anzahl von Buchten, die als Kettfäden dienen und durch die dann ein oder mehr Querfäden (Schußfäden) geflochten werden. Dieses System bietet eine Vielzahl von Variationen, mit denen sich sehr ansehnliche Ergebnisse erzielen lassen.

So wird's gemacht:
Beginne mit dem Ordnen der Buchten entlang des Kerns und befestige sie mit einigen Törns des quer laufenden Kardeels (1, 2). Führe dieses dann abwechselnd unter und über die Buchten (3, 4, 5). Wir haben hier die einfache Art unter zwei, über zwei Buchtkardeele gewählt, wobei man sich kaum vertun kann. Aber, wie gesagt, es lassen sich auch andere, schwierigere Muster machen, die mehr Überlegung und Planung erfordern. Doch trotz seiner Einfachheit ist auch der hier gezeigte Katning schon sehr wirkungsvoll (6).

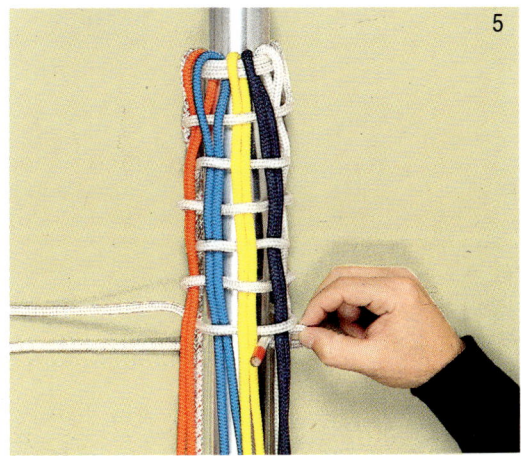

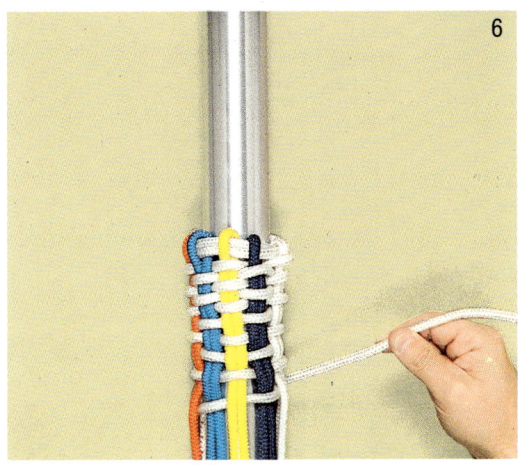

TÜRKISCHER BUND

Dies ist ein sehr dekorativer Knoten, der um zylindrische Objekte jeden Durchmessers gelegt werden kann. Wir haben die einfachste Form mit der geringsten Anzahl Flechtungen dargestellt. Mit ein wenig Übung kann man sie verfeinern und schwierigere Arbeiten machen. Wir haben zudem ein durchsichtiges Rohr genommen, damit auch die Flechtungen auf der Rückseite zu sehen sind.

So wird's gemacht:
Zuerst lege über Kreuz zwei Törns um das Rohr und führe den Tampen über den zweiten unter dem ersten hindurch (1, 2). Beachte, daß auf den Abbildungen der Tampen nur deswegen so kurz ist, damit zu erkennen ist, wo er hineingesteckt wird, und um zu vermeiden, daß durch die vielen Meter benötigter Leine Verwirrung entsteht. Nun kreuze den oberen Törn (3) und stecke den Tampen unter dem unteren hindurch (4). Zum Schluß stecke ihn in entgegengesetzter Richtung dort hinein, wo der Anfangstampen herauskommt (5). Der Knoten ist fertig. Es bleibt nur noch, ihn durch Doppeln oder Mehrfachflechten zu füllen (6, 7, 8).

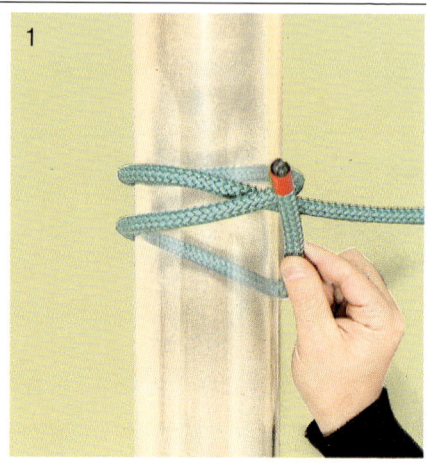

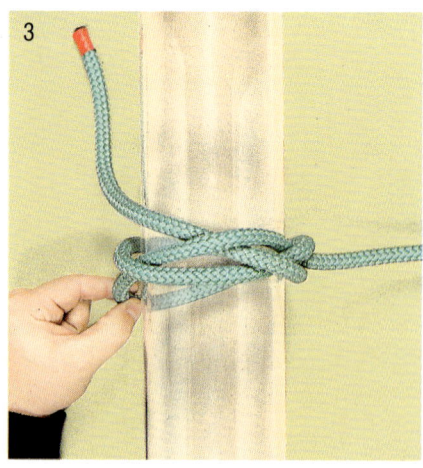

AFFENFAUST

Die Affenfaust, auch
„Tasche" oder
„Knauf" genannt, ist
ein typischer Zierkno-
ten, der auch in prakti-
scher Hinsicht ge-
braucht wird: Er kann
gewichtige Gegen-
stände beinhalten, z. B.
ein Bleistück, das ihn
beschwert, wenn er im
Tampen einer Wurf-
leine gemacht wird. Er
ist knopfförmig und
kann so einen moder-
nen Knauf ersetzen.

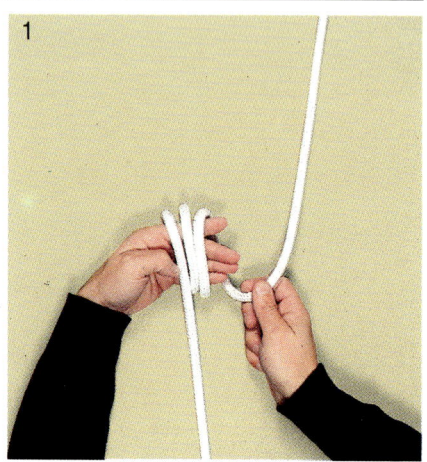

So wird's gemacht:
Beginne mit dem Le-
gen von drei vertikalen
Törns um die Finger
(1). Festige sie mit
drei horizontalen
Törns (2, 3). Nun lege
weitere drei Törns um
die horizontalen, die-
ses Mal aber innerhalb
der vertikalen Törns
(4, 5, 6). Es entsteht
eine Art Ball, der
schön rund ist, wenn
sorgfältig gearbeitet
wurde (7, 8).
Die hier gezeigte Af-
fenfaust ist durch nur
dreimaliges Kreuzen
der Törns gemacht:
vertikal, horizontal
und wieder vertikal.
Ein besseres, festeres
und noch runderes Er-
gebnis kann durch
mehr Törns oder durch
mehrmaliges Kreuzen
erreicht werden. Ein
Trick, um sicherzustel-
len, daß die Affenfaust
kugelrund wird, be-
steht darin, ihn um ei-
nen kleinen Ball zu
machen, der sich dann
darin versteckt.

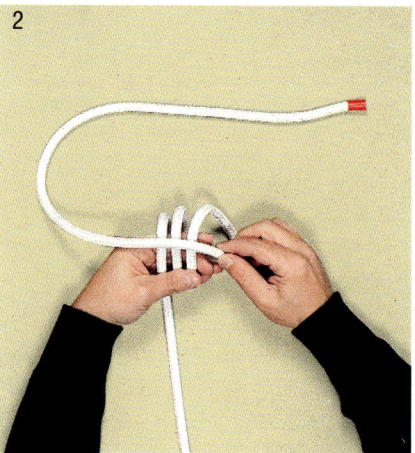

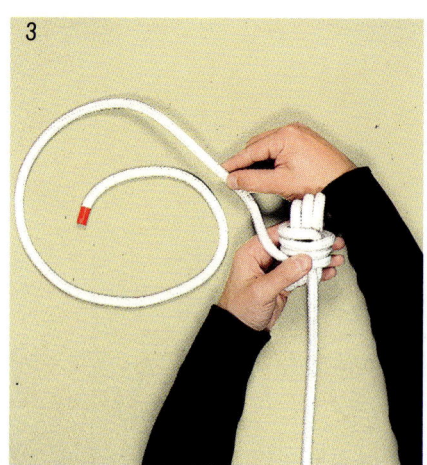

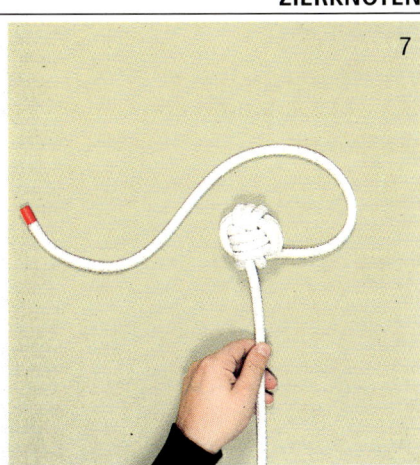

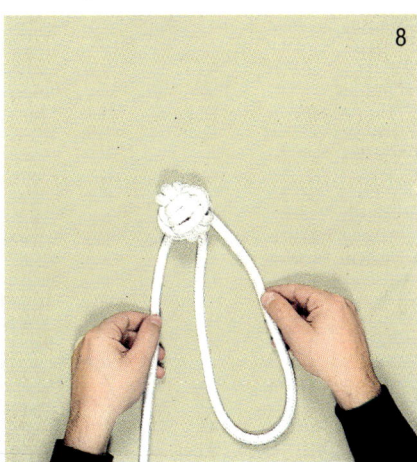

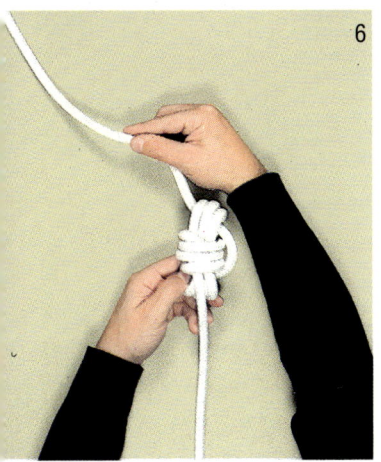

DREIKAR-DEELIGER TALJEREEPS-KNOTEN

Erste Möglichkeit

Genau genommen gehört dieser Knoten zu den Stopperknoten, die auf den Seiten 22 bis 34 gezeigt wurden. Wir ordnen ihn aber unter den Zierknoten ein, weil er nur als solcher verwendet wird. Hier sind drei Beispiele solcher geflochtener Knoten (Hahnepot, Kronenknoten, Diamantknoten), die sehr unterschiedlich aussehen, obwohl sie alle die Eigenschaft haben, die Leine zu verdicken, in die sie gemacht sind. Die Zahl der Kardeele kann auch verschieden sein. Das mag verwirrend klingen. Doch es verlangt nur ein wenig Übung mit dreikardeeligem Tauwerk, wie hier gezeigt, um zu erkennen, daß mehr Kardeele keine unlösbaren Probleme mit sich bringen.

Bevor man sich entschließt, kompliziertere Knoten dieser Art zu machen, sollte man den Diamantknoten (Seite 184), den Kronenknoten (Seite 86) und die Kronenplatting (Seite 216) üben. Die Basisarbeiten sind sehr ähnlich, und aus diesem Grund sollte man lernen, die Unterschiede zwischen ihnen zu sehen. Kombinationen solcher

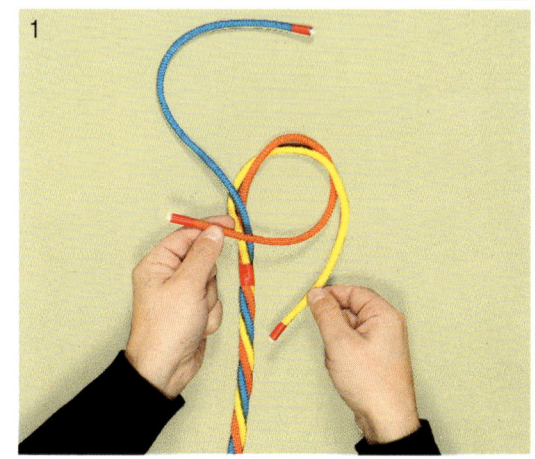

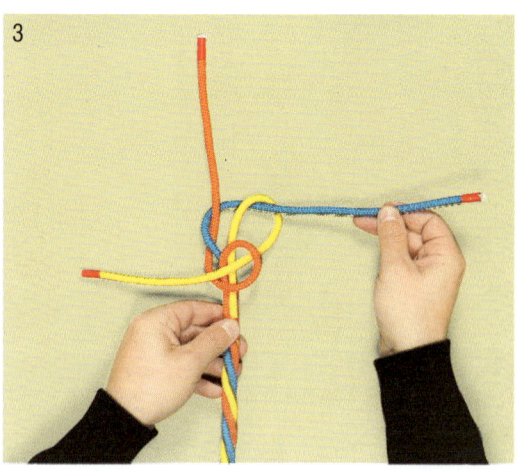

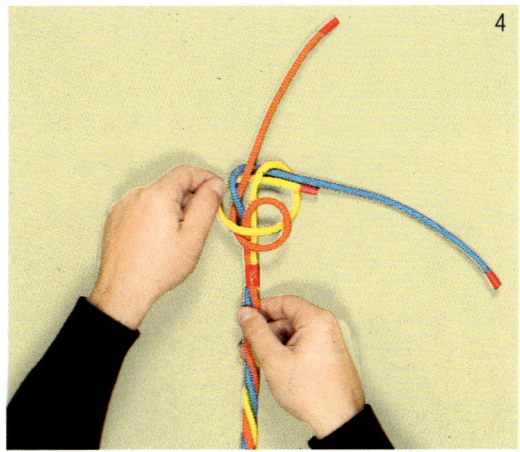

Knoten unterschiedlicher Art machen es möglich, ideenreiche und höchst dekorative Wirkungen zu erzielen, insbesondere, wenn mit einer größeren Anzahl von Kardeelen gearbeitet wird.

So wird's gemacht:
Der Knoten wird in drei einzelnen Schritten gemacht. Zunächst wird ein Wall gebildet, indem man mit jedem Kardeel eine Bucht legt, durch die das vorhergehende Kardeel von unten gesteckt wird (1, 2, 3). Dann werden die Kardeele in derselben Reihenfolge und in derselben Richtung von unten noch einmal, jetzt aber unter den nächsten zwei Buchten, durchgeführt (4, 5, 6).

ZIERKNOTEN

Abbildung 7 zeigt das Ergebnis bis zu diesem Punkt, schon dicht geholt. Alle Kardeele weisen in dieselbe Richtung nach oben. Als dritter Schritt wird die Krone gebildet, was keine Schwierigkeiten bereitet. In den Abbildungen 8 bis 11 wird es vorgeführt. Zum Schluß werden die Kardeele einzeln dichtgeholt, bis der Knoten schön rund ist und die Tampen wie auf Abbildung 12 herauskommen. Damit sie nicht zu sehen sind, werden sie in der Krone versteckt.

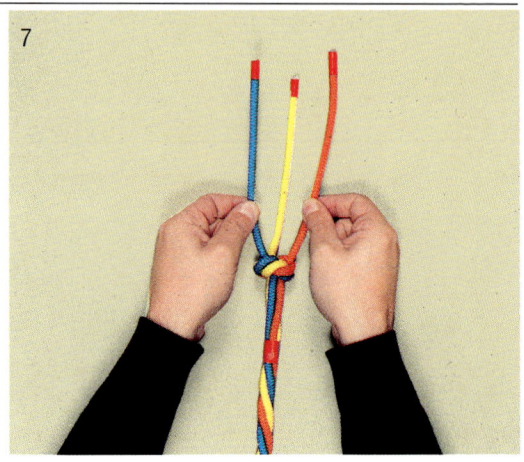

7

8

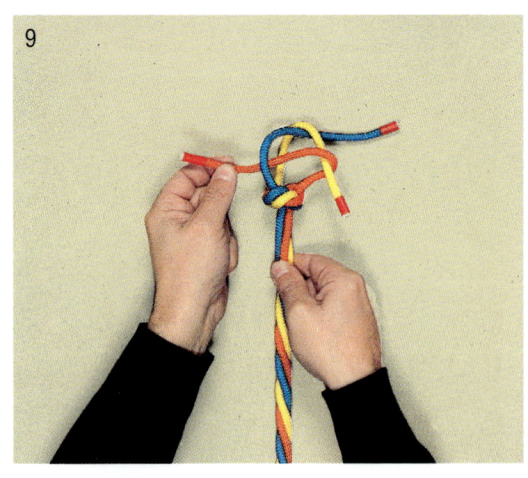

9

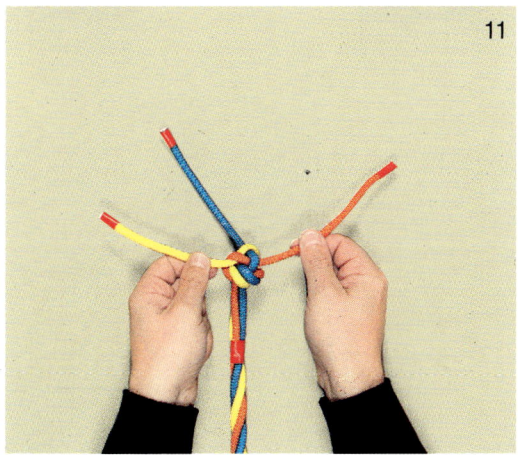

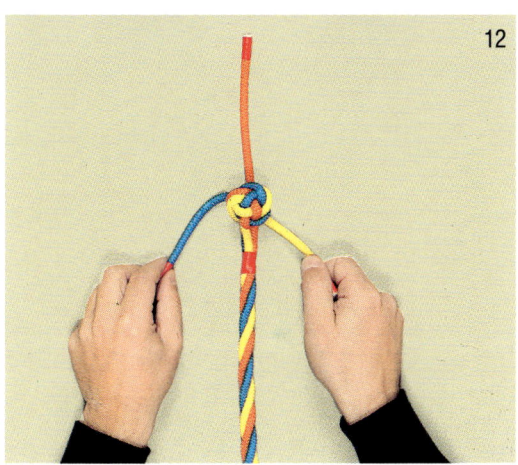

MEHRFACH TALJEREEPS-KNOTEN
Zweite Möglichkeit

Dies ist ein einfacher, attraktiver und kugelrunder Knoten.

So wird's gemacht:
Beginne damit, jedes Kardeel durch die Bucht zu führen, die mit dem vorherigen Kardeel gebildet wurde (1, 2, 3). Das Stecken dieses Knotens ist nicht sehr übersichtlich. Darum betrachte die Abbildungen und folge ihnen genau. Bilde aus den Buchten Augen, um eine Form zu erhalten, die der Affenfaust (Seite 176) sehr ähnlich ist, und vergewissere Dich, daß der Knoten rund wird. Doppele die Augen, indem jedes Kardeel seiner eigenen Spur folgt (6, 7, 8), und hole ihn durch abwechselndes Ziehen an den Kardeelen dicht. Für eine perfekte, runde Form müssen die Kardeele noch einmal durchgesteckt werden (9).

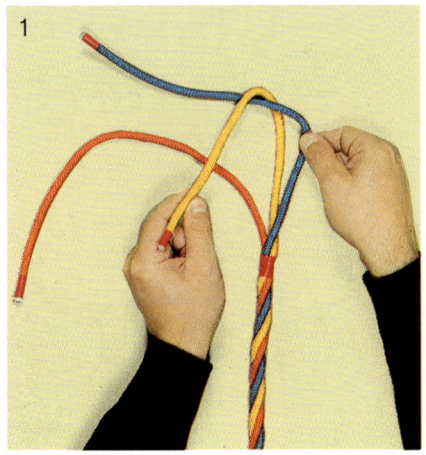

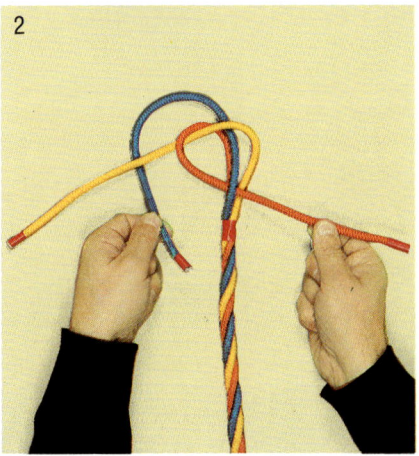

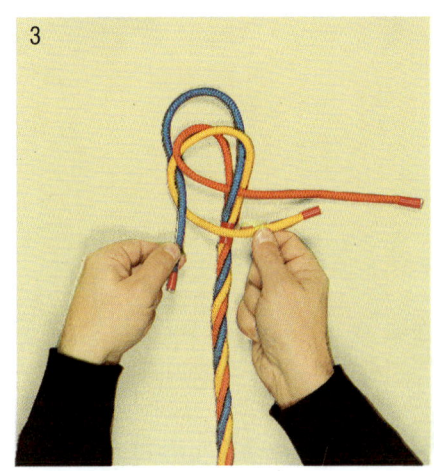

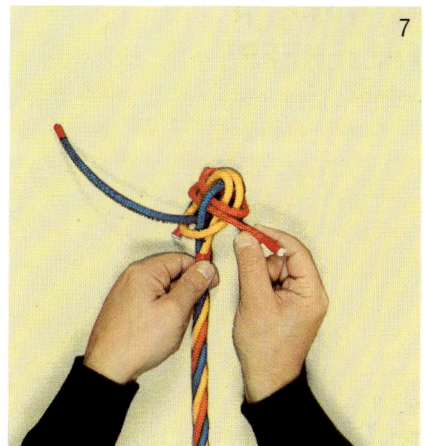

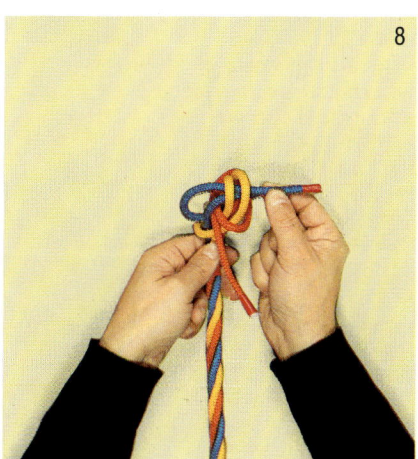

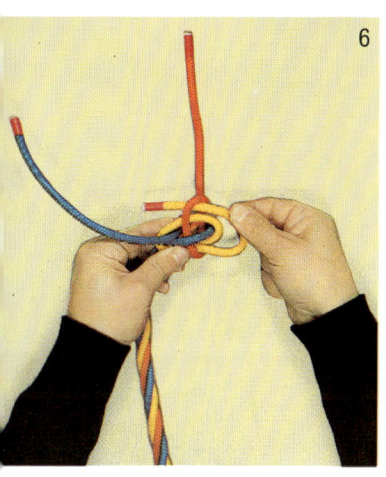

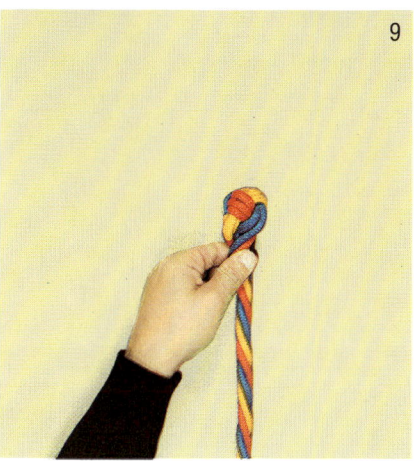

DIAMANT-KNOTEN

Es ist ein besonders schöner Knoten, der jede sichtbare Leine dekorativ macht, etwa am Messer- oder Pfeifenbändsel. Auf den ersten Blick mag er schwierig erscheinen, doch mit etwas Ausdauer und dem Willen, nicht gleich beim ersten Fehler aufzugeben, wird man mit einem erfreulichen Ergebnis belohnt.

So wird's gemacht:
Lege mit einer Part der Leine einen Trossenstek (siehe Seite 124) um die andere Part (1). Beide Tampen folgen dann in entgegengesetzter Richtung den Diagonalen in der Mitte (2, 3). Jetzt bleibt nur noch das Dichtholen des Knotens. Hierzu ziehe langsam und sinnig an der linken Bucht des zuerst gebildeten Trossensteks und dann an den beiden Tampen (4, 5).

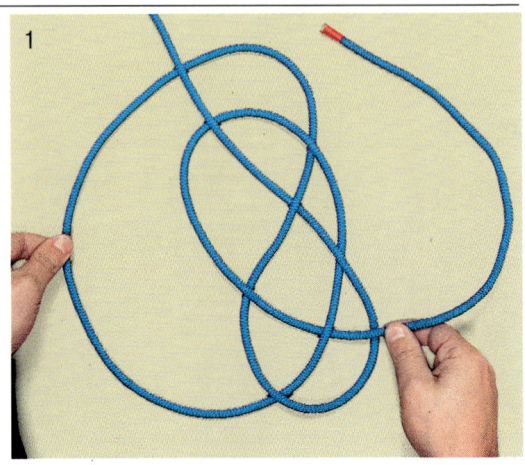

Achte darauf, daß nirgends eine Überlappung entsteht und daß der Knoten ebenmäßig und glatt wird. Abbildung 6 zeigt den fertigen Knoten in seiner bewundernswerten Symmetrie, von der er möglicherweise seinen Namen hat.

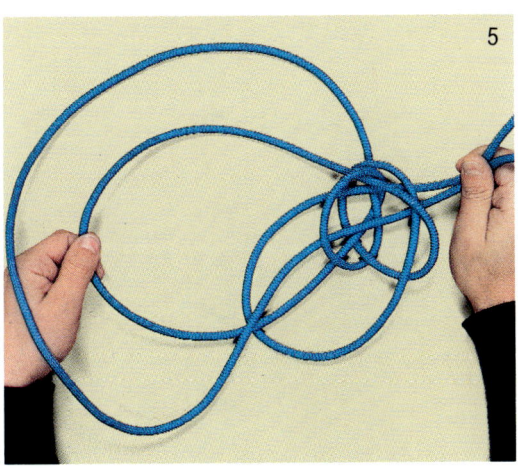

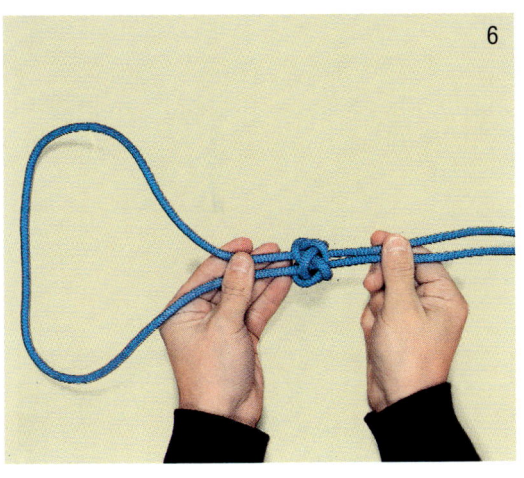

CHINE-SISCHER KNOPF

Dieser Knoten ist Tausende von Jahren alt und wird in China und anderen östlichen Ländern immer noch anstelle moderner Knöpfe verwandt.

So wird's gemacht:
Der Aufbau des Knotens ist nicht einfach. Er kann auf einer Unterlage – etwa einem Tisch – oder in der Hand gelegt werden. Wir haben die zweite Möglichkeit gewählt, weil der Knoten auf diese Art besser zu kontrollieren ist, während er entsteht. Das Mittelstück bildet ein Trossenstek (siehe Seite 124), wie in Abbildung 5 zu sehen ist. Fortgeführt wird die Arbeit mit vier genau gleichen Augen (8). Das ist in den Abbildungen klar zu erkennen. Danach wird der Knoten sorgfältig und vorsichtig dichtgeholt, bis er auf allen Seiten seine symmetrische Form hat.

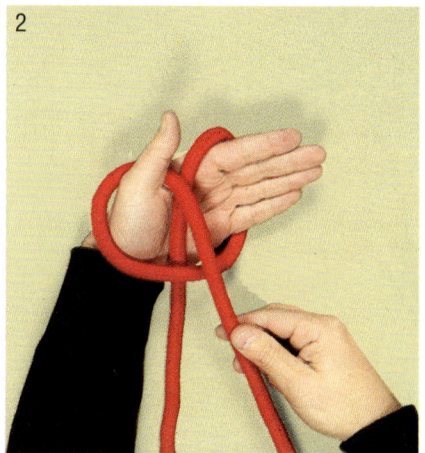

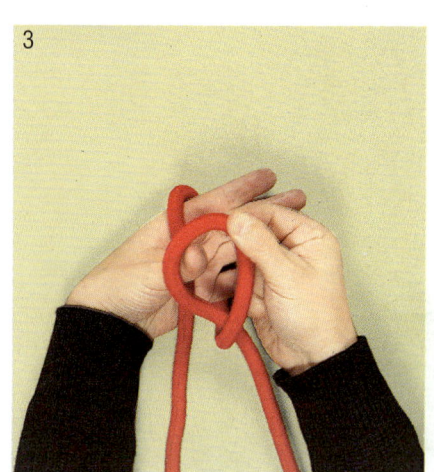

4

7

5

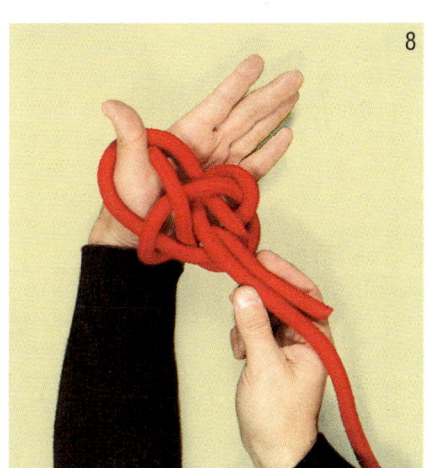

8

6

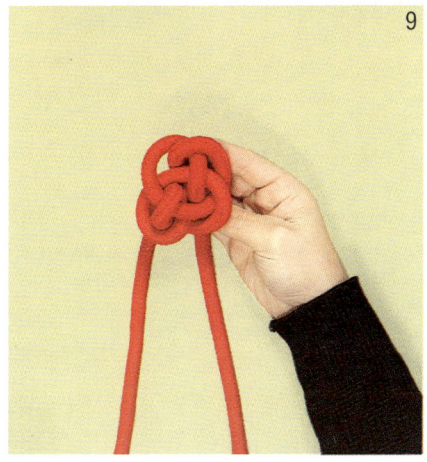

9

KETTEN-PLATTING

Die Kettenplatting darf in einem Buch, das sich mit Knoten beschäftigt, nicht fehlen. Sie ist sehr brauchbar, um eine zu lange Leine zu verkürzen. Zudem ist sie dekorativ und ergibt eine elastische Kordel.

So wird's gemacht:
Die Kettenplatting ist sehr einfach zu machen. Sie beginnt mit einem Auge, bei dem die Parten sich kreuzen (1). Greife mit den Fingern in das Auge und erfasse das längere Ende der Leine (2). Ziehe es buchtförmig durch das Auge und bilde so einen Slipstek, wie auf Seite 92 beschrieben (3). Nun hole erneut eine in den längeren Teil der Leine gebildete Bucht durch den Slipstek (4) und wiederhole diesen Schritt, bis die Platting die gewünschte Länge erreicht hat (5, 6).

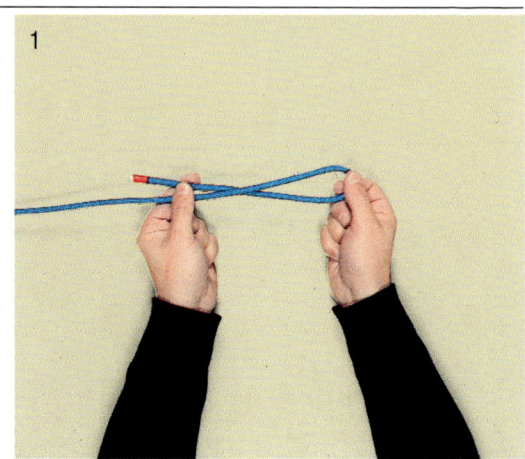

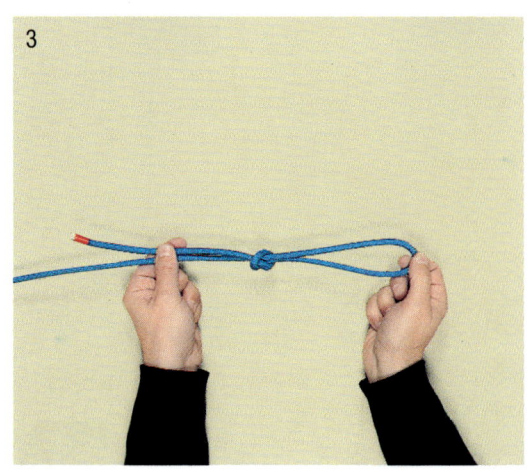

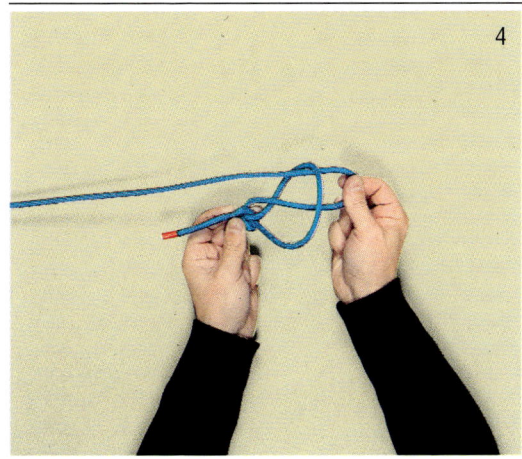

Die Kette kann durch Ziehen an der arbeitenden Part schnell gelöst werden. Damit sie nicht von selbst aufgeht, stecke zum Schluß nicht eine Bucht, sondern den ganzen Rest der Leine durch die letzte Bucht.

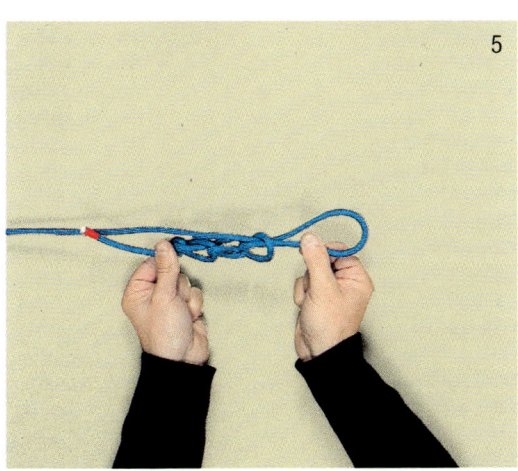

OZEAN-MATTE

Die Matte ist eine flaches Geflecht in ovaler Form. Sie ist sehr hübsch und findet vielerlei Verwendungsmöglichkeiten, zum Beispiel als Fußmatte vor der Haustür. Sie kann auch dazu benutzt werden, einen Gegenstand vor Beschädigung durch Reibung zu schützen, beispielsweise zwischen Festmacherleine und Bordwand eines Bootes. Ihre Anfertigung sieht zunächst recht kompliziert aus, doch wer den Abbildungen hier genau folgt, wird feststellen, daß sie keinerlei Schwierigkeiten bereitet.

Die Matte in Abbildung 7 wurde aus vier sich kreuzenden Diagonalen gelegt. Die Anzahl dieser Diagonalen bestimmt die Größe der Matte. Einmal festgelegt, kann sie voller und dichter, aber nicht größer werden. Natürlich kann man mehr als vier Diagonalen nehmen, aber es ist ratsam, sich zunächst an dieses Muster zu halten, ehe man an Variationen denkt.

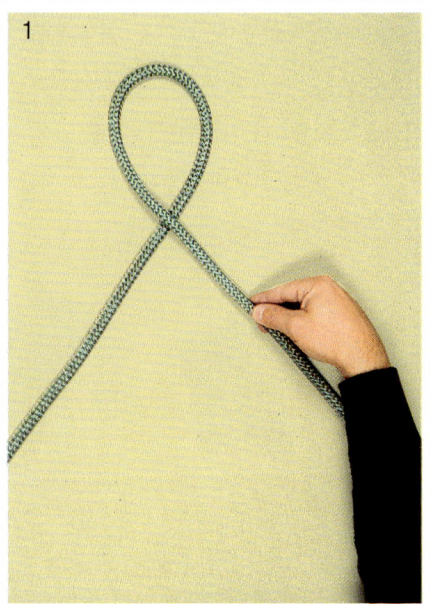

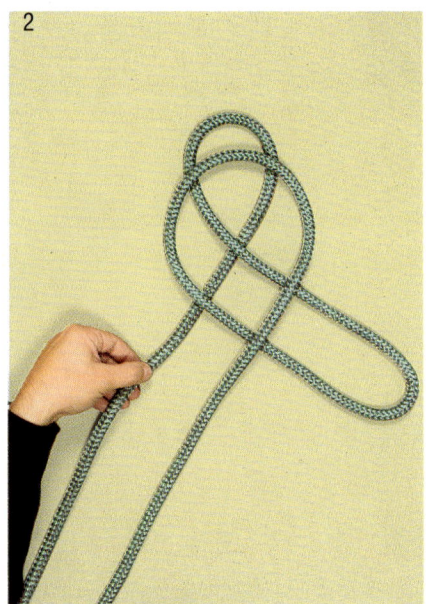

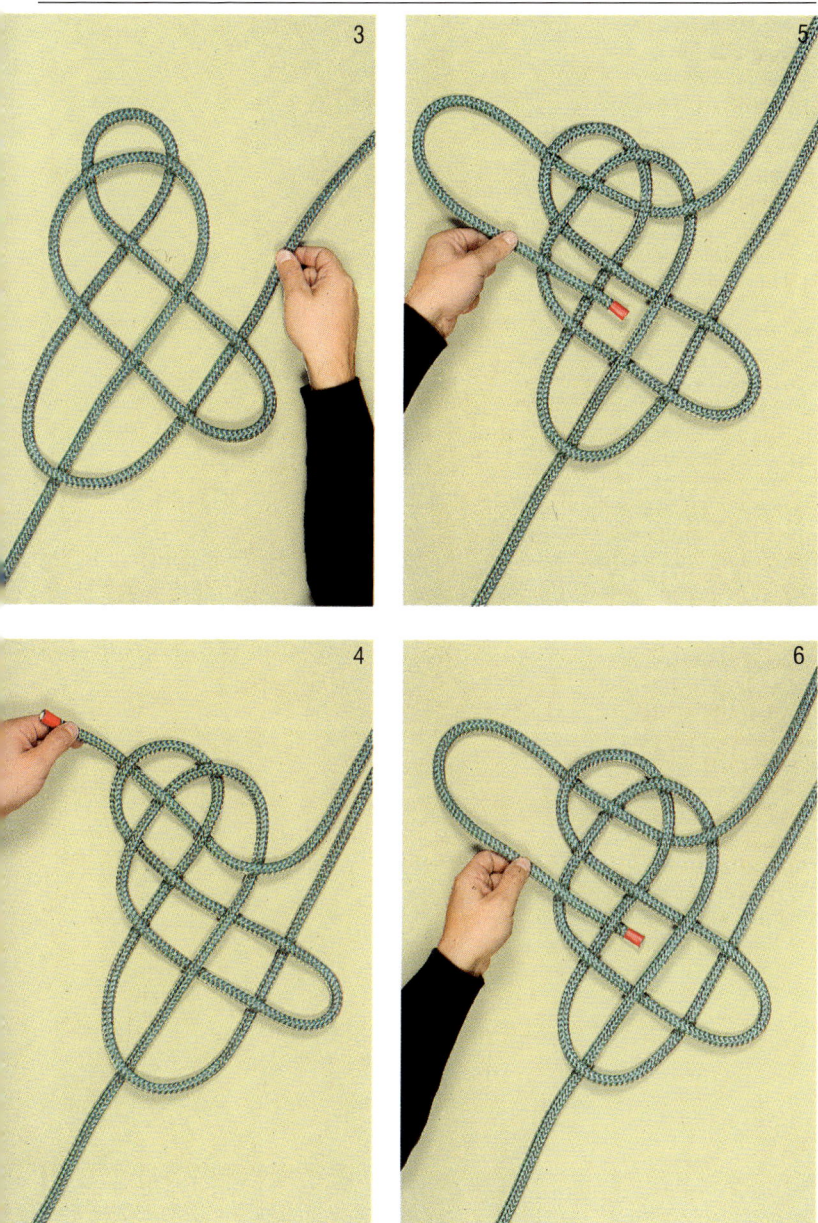

ZIERKNOTEN

So wird's gemacht:
Lege ein Auge in die Mitte der Leine (1). Bilde mit der nach rechts zeigenden Part eine Bucht und lege ein zweites Auge auf das erste (2). Vervollständige diese Seite der Matte durch eine Bucht der linken Part, bei der sie über die rechte Part und unter die nach rechts weisende Bucht gelegt wird (3). Beachte, daß bis hierher noch nichts gesteckt, sondern nur gelegt wurde. Mit der nach oben zeigenden Part beginnt jetzt das Durchstecken, und zwar über-unter-überunter die Parten der oberen Zwischenräume (4) und nach einer Bucht weiter durch die darunter liegenden Zwischenräume (5, 6, 7). Achte darauf, daß keine Part ihre Position verändert, wenn sie zum Darunterstecken angehoben wird. Man kann sie mit Nägeln auf der Unterlage fixieren, bei etwas Geduld und Übung wird das aber unnötig sein.

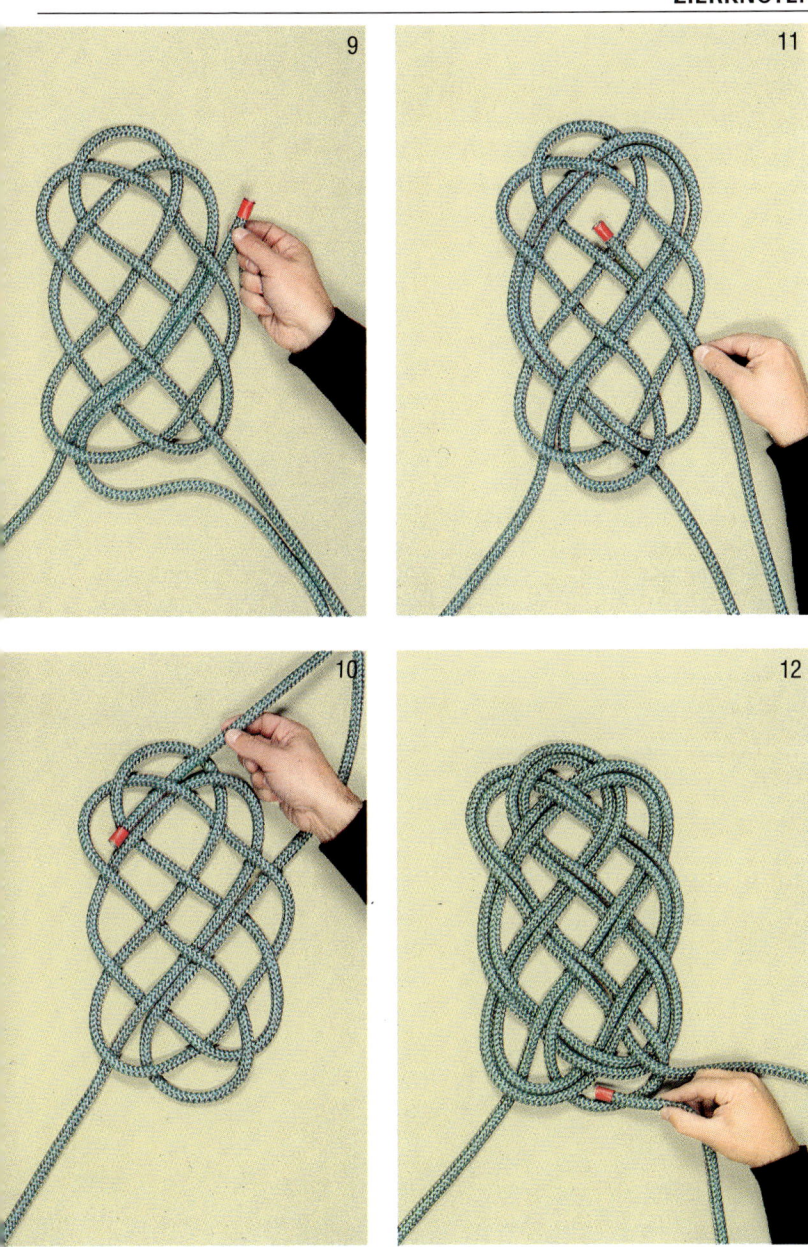

Unten rechts ange-
kommen, werden die
Parten nach dem Le-
gen einer Bucht ge-
doppelt, indem die ar-
beitende Part dort
hineingesteckt wird,
wo die andere heraus-
kommt, und ihr – im-
mer in derselben
Weise – folgt (8 bis
15). Wie oft man das
Doppeln wiederholen
kann, hängt von der
Länge der Leine ab.
Die Matte wird dabei
nicht größer, sondern
lediglich dichter (16).
Bevor die Matte einge-
setzt werden kann, ist
noch etwas zu tun:
Beide Tampen müssen
in den Parten versteckt
und alle Schnittpunkte
mit Zwirn o. ä. vernäht
werden.

13

14

15

16

RUNDE MATTE

Ein bewundernswerter flacher Knoten, der als Matte, als Untersetzer für Gläser oder nur als Schmuck dienen kann. Die runde Form entsteht aus fünf gleichmäßig gelegten Augen. Sieben oder neun Augen erzielen ein noch besseres Ergebnis. Bevor man das jedoch versucht, sollte man sich eine Schablone auf ein Stück Papier zeichnen, wenigstens für die ersten Arbeitsschritte. Das Flechten der Matte geht aus den Abbildungen klar hervor.

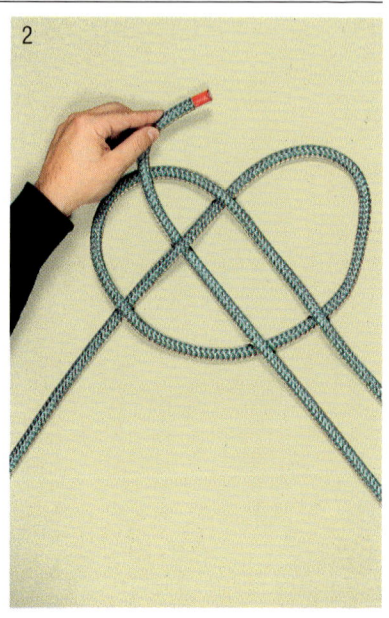

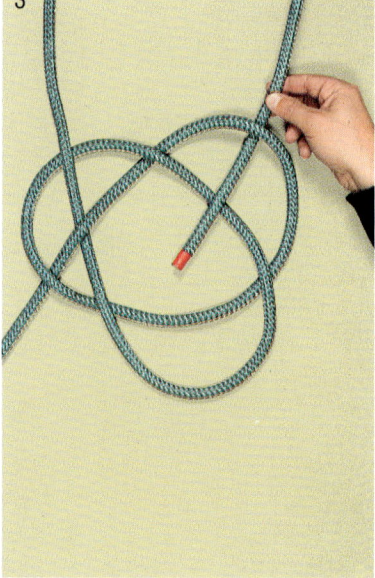

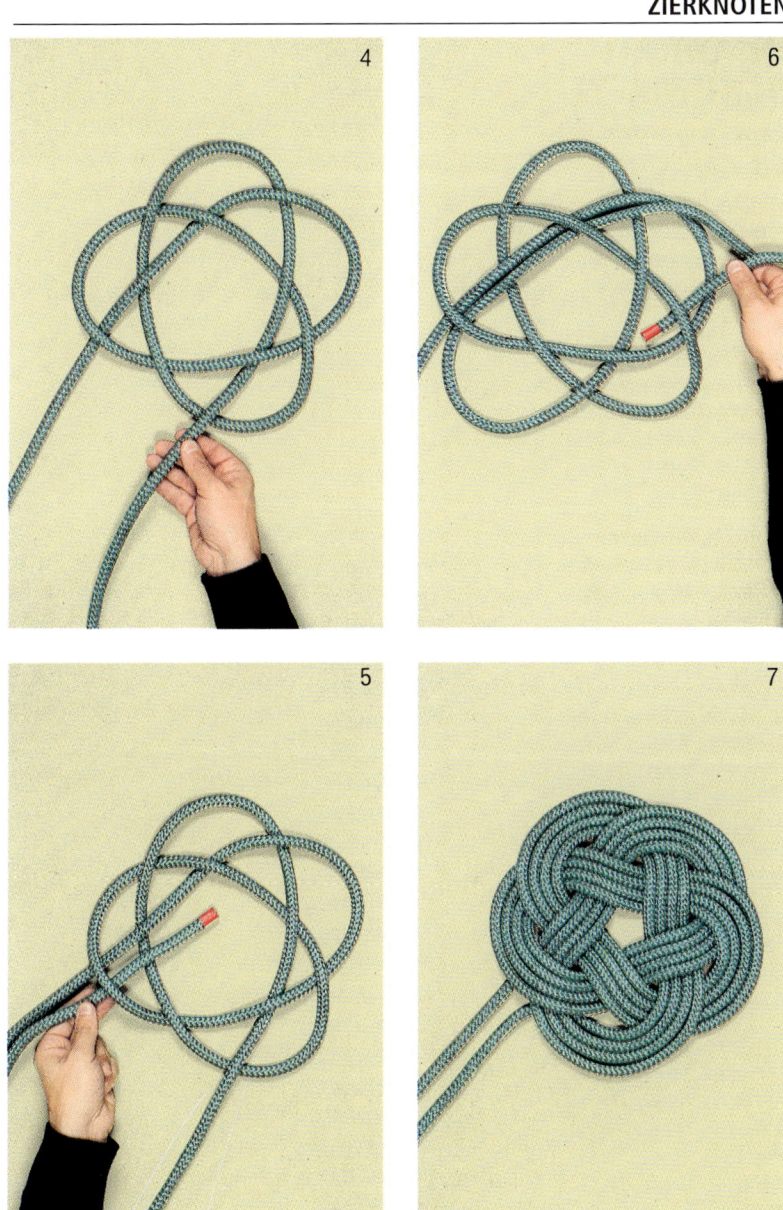

QUADRATISCHE MATTE

Diese Matte erhält ihre typische Form aus vier sich kreuzenden Diagonalen. Eine einfache Variante entsteht aus mehr Diagonalen auf allen vier Seiten, wodurch die Matte größer wird, aber ihre Form behält. Durch Vermehren der Diagonalen an nur einer Seite wird die Matte rechteckig. Es ist allerdings empfehlenswert, erst die Technik für diese quadratische Matte zu beherrschen, bevor man sich an Varianten herantraut.

Die Abbildungen erklären deutlich, wie die Matte geflochten wird. Es gibt keine besonderen Schwierigkeiten dabei. Ein paar praktische Hinweise mögen jedoch hilfreich sein: Man braucht eine entsprechend große Unterlage, denn die Matte benötigt viele Meter Leine, die fortwährend bewegt werden und dabei leicht durcheinander kommen. Keine Part darf verschoben werden, wenn man die Tampen durchsteckt.

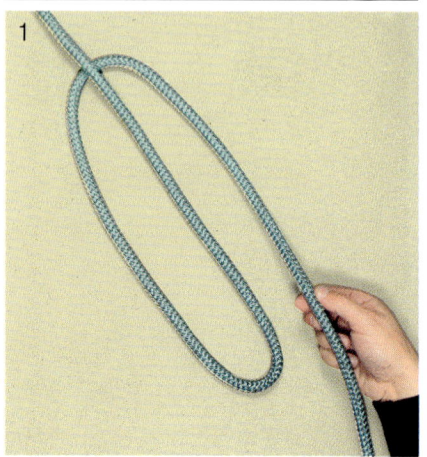

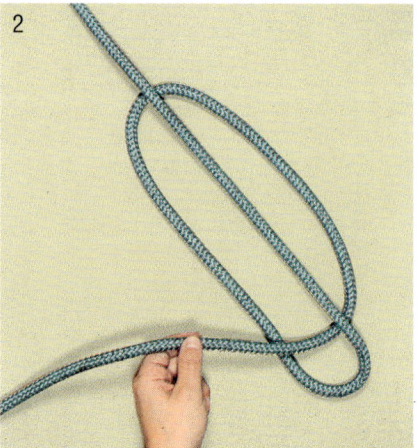

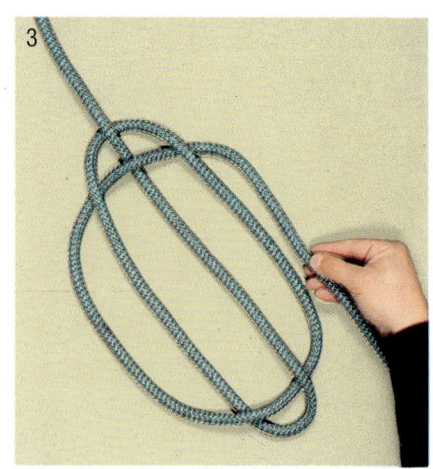

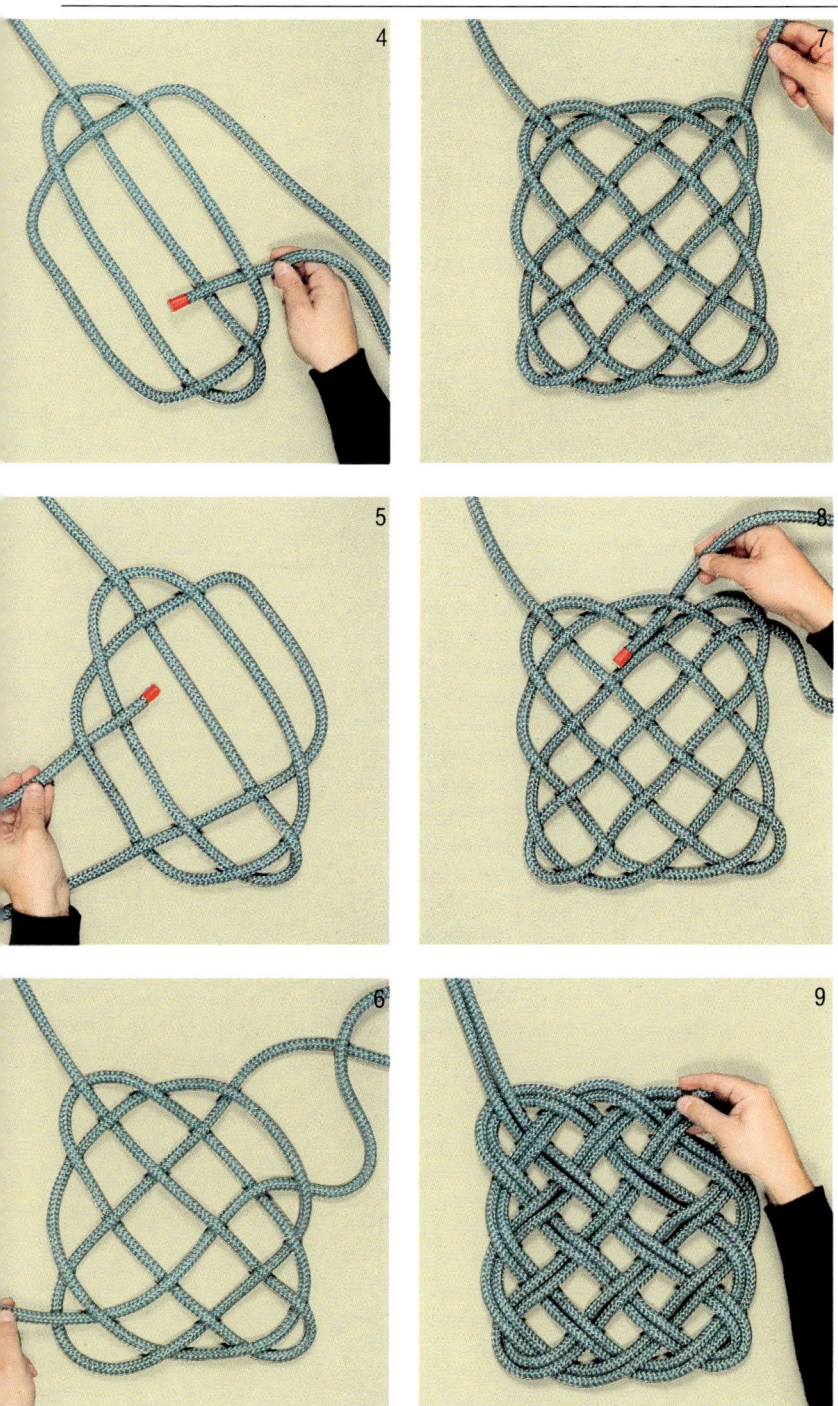

DREIPARTIGE FLACH- PLATTING ODER ZOPF

Diese Platting ist auch als englische, allgemeine oder gewöhnliche Platting bekannt. Sie ist die einfachste ihrer Art, ist aber für eine Vielzahl von Anwendungsmöglichkeiten tauglich.

So wird's gemacht:
Die Platting ist leicht geflochten. Man braucht nur abwechselnd die rechte und die linke Part mit der mittleren zu kreuzen. Die Abbildungen 1 bis 4 zeigen das deutlich. Abbildung 5 veranschaulicht nur die Technik einer Platting, die nicht dichtgeholt wurde. In Wirklichkeit geschieht das Dichtholen schon nach jedem Arbeitsschritt. Das Ergebnis ist in Abbildung 6 zu sehen. Die Platting kann mit verschiedenen Knoten, etwa dem Taljereepsknoten (siehe Seite 178) abgeschlossen werden.

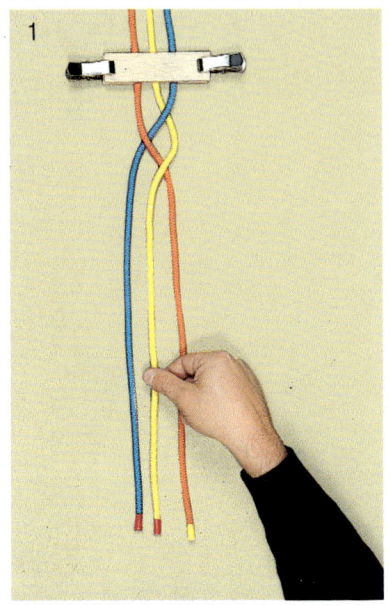

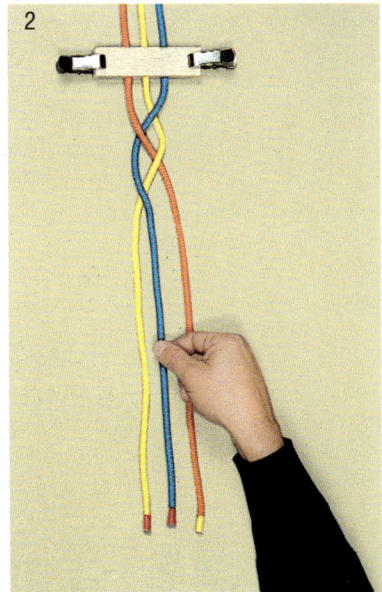

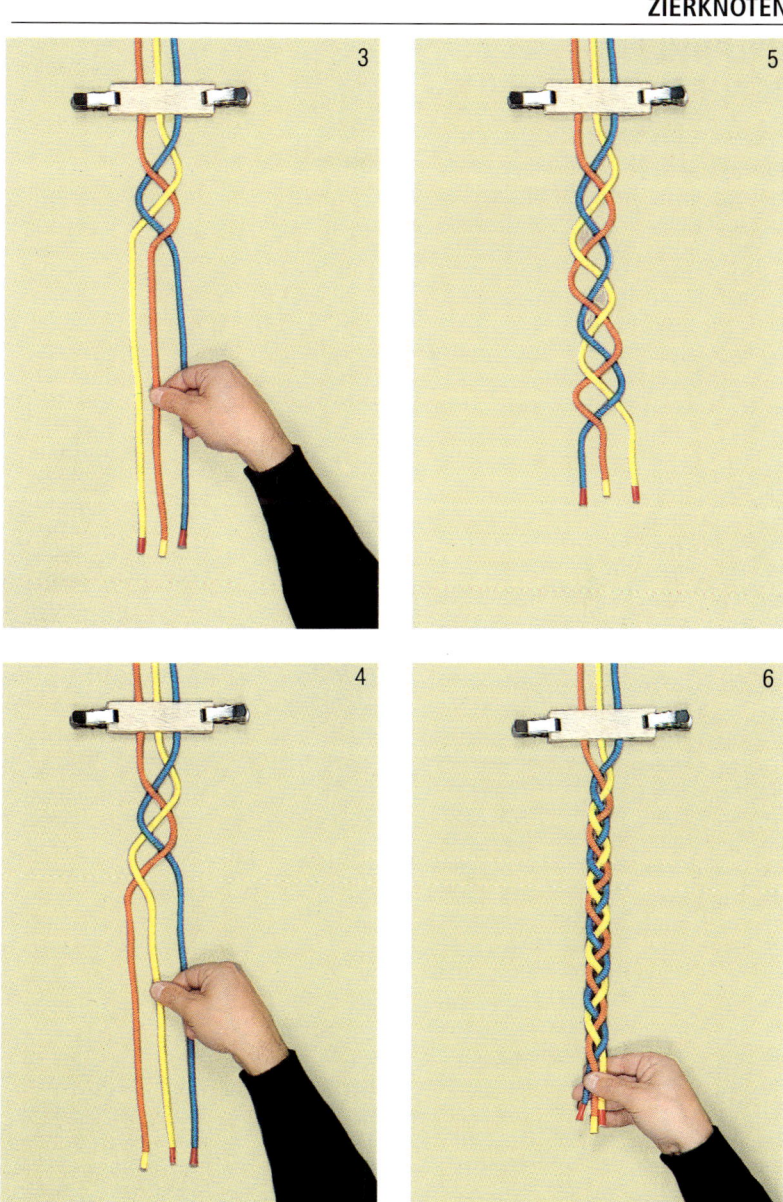

DOPPELPAR-TEN-FLACH-PLATTING

Trotz ihrer Schlicht-heit eignet sich die Flachplatting zu einer Reihe von interessan-ten Variationen. Diese hier besteht lediglich im Doppeln der Kar-deele, was aber schon zu einem sehenswerten Ergebnis führt (6). Die Flechtung ist mit der der zuvor beschriebe-nen Flachplatting identisch und bedarf daher keiner Er-klärung. Man folge sorgfältig den Abbil-dungen.

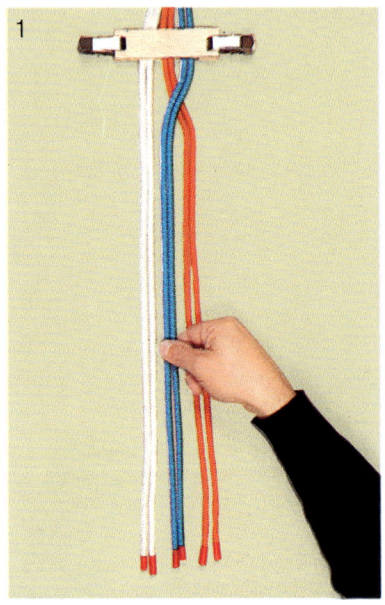

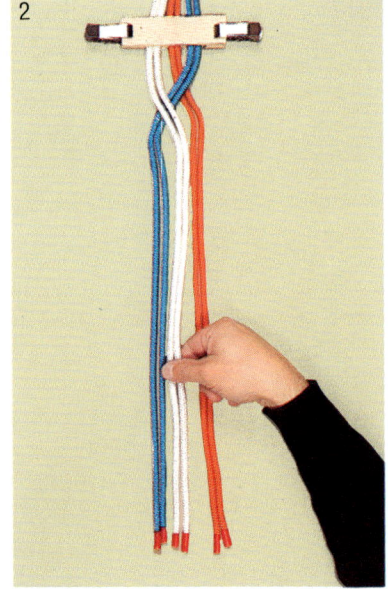

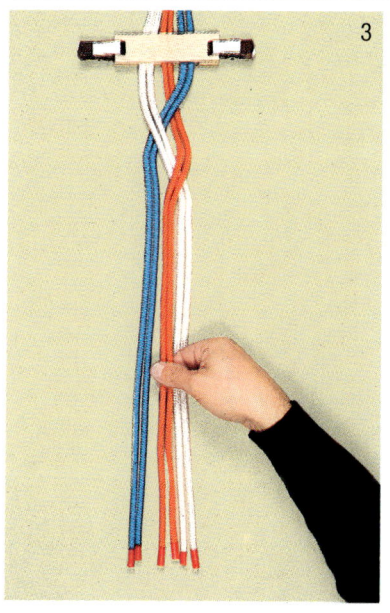

3

5

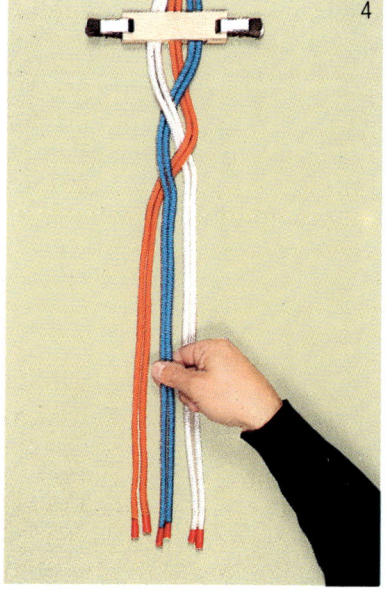

4

6

VIERKAR-DEEL-FLACH-PLATTING

Erste Möglichkeit

Mit vier Kardeelen lassen sich eine Reihe von Plattings anfertigen, die sehr verschieden voneinander sind. Das hier gezeigte Beispiel ergibt eine schöne Flachplatting, doch können mit der gleichen Anzahl Kardeele auch Vierkant- und Rundplattings geflochten werden.

Es wird immer nur mit dem jeweils rechts liegenden Kardeel gearbeitet, das nach links durch die übrigen drei Kardeele geführt wird. Auf den Abbildungen 1 bis 4 ist ein solcher vierteiliger Arbeitsgang dargestellt. Die Abbildungen 5 und 6 zeigen die Platting, bevor und nachdem sie dichtgeholt wurde.

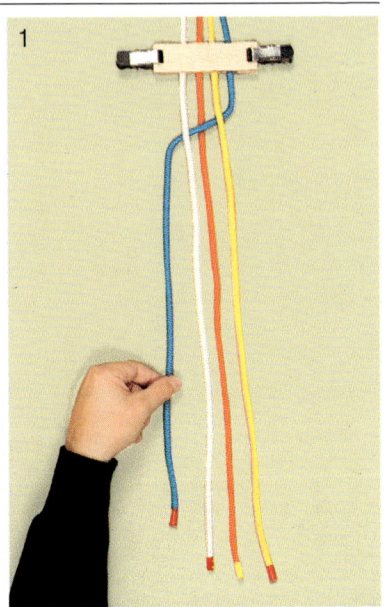

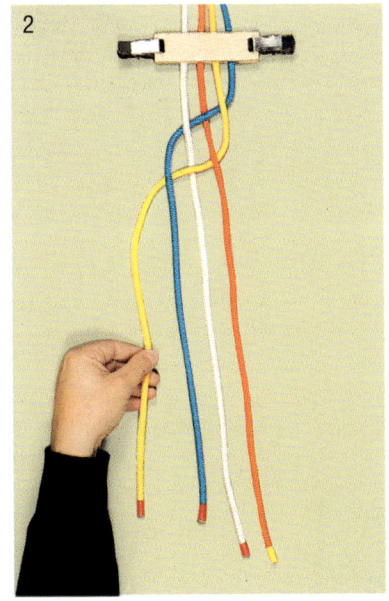

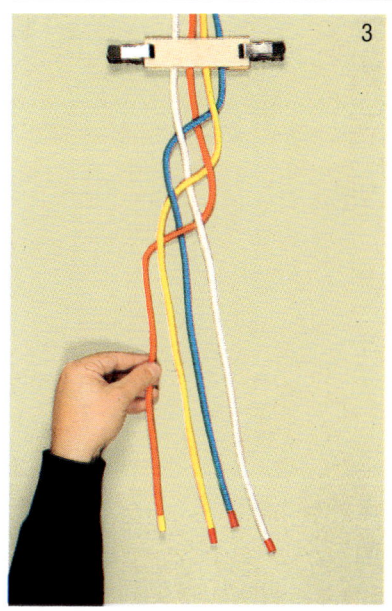

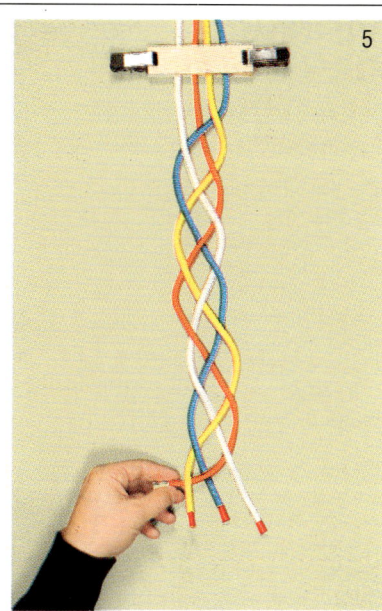

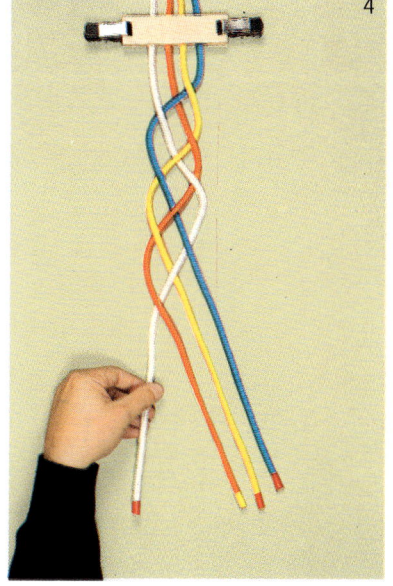

VIERKAR-DEEL-FLACH-PLATTING

Zweite Möglichkeit

Die Besonderheit dieser Platting besteht darin, daß die beiden Kardeele in der Mitte nur als Kettfäden dienen, während die beiden äußeren als Quer(Schuß-)fäden mit ihnen verflochten werden.

So wird's gemacht:
Zu Anfang werden die beiden äußeren Kardeele zwischen den beiden inneren gekreuzt und wechseln damit ihre Position (1). Dann werden sie um die mittleren Kardeele herumgeführt und erneut in deren Mitte gekreuzt, wodurch sie wieder in ihre Ausgangsposition gelangen (2). Diese Schritte sind zu wiederholen, bis die Platting die gewünschte Länge hat (3, 4, 5). Sie nimmt dabei eine beinahe runde Form an und kann als Kordel benutzt werden.

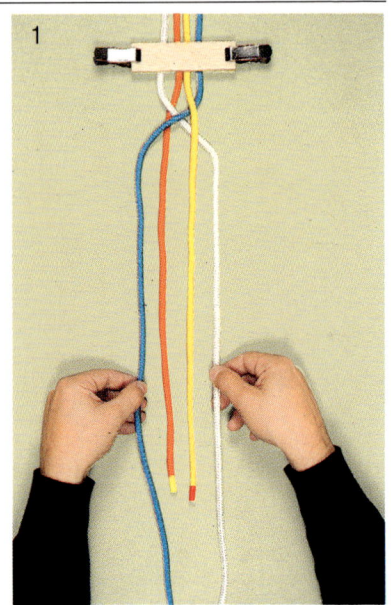

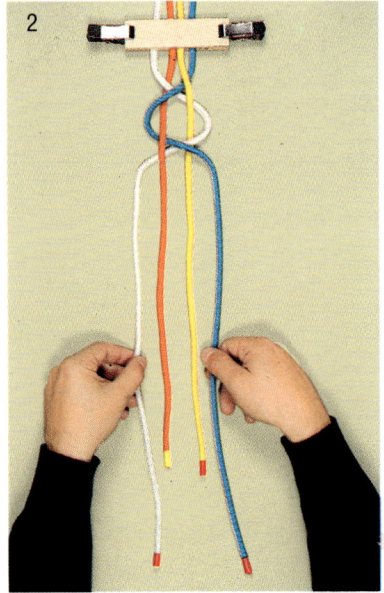

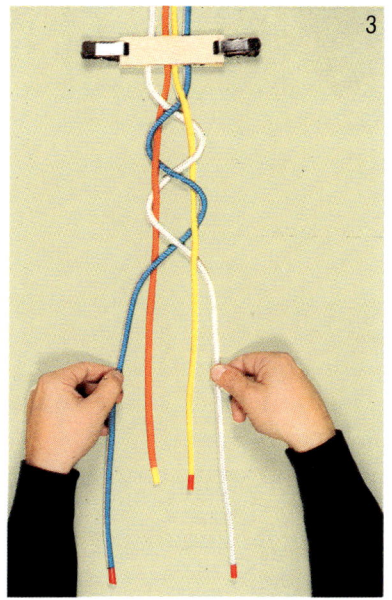

3

5

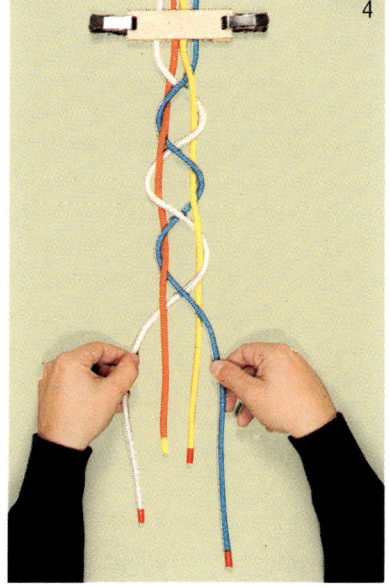

4

6

VIERKAR-DEEL-FLACH-PLATTING

Dritte Möglichkeit

Ein sehr schönes Beispiel einer geflochtenen Platting. Wie die Fotos zeigen, bilden drei Kardeele (hier weiß, rot und gelb) die Kettfäden, während eines – das blaue – der Schußfaden ist. Das Flechtwerk sollte jedesmal dichtgeholt werden, wenn das blaue Kardeel einen Durchgang vollendet hat.

So ergibt sich eine schmückende Platting, die auch unter großem Zug ihre Form behält. Wie sie gemacht wird, ist in den Abbildungen deutlich gezeigt.

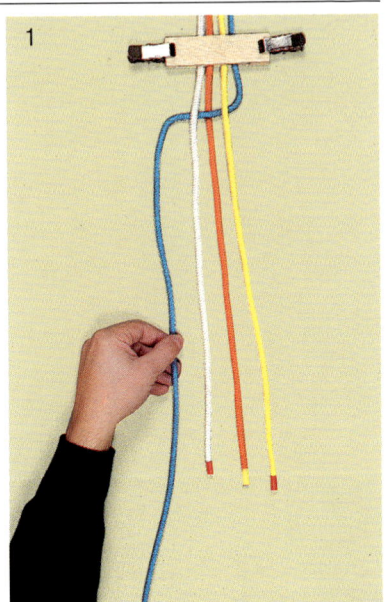

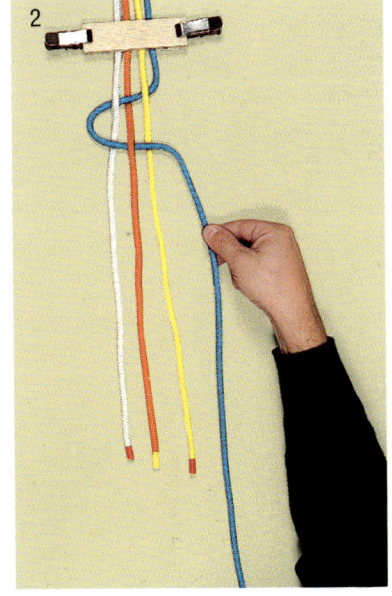

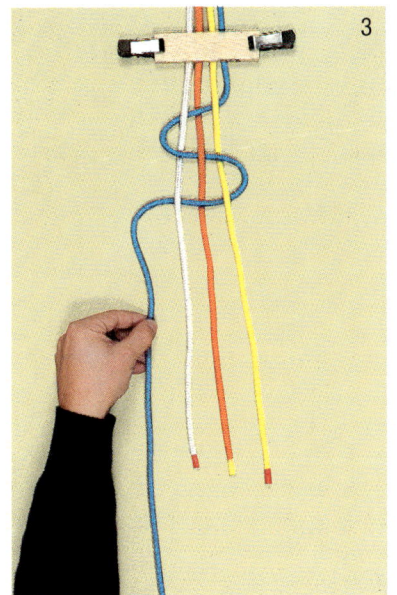

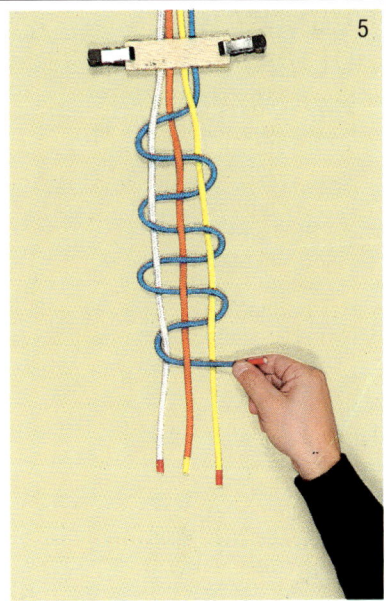

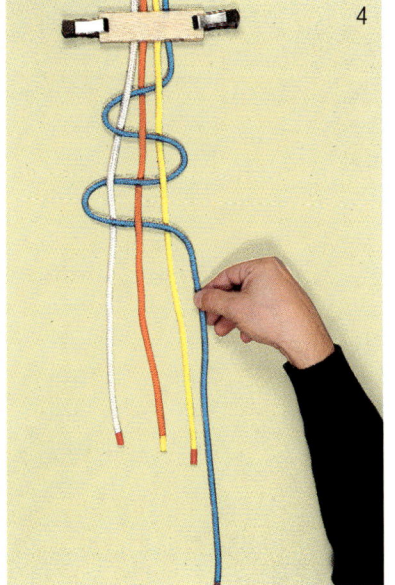

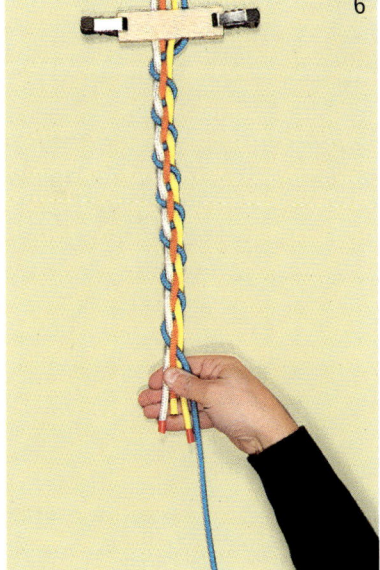

VIERKAR-DEEL-FLACH-PLATTING

Vierte Möglichkeit

Sie ist etwas schwieriger, doch entschädigt
die Wirkung des Ergebnisses für die aufgebrachte Geduld.
Am besten folgt man
beim Flechten dieser
Platting den gezeigten
Schritten auf den Abbildungen. Dabei wird
deutlich, daß die Arbeit gar nicht so kompliziert ist. Die Leinen
sollten nach jedem
Flechtvorgang dichtgeholt werden, damit sie
nicht wieder auseinanderfallen.

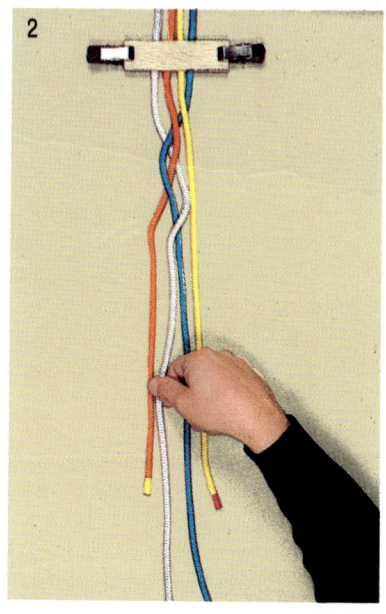

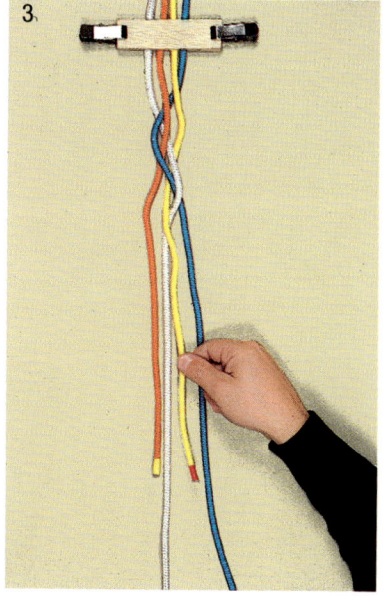

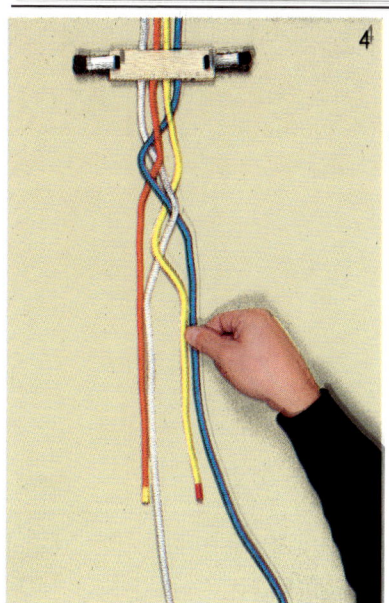

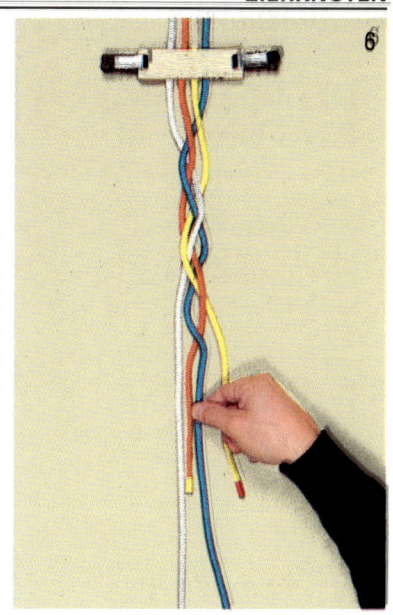

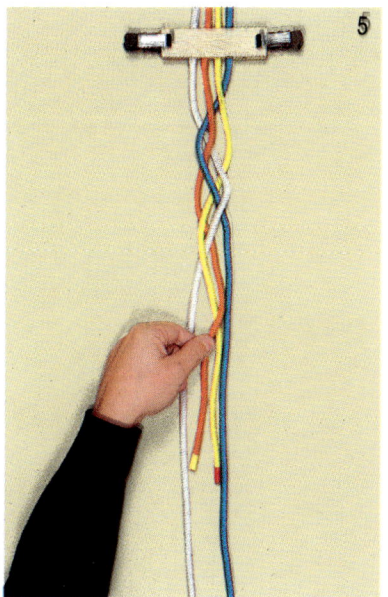

FÜNFKAR-DEEL-FLACH-PLATTING

Dies ist eine sehr wirkungsvolle Platting, die leicht zu flechten ist. Abbildung 7 zeigt das Endergebnis. Aus der Bildfolge geht die Arbeitsweise klar hervor. Sie besteht darin, das jeweils äußere Kardeel über seine beiden inneren Nachbarn in die Mitte der Kardeele zu legen.

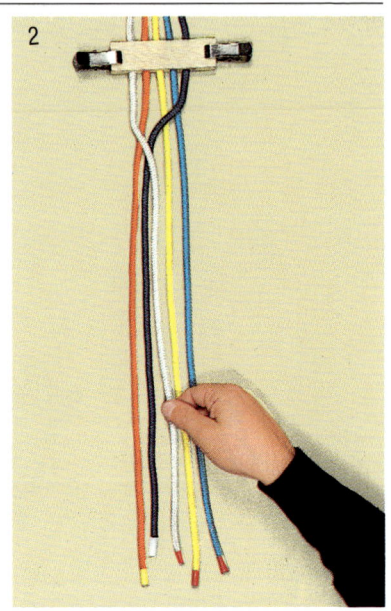

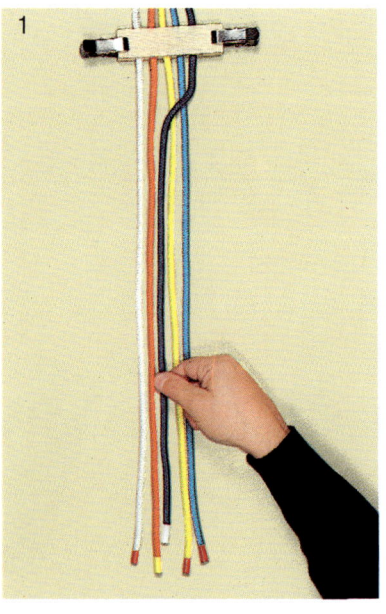

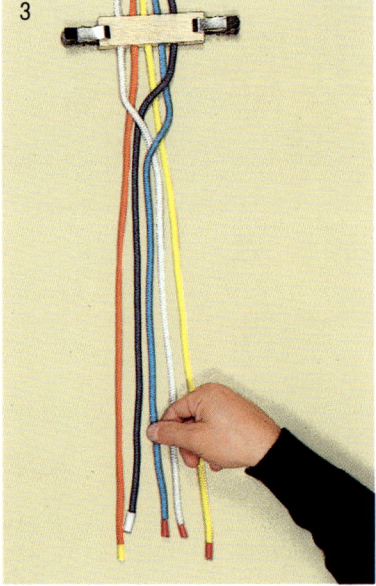

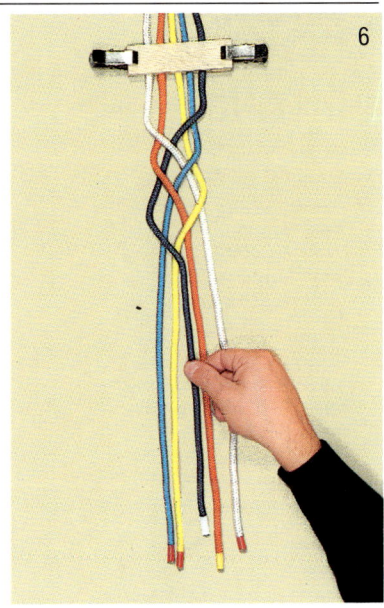

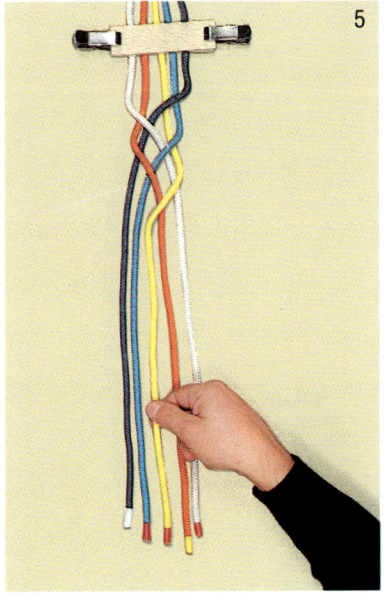

SECHSKAR-DEEL-FLACH-PLATTING

Die Zahl der möglichen Variationen sechskardeeliger Flachplattings ist beinahe grenzenlos und dürfte auch den ideenreichsten Ansprüchen genügen. Die hier gezeigte Flechtung ist eine der einfachsten und dient als Grundmuster dessen, was man machen kann. Ihr Prinzip besteht darin, das jeweils rechte Kardeel nach links zu führen, und zwar über zwei – unter einem – über zwei der benachbarten Kardeele. Das in den Abbildungen 1 und 2 vorgemachte Durchführen dient nur als passender Anfang und wird nicht wiederholt.

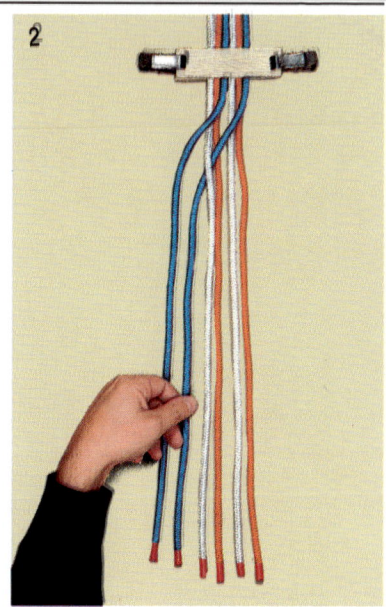

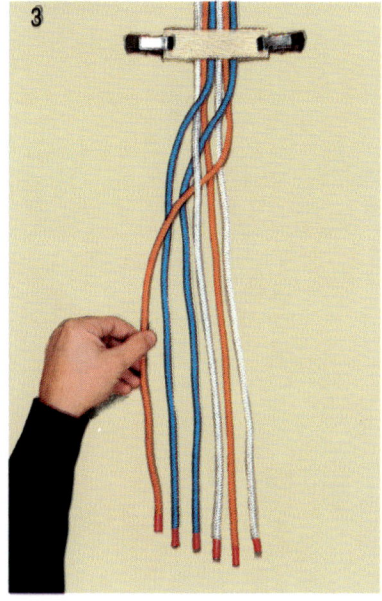

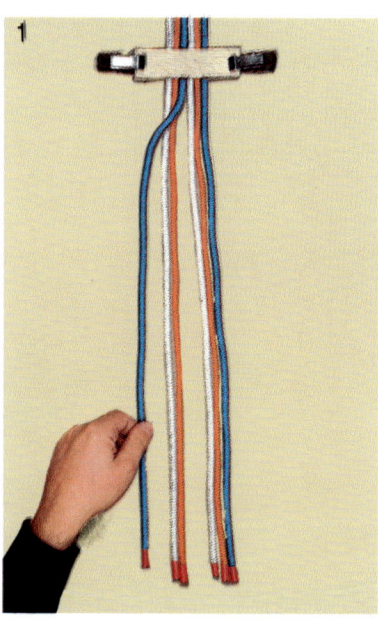

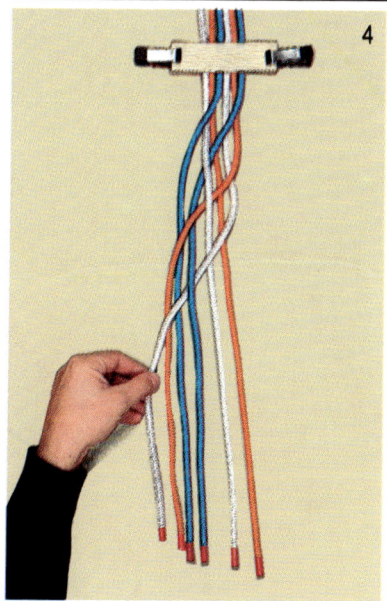

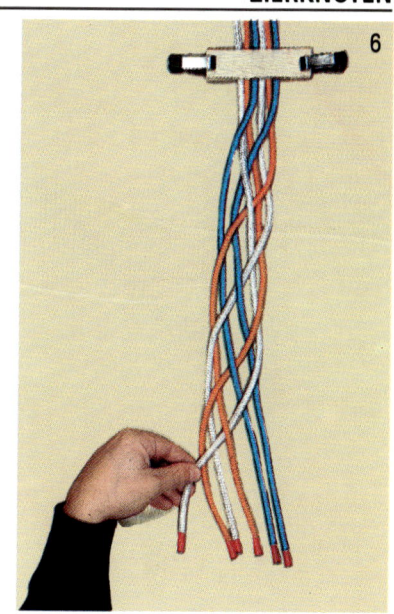

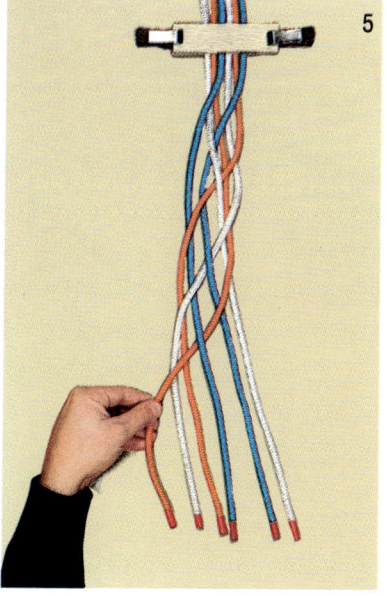

KRONEN-PLATTING

Die Kronenplatting kann mit einer unterschiedlicher Anzahl von Kardeelen geflochten werden. Das ergibt verschiedene Muster, die als Kordel oder Umhüllung dienen können. Abbildung 5 zeigt, daß ein zylindrisches Objekt in die Mitte gesteckt werden könnte und dann von der Platting gänzlich bedeckt würde. Die Verwendung einer solchen Platting ist auf den Seiten 170 und 171 näher beschrieben.

So wird's gemacht:
Diese Kronenplatting ist sehr einfach herzustellen. Man macht einen halben Schlag mit allen vier Kardeelen (1). Die Abbildungen 2 und 3 zeigen, wie die Anfangskrone gelegt wird, die in Abbildung 4 fertig ist: Immer in derselben Drehrichtung arbeitend (in diesem Fall im Uhrzeigersinn), steckt man jedes Kardeel in die Bucht des Nebenkardeels. Es bildet sich eine geschlossene Form, die die Basis der Kronenplatting ist. In Abbildung 5 ist der Knoten dichtgeholt und zu erkennen, daß ein zylindrischer Ge-

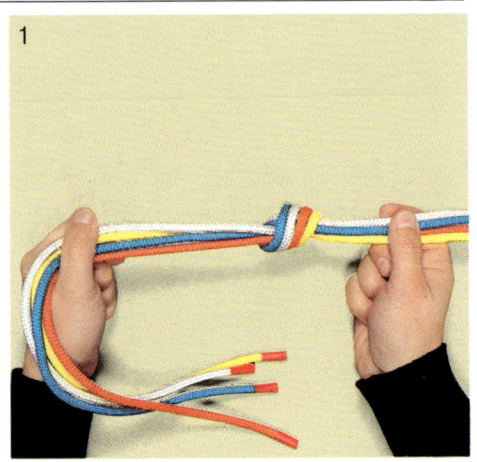

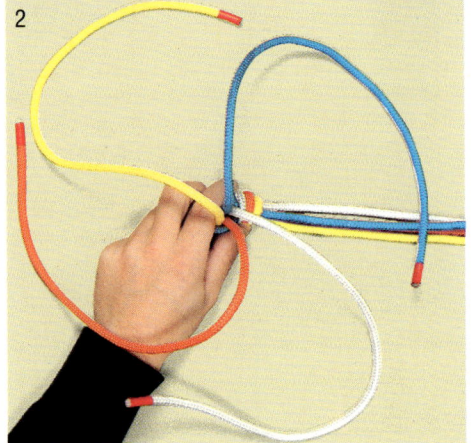

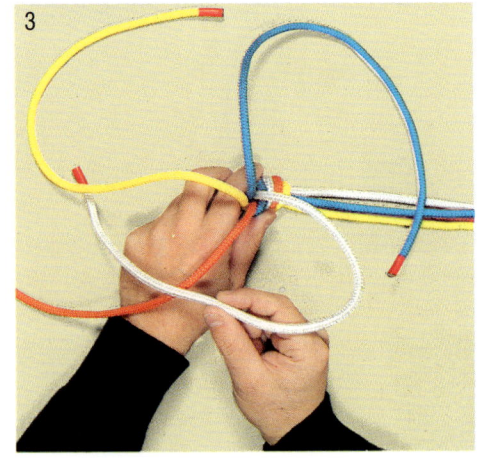

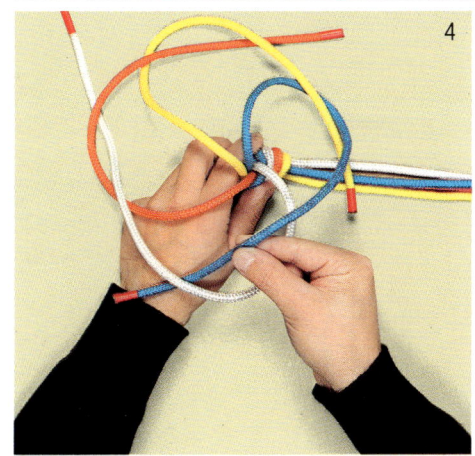

genstand in die Mitte gesteckt werden könnte.

Abbildung 6 schließlich führt die fertige Platting in ihrer Schönheit vor. Sie kann beendet werden, indem man die Tampen in der Mitte versteckt.

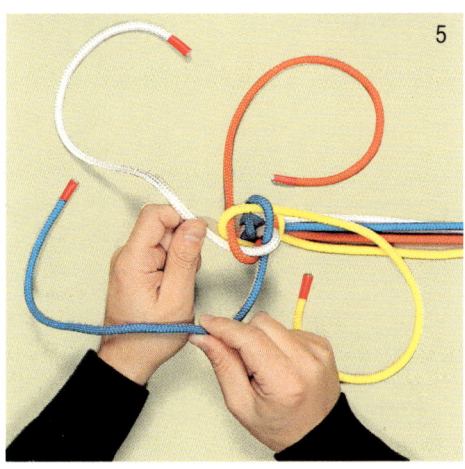

ACHT-KNOTEN-KETTE

Der so nützliche Achtknoten (siehe Seite 26) findet noch eine weitere Verwendung in dieser hübschen Kette. Sie kann als Gürtel oder als Schulterband und zum Kürzen oder Schmücken jeder sichtbaren Leine benutzt werden.

Ihre Entstehung ist sehr einfach und in den Abbildungen gezeigt: Es sind lauter Achtknoten, die alle in dieselbe Richtung gemacht werden. Man muß sie gut dicht- und aneinander holen, um zu verhindern, daß sie sich voneinander lösen, wenn die Kette belastet wird.

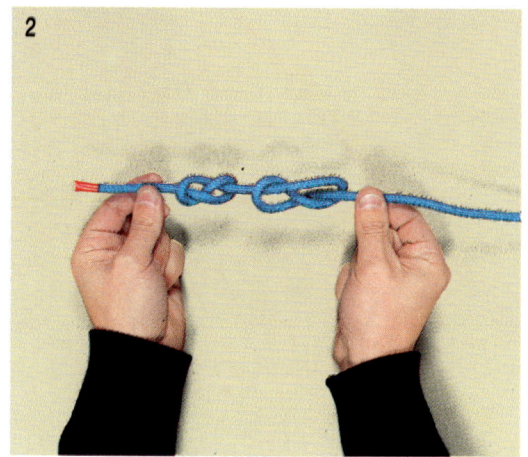

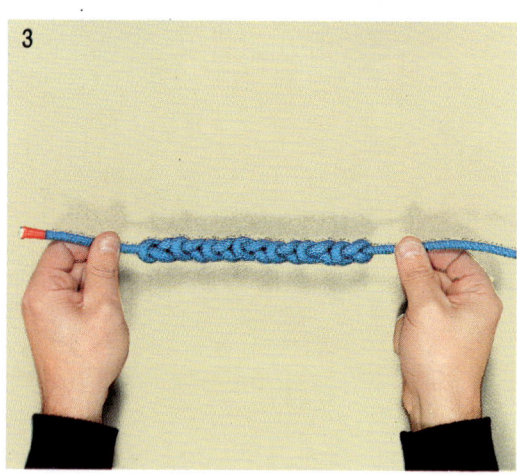

ZUSAMMENGESETZTE KNOTEN

Für das Zusammenwirken von Knoten gibt es viele
Möglichkeiten, die verschiedene und oft überraschende Ergeb-
nisse haben. Wir halten es für nützlich, in diesem
Kapitel einige Kombinationen vorzuführen, die uns wegen ihrer
Brauchbarkeit oder Originalität wichtig erscheinen.

LEITER

Lege in die Mitte der Leine eine Bucht und mache mit ihr einen Achtknoten (siehe Seite 26). Halte die beiden Parten so weit auseinander, wie die Sprossen der Leiter breit werden sollen. Bilde mit der linken Part zwei Buchten, von denen die erste die rechte Part umschließt (1). Dann schlage mit der rechten Part eng aneinander liegende Törns um die Buchten und ziehe sie dabei gut fest (2, 3, 4, 5). Zum Schluß stecke den Tampen durch die links verbliebene Bucht (6, 7).

Beachte, daß die einzelne Sprosse nur aus an beiden Seiten gesicherten Törns besteht und hole diese deswegen ganz dicht, ehe der nächste Schritt begonnen wird (8). Das festigt die Sprosse und verhindert, daß sie beim Gebrauch verrutscht.

Die zweite Sprosse wird in der gleichen Art, aber mit der rechten Part gemacht. Derart wechselweise entstehen alle weiteren Sprossen, bis die Leiter die gewünschte Länge hat (9).

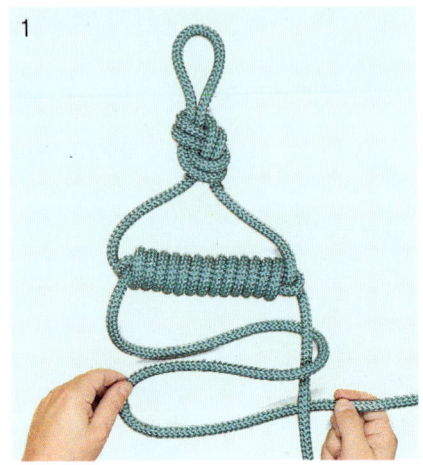

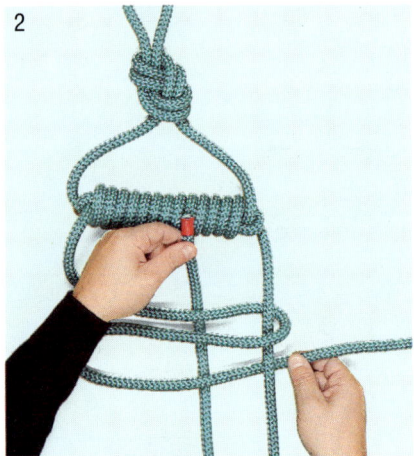

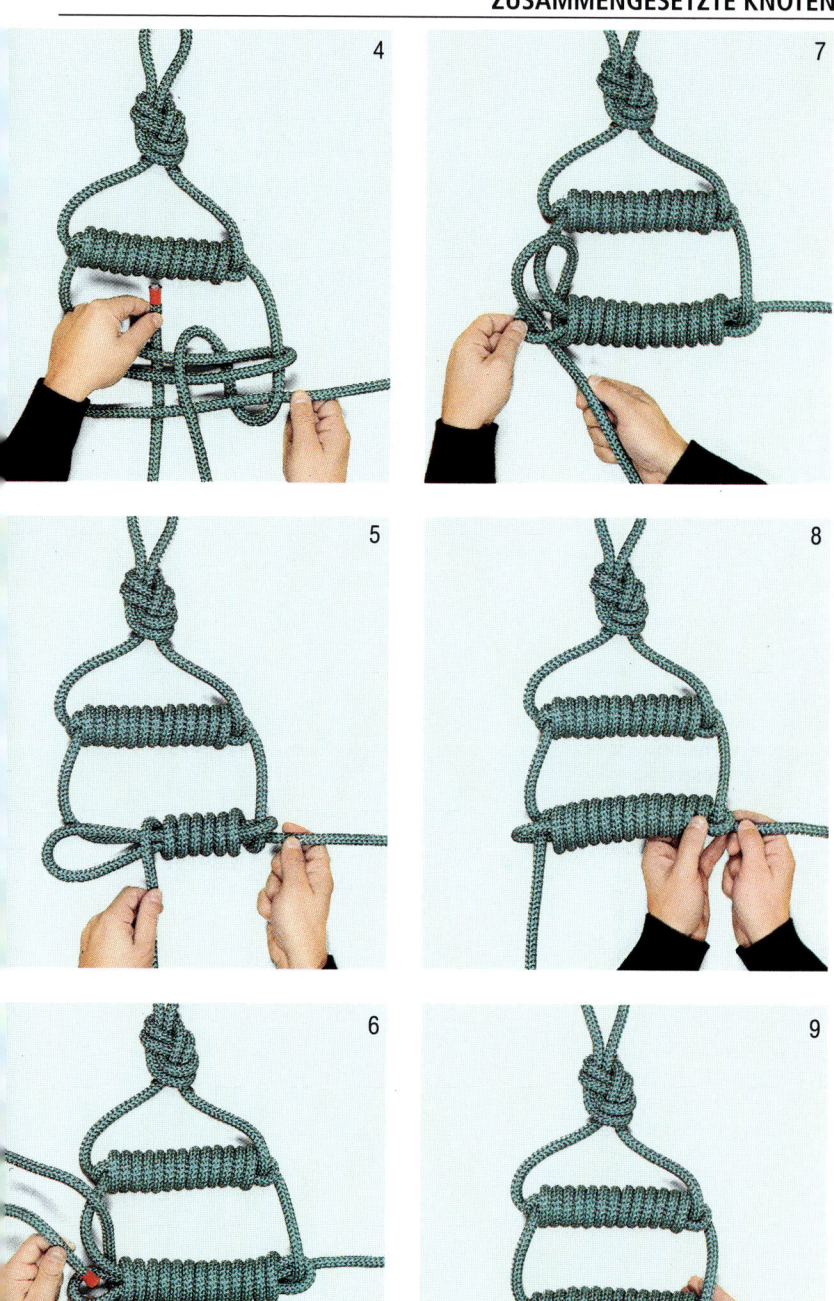

NETZ

Die Knoten eines Net-
zes können sehr unter-
schiedlicher Art sein,
je nachdem, ob es z. B.
zum Fischen, als Beu-
tel oder als Hänge-
matte geknüpft wird.
Die Wahl hängt also
davon ab, welchen
Zweck es erfüllen und
wie groß seine Elasti-
zität sein soll. Drei
brauchbare Knoten
sind auf Seite 223 dar-
gestellt: Mit dem
Schotstek (Abbildung
4 und Seite 110 ff.) ent-
steht ein Netz, das
nicht sehr elastisch ist
und seine Form nicht
leicht verändert; der
Kreuzknoten (Abbil-
dung 5 und Seite
115 ff.) gibt dem Netz
ein gewisses Maß an
Elastizität, bietet aber
wenig Widerstand ge-
gen Verformung; der
Trossenstek schließ-
lich (Abbildung 6 und
Seiten 124/125) ist ein
sehr fester und prak-
tisch unveränderlicher
Knoten für diesen
Zweck.

Den Anfang eines Net-
zes bildet die Ober-
oder Rahmenleine, die
den Zug der Maschen
aufnehmen muß. Im
Vergleich zu der Leine
für das Netz sollte sie
stärker und fester sein.
Die Maschen können
mit ihr durch Webe-
leinsteke (siehe Seite
36 ff.) oder Kuhsteke
(Seite 51) verbunden
werden.

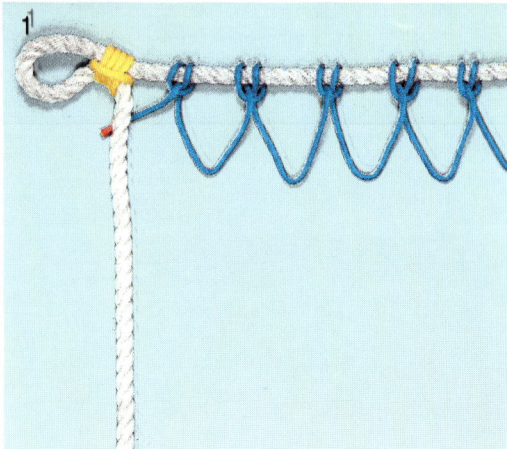

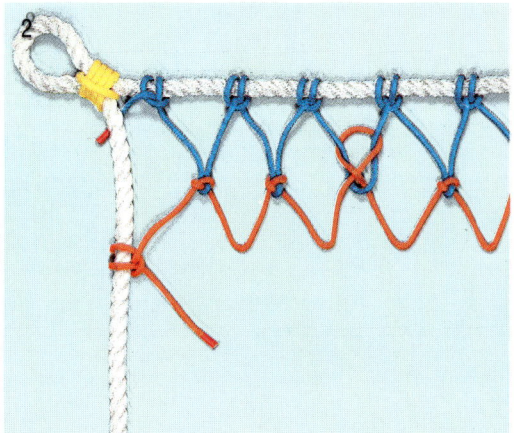

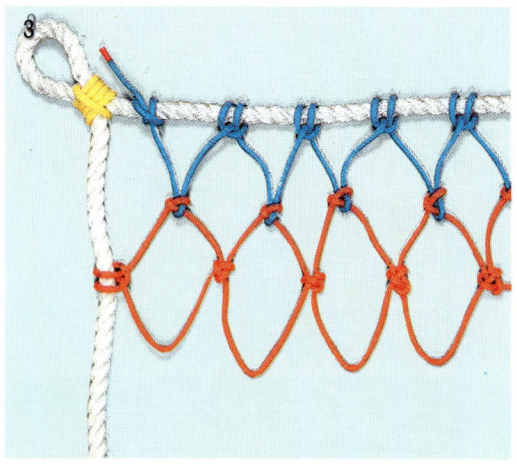

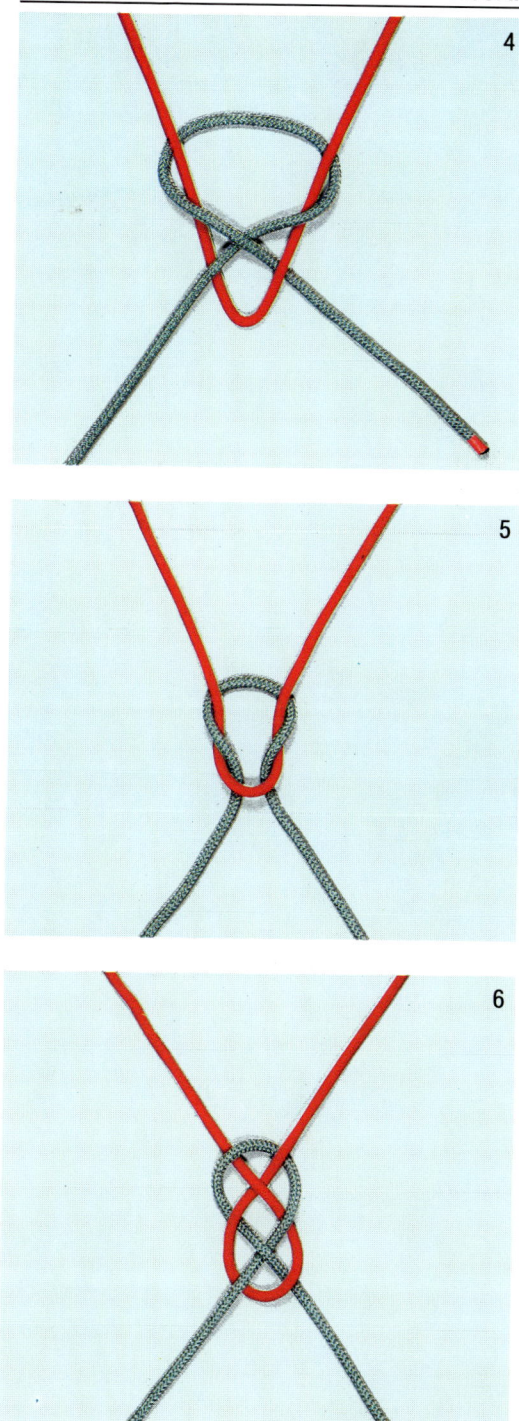

ARBEITS-BÜHNE ODER BOOTS-MANNS-STUHL

Der Bootsmannsstuhl auf See und die Schaukel an Land bestehen aus einem Brett, das von zwei Leinen gehalten wird und so einen hängenden Sitz bildet. Ob er einen Seemann im Topp des Mastes trägt oder ein Kind erfreut: sein Zweck ist immer, einen Menschen in luftiger Höhe zu halten, und deswegen müssen die Leinen sorgfältig geknotet werden. Als sichere und einfache Vorbereitung befestigt man zwei schmale Leisten an dem Brett.

So wird's gemacht:
Lege eine Leine um das Brett und die Leiste, wie in den Abbildungen 1 bis 3 gezeigt ist. Dann ziehe den inneren Törn nach außen und über das Brettende (4) und sichere damit die beiden Parten (5). Zum Schluß mache einen Palstek (6) (siehe Seite 62 ff.). Bevor dieser Knoten aber dichtgeholt wird, ist darauf zu achten, daß die tragende Part genau lotrecht auf dem Brett steht.

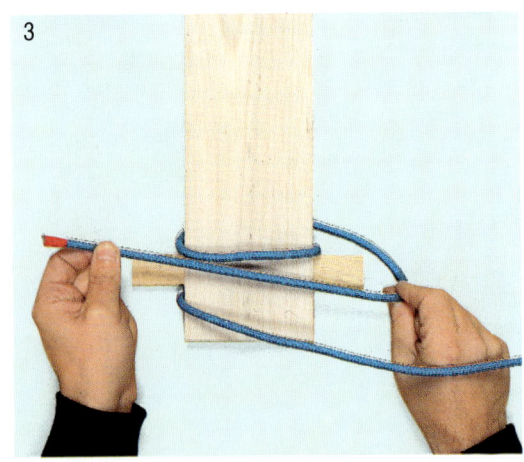

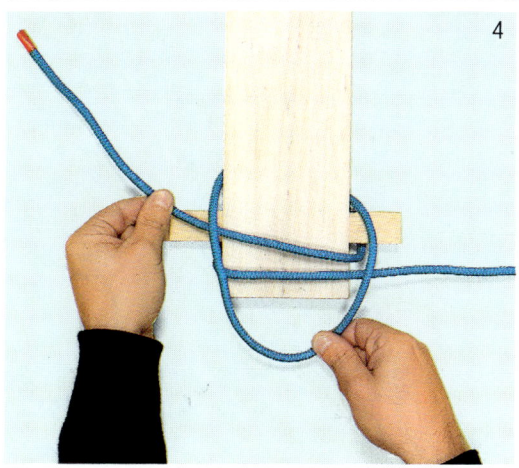

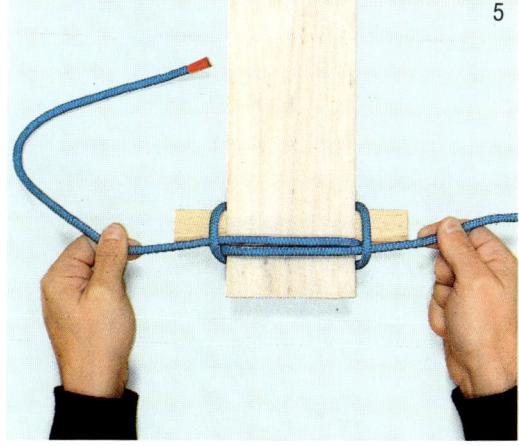

LEITKNOTEN

Dies ist eigentlich ein Achtknoten (siehe Seite 26 ff.), der in die Bucht einer Leine gemacht wird. Er ist hier aufgenommen, weil er bei Bergführern so beliebt ist. Weitere Sicherungsknoten für Bergsteiger können in der speziellen Aufstellung auf der Seite 234 nachgeschlagen werden.

So wird's gemacht:
Lege durch Doppeln der Leine eine Bucht (1). Bilde an der Stelle dieser Bucht, die das spätere Auge groß genug läßt, ein Auge (2) und verdrehe dieses Auge mit der rechten Hand um 180° (3, 4). Dabei achte darauf, daß die Parten parallel verlaufen. Führe nun die Bucht durch das Auge, so daß ein perfekter Achtknoten entsteht (4, 5). Ordne die Parten noch einmal, gib dem Auge die passende Taillengröße und hole den Knoten dicht (6).

3

5

4

6

SICHERHEITS-GESCHIRR

Diese Bildfolge zeigt ein sinnreiches Sicherheitsgeschirr, das beim Klettern oder Segeln angelegt werden kann, wenn ein handelsübliches Geschirr nicht verfügbar ist. Es bietet extreme Sicherheit, aber man braucht etwas Zeit, um es anzulegen.

Die einzige Möglichkeit, sich daraus zu befreien, ist, die Leine mit dem Messer zu zerschneiden, das immer zur Hand sein sollte, wenn man sich Risiken oder Gefahren aussetzt. Das Geschirr wird hergestellt, wie es die Abbildungen zeigen.

2

3

1

4

6

5

7

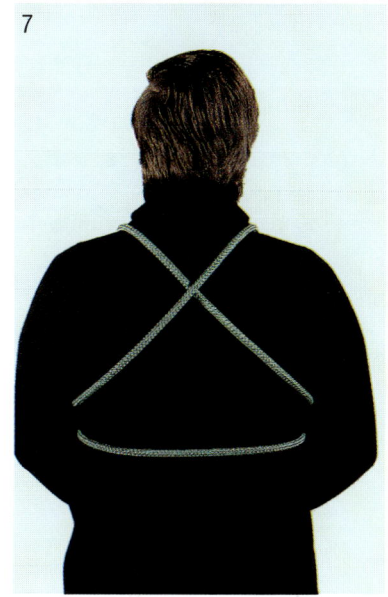

GLOSSAR

anholen – etwas heranziehen, etwa mit der Schot ein Segel, einen Festmacher o. ä.

aufschießen – eine Leine durch ordentliche Rundtörns zusammenlegen

Auge – Ausgangslage vieler Knoten, durch zwei sich kreuzende Parten einer Leine gebildet

ausfransen – das Auflösen der Kardeele und Garne eines nicht mit einem Takling geschützten Tampen

ausstecken – (auch fieren) einer Leine, Trosse oder Kette langsam Lose geben

Bändsel – dünne und kurze Leine zum Zusammenbinden oder Zurren

bekneifen – zwei Parten bekneifen sich z. B. auf einer Klampe, wenn die obere die untere festklemmt

belegen – eine Leine auf einem Poller, einer Klampe o. ä. durch bestimmte Knoten befestigen

Block – eine Vorrichtung, mittels einer oder mehrerer Scheiben zwischen zwei Backen die Richtung einer Leine umzulenken oder eine Zugkraft zu verringern

Bucht – haarnadelförmiges Nebeneinanderlegen der Parten einer Leine

Bug – der vordere Teil eines Schiffes oder Bootes

Bunsch – die zusammengenommenen Törns einer aufgeschossenen Leine

dichtholen – das Zusammenziehen der Parten eines Knotens, auch Heranziehen eines Segels zur Bootsmitte

Dirk – eine Leine vom Masttopp zur Baumnock, die den Baum beim Segelbergen oder Reffen hält

Ende – ein kurzes Stück Leine oder Tau

Fall – eine Leine zum Setzen und Halten des Segels

fassen – halten oder greifen einer Leine, eines Ankers

Fender – eine Art Kissen, auch aus Tauwerk, zum Schutz der Bordwand beim Anlegen und Liegen

feste Part – der Teil einer Leine, mit dem z. B. bei der Anfertigung von Knoten nicht gearbeitet wird

Festmacher – Leine, durch die ein Boot an Poller, Ring oder Pfahl festgehalten wird

fieren – dem Zug einer Leine nachgeben, ihr Lose geben

Fußpferd – eine Leine, die den in den Rahen arbeitenden Seeleuten Halt gibt

Garn – aus Fasern hergestellter Faden als Grundlage zur Herstellung von Tauwerk, wird auch allein zum Aufsetzen eines Taklings benutzt

geflochtenes Tauwerk – Tauwerk, das zopfähnlich um eine Seele oder einen Kern herum verarbeitet ist

Grummet – ein aus Tauwerk hergestellter Ring

Hals – die vordere, dem Wind zugekehrte Ecke eines Segels

Handlauf – eine Sicherheitsleine, auch aus anderem Material, an oder unter Deck zum Festhalten

Heck – der hintere Teil eines Schiffes oder Bootes

hieven – anheben oder hochziehen eines Gegenstandes mit einem Kran oder mittels einer Talje

kappen – durchtrennen einer Leine oder Trosse im Falle einer Gefahr mit einem Messer oder einer Axt

Kardeel – aus Garn gedrehtes Einzelteil einer geschlagenen Leine

Keep – der Zwischenraum zwischen den Kardeelen einer geschlagenen Leine

Kinken – ungewollte Augen oder Verknotungen in einer Leine, die das Arbeiten mit ihr behindern

Klampe – ein Beschlag aus Holz oder Eisen zum Belegen von Fallen, Schoten u. ä.

klarieren – eine durcheinander liegende Leine in ihre Ordnung bringen, Kinken entfernen, aufschießen

kentern – das Umschlagen eines Bootes oder Schiffes, auch das Lösen eines Knotens auf bestimmte Art

laschen – fest- oder zusammenbinden von Gegenständen mittels Tauwerk

laufendes Gut – alles Tauwerk, das im Rigg der Bedienung der Segel dient oder sonst bewegt wird

Leine – allgemein alles Tauwerk vom schwächsten Bändsel bis zur stärksten Trosse

Leitauge – Auge aus Holz oder Metall, das zur Führung oder Umlenkung einer Leine dient

lose Part – der Teil einer Leine, mit der z. B. bei der Anfertigung eines Knotens gearbeitet wird

Marlspieker – ein handlicher, vorn konisch auslaufender Gegenstand für die Arbeit mit Tauwerk, besonders Drahttauwerk

Niederholer – eine Leine, mit deren Hilfe ein gesetztes Segel geborgen wird

Part – Teil einer Leine, z. B. bei einer Talje, beim Anfertigen von Knoten o. ä.

Poller – ein meist eiserner, auf Deck oder Pier angebrachter Pfahl zum Festmachen

rechtsgeschlagenes Tauwerk – Tauwerk, dessen Kardeele bei der Herstellung rechts herum verdrillt wurden

Reck – das Längerwerden einer Leine unter Belastung

Reffbändsel – am Segel angebrachte oder lose kurze Enden zum Befestigen des gerefften Segels auf dem Baum

Reling – eine Art Geländer an Bord zum Schutz gegen Überbordfallen

Rigg – alle Teile eines Segelschiffes, die seinem Vortrieb durch den Wind dienen

Schot – Leine, mit der ein Segel in den gewünschten Winkel zum Wind eingestellt wird

schricken – einer belegten Leine Lose geben

Seele – auch Kern genannt, der innen liegende Teil einer geflochtenen Leine

spleißen – verbinden zweier Leinen durch Verflechtung ihrer Kardeele

Stag – Drahttau, das den Mast in der Längsschiffsrichtung hält

stehende Part – bei der Anfertigung von Knoten der Teil einer Leine, mit dem nicht gearbeitet wird

stehendes Gut – sämtliches Tauwerk an Bord eines Segelschiffes, das den Mast sichert und hält

streichen – Segel oder Flaggen werden zum Zeichen des Aufgebens gestrichen

Tauwerk – Sammelbegriff für jegliche Leinen, Trossen usw. an Bord eines Schiffes

Takling – aufgesetztes, auch vernähtes Bändsel, das den Tampen einer Leine vor der Auflösung bewahrt

Talje – Flaschenzug, der die Kraft beim Heben einer Last verringert

Taljereep – der Läufer einer Talje, mit der früher auf Segelschiffen die Wanten am Rumpf befestigt wurden

Tampen – das Ende einer Leine, auch ein kurzes Stück Leine als Ganzes

Törn – Herumführung einer Leine um einen Gegenstand, bei der die Parten sich gegenläufig treffen – auch die Reise eines Schiffes vom Ausgangs- zum Zielhafen

Trosse – schweres Tauwerk von großem Durchmesser

Uhrzeigersinn – rechts herum, z. B. bei einer Drehung

vertörnen – eine Leine ist vertörnt, wenn sie völlig durcheinander geraten ist und Kinken bildet

Want – Drahttau, das den Mast in Querschiffsrichtung hält

warpen – ein Boot oder Schiff mittels Leinen von einem Platz zu einem anderen bewegen

Wurfleine – dünne Leine, mit einer stärkeren verbunden und vorweggeworfen, damit sich diese leichter über eine längere Strecke hinwegbringen läßt

zusammenstecken – zwei Leinen mittels Knoten bzw. Steke miteinander verbinden

KNOTEN UND IHRE VERWENDUNG

Man wird bemerkt haben, daß zwar nicht alle, doch die meisten Knoten dieses Buches den Stempel der Seefahrt tragen. Das entspricht der Geschichte dieses speziellen Zweigs menschlichen Erfindungsgeistes. Es besagt aber nicht, daß, wer die besonderen Eigenheiten seemännischer Knoten kennt, sie nicht auch auf anderen Gebieten anwenden kann, etwa beim Klettern oder Campen. Die folgende Zusammenstellung mag darum nützlich sein. Alle in diesem Buch gezeigten Gebrauchsknoten sind darin jenen vier Sparten zugeordnet, in denen sie vorwiegend gebraucht werden: Klettern, Campen, Wasser- und Angelsport. Sie nennt für jedes Gebiet eine Reihe von Knoten, die man vorzugsweise kennen sollte.

Knoten für Kletterer/Bergsteiger

Achtknoten	26–27
Kuhstek	51
Leiter	220–221
Leitknoten	226–227
Palstek	62–63
Reffknoten	115–118
Sicherheitsgeschirr	228–229
Stopperstek	56–57
Taljen	106–108
Trossenstek	124–125
Webeleinstek	36–48
Wurfleinenknoten	32–33

Knoten für Camper

Anglerschlaufe	88–89
Artillerieknoten	90
Englischer Knoten	126–127
Hakenschlag	49
Halber Schlag	23–25
Halber Schlag mit innerem Rundtörn	34
Hunters Knoten	119
Kreuzknoten	115–118
Kuhstek	51
Lange Trompete	104
Laufender Palstek	94–95
Leiter	220–221
Matte	190–195
Palstek	62–73
Schiebeknoten	93
Schotstek	110–114
Slipstek	92
Talje	106–107
Trossenstek	124–125
Webeleinstek	36–37
Wurfleinenknoten	32–33
Zugstek	58–59

Knoten für Wassersportler

Achtknoten	26–31
Affenfaust	176–177
Bootsmannsstuhl	224–225
Diebesknoten	115
Doppelter Palstek	76–77
Fischerstek	54–55
Katning	167–173
Kreuzknoten	116–118
Kuhstek	51
Lange Trompete	100–103
Leiter	220–221
Matte	190–199
Netz	222–223
Notmastknoten	82–83
Palstek	62–73
Portugiesischer Palstek	74–75
Rundtörn mit halben Schlägen	52–53
Rundtörn mit zwei halben Schlägen	60
Schotstek	110–114
Sicherheitsgeschirr	228–229
Spanischer Palstek	78–81
Stopperstek	56–57
Talje	106–108
Taljereepsknoten	178–183
Türkischer Bund	174–175
Webeleinstek	36–38
Wurfleinenknoten	32–33

Knoten für Sportfischer

Anglerschlaufe	88–89
Ast- oder Tropfknoten	156–157
Doppelter halber Schlag mit inneren Rundtörns	158
Eineinhalb Achter	162–163
Englischer Knoten	126–127
Knoten für Haken mit Auge	121–143
Knoten für Haken ohne Auge	144–153
Knoten für Wirbelringe	164–165
Leinenschlinge	160–161
Netz	222–223
Stopperknoten	159
Tonnenknoten	154–155
Weintraubenknoten oder doppelter Englischer Knoten	128–129

REGISTER

A

Achtknoten 26, 29, 31, 162
Achtknotenkette 213
Affenfaust 176
Anglerknoten 126
Anglerschlaufe 88
Ankerstek 54
Arbeitsbühne 224
Artillerieknoten 90
Astknoten 156
Aufschießen 16, 20
Auge 22
   festes 61, 99

B

Belegen 18
Blutknoten 34, 154
Bootsmannsstuhl 224
Bucht 17
Buchtknoten 117
Buleine 62
Bunsch 16

C

Chinesischer Knopf 186
Chirurgenknoten 120, 158
Cowboyknoten 124

D

Dacron 10
Diamantknoten 178, 184
Diebesknoten 115

E

Eineinhalb-Achter 162
Engländerknoten 126
Englischer Knoten 126
   doppelter 128

F

Fall 17, 18
Fischerknoten 126
Faser
   Natur- 11
   Aramid- 12
   Baumwoll- 8
   Hanf- 8
   Manila- 8
   Polyamid- 11
   Polyethylen- 12
   Polyester- 12
   Polypropylen- 11
   Sisal- 8
   Synthetik- 11
Fischerstek 54, 148
Flaggenstek 110
Flämischer Knoten 162
Franziskanerknoten 32

G

Garn 8
Geflochtenes Tau 8, 10
Geschlagenes Tau 10

H

Hahnepot 178
Hakenschlag 49
Halber Schlag 23, 104
   mit inneren Rundtörns 34, 159
   mit Slipstek 53
Halsband 30
Henkerknoten 96
Hunters Knoten 119

J

Japanischer Knoten 122
Jolltau 106

K

Kardeel 8
Katning geflochten 172
Sechskardeel- um eine Seele 167
Vierkardeel- um eine Seele 170
Kette 30
Klampe 17
Klappläufer 106
Knauf 176
Knoten
   für Haken mit Augen 131 ff.
   für Haken ohne Augen 144 ff.
Kopfschlag 18
Kreuz des Südens 84
Kreuzknoten 116, 123
Kreuzschlag 18
Krone, dreipartig 86
Kronenknoten 178
Kuhstek 51

L

Lagern einer Leine 20
Laufende Knoten 91 ff.
Leinenschlinge 160
Leiter 220
Leitknoten 226
Lerchenkopf 51
Liebesknoten 126

M

Mantel   10
Matte
   Ozean-   190
   quadratische   198
   runde   196
Mönchsknoten   32

N

Nahtknoten   120
Netz   222
Nockbändsel   52, 53
Notmastknoten   84

P

Palstek
   Bergsteiger-   70
   doppelter   76
   gesteckt   64
   gezogen   64
   Kalfater-   74
   laufender   94
   mit einer Hand   68
   mit Slipstek   63
   portugiesischer   74
   spanischer   78
   unter Zug   72
   Zweifinger-Methode   66
Platting
   allgemeine   200
   Doppelparten-   202
   dreipartige   200
   englische   200
   gewöhnliche   200
   fünfkardeelige   212
   Ketten-   188
   Kronen-   170, 178, 216
   Rund-   204
   sechskardeelige   214
   vierkardeelige   204–211

R

Reffbändsel   52, 53
Reffknoten   116, 120, 124
   mit Slipstek   117
   Umkippen des   118
Rettungsleine   25
Rundtörn mit halben Schlägen   52
   mit zwei halben Schlägen   60

S

Schiebeknoten   93

Schlinge   91
Schotstek   110–114
   doppelter   111
   dreifacher   111
   mit Slip   111
Seemannskreuz   84, 85
Sesselknoten   78
Sicherheitsgeschirr   228
Slipstek   29, 56, 92
Spaltknoten   124
Spleiß   23
Stopperknoten   22, 23, 26, 32, 34, 56, 144, 159, 178
Straßenräuberstek   58

T

Takling   20
Talje   105–107
   Poldo-   108
   spanische   106
Taljereepsknoten   26, 201
   dreikardeeliger   178
   Mehrfach-   181
Tampen   20
Tasche   176
Tauwerk aus Kunststoff   18
Tergal   10
Tonnenknoten   154
Trompete, kurze   50
   lange   100, 102
Tropfknoten   156
Trossenstek   120, 124, 184
Türkischer Bund   174

V

Verkürzungssteke   98 ff.

W

Warpknoten   124
Webeleinstek   40
   an einem Ring   38
   an einem Rohr   36
   doppelter   48
   durch Legen einer Acht   42
   mit beiden Händen   44
   mit Slipstek   37
   unter Zug   46
   zweifacher   37
Weberknoten   109, 112
Weintraubenknoten   128
Wirbelringe, Knoten für   164
Wurfleine   22, 32
Wurfleinenknoten   36, 146

Z

Zierknoten   22, 166 ff.
Zopf   200
Zugstek   58
Zurren   23
Zusammengesetzte Knoten   219 ff.

BIBLIOGRAPHIE

Altamiras, J., Skippers Knotenbuch, Bielefeld

Ashley, C. W., Das Ashley-Buch der Knoten, Hamburg

Burgess, T. J., Die praktische Knotenfibel, München

Fry, E. C., Das große BLV-Knotenbuch, München

Hin/Kampa/de Bruijn, Fancywork, Bielefeld

Hin/Kampa/Hille, Knoten, Fancywork und Spleiße, Bielefeld

Sondheim, E., Knoten, Spleißen, Takeln, Bielefeld

DAS ASHLEY-BUCH DER
KNOTEN

Über 3.800 Knoten
wie sie aussehen
wozu sie gebraucht werden
wie sie entstanden sind
und wie sie
gemacht werden

Mit 7.000 Zeichnungen Edition Maritim

Clifford W. Ashley
Das Ashley-Buch der Knoten

Das ultimative Knotenbuch: Über
3800 Knoten und Spleiße. Wie sie
aussehen, wozu sie gebraucht werden,
wie sie entstanden sind und
wie sie gemacht werden.

624 Seiten mit 7000 Zeichnungen,
Großformat 27,5 x 21 cm, gebunden

——— überall im Buchhandel erhältlich ———